철학자의 식탁에서
고기가 사라진 이유

철학자의 식탁에서 고기가 사라진 이유

철학, 채식을 말하다

최 훈(강원대 교수) 지음

사월의책

철학자의 식탁에서 고기가 사라진 이유

1판 1쇄 발행 2012년 11월 30일
1판 5쇄 발행 2022년 6월 30일

지은이 최 훈
펴낸이 안희곤
펴낸곳 사월의책

편집 박동수
디자인 김현진

등록번호 2009년 8월 20일 제2012-000118호
주소 경기도 고양시 일산서구 중앙로 1388 동관 B113호
전화 031)912-9491 | 팩스 031)913-9491
이메일 aprilbooks@aprilbooks.net
홈페이지 www.aprilbooks.net
블로그 blog.naver.com/aprilbooks

ISBN 978-89-97186-30-3 03100

* 책값은 뒤표지에 있습니다.
* 이 도서의 국립중앙도서관 출판시도서목록(CIP)은 e-CIP홈페이지(http://www.nl.go.kr/ecip)와 국가자료공동목록시스템(http://www.nl.go.kr/kolisnet)에서 이용하실 수 있습니다.
(CIP제어번호: CIP2012005560)

적어도 먹는 것에 관해서

윤리적이 되도록 도와준 아내와 딸에게,

그리고

먹을 것에도 윤리가 적용된다는 것을

내게 가르쳐준 이들에게

차례

• **일러두기**

1. 책 인용시, 우리말로 번역된 책은 번역서 제목만을 쓰고, 번역되지 않은 외서는 괄호 안에 원제목을 병기.
2. 큰따옴표 없이 내용 요지만을 인용한 책들도 괄호 안에 출처를 표시.
3. 인용된 모든 책들의 상세한 서지사항은 권말 "참고문헌"에 수록.
4. 외국 저자 이름은 우리말로 번역된 저서가 있는 경우에는 번역서에 쓰인 대로 표기하고, 그밖의 경우에는 국립국어원의 외래어표기 규정을 따름.

| 프롤로그 |

철학자의 식탁에는 고민이 많다

몇 주 전의 일. 다른 대학에서 특강 요청이 왔다. 공대 대학원생들을 상대로 한두 시간 정도 '논리적 사고'에 대해 강연을 해달라는 부탁이다. 내 학생들도 잘 가르치지 못하는 주제에 무슨 특강인가 싶었지만, 내심 반가운 제안이었다. 철학을 전공하지 않은 학생들에게 논리적 사고를 주제로 마침 들려주고 싶은 이야기가 있었던 참이니까. 그런데 강의 시간이 오후 다섯 시란다. 아, 고민이다!

시간이 늦어서가 아니다. 밤늦게 강의 끝나는 일이 허다하므로 다섯 시라는 건 문제가 안 된다. 하지만……, 강연과 질문이 끝나면 일곱 시쯤 될 테니 함께 저녁을 먹으러 갈 게 틀림없다. 고깃집에 가면 어떻게 하지? 혼자 조용히 상추쌈에 밥만 먹으면 되겠지만, 이날은 내가 주빈(?)이니 그럴 수도 없다. 고기를 안 먹으니까 다른 데 가자고 할까? 애써 좋은 곳을 예약해 놓았는데 손님이 싫다고 하면 주최측이 얼마나 민망해 할까? 선약이 있어 미안하다고 할까? 그것도 안 되지, 이런 특강은 강의 끝나고 뒤풀이에서 더 깊이 있는 토론이 이어지므로 강의만으로는 내 할 일을 다 하는 게 아니다. 그럼 아예 고깃집은 가지 말자고 먼저 말할까? 아냐, 식사 계획도 없는데 먼저 그런 말을 하면 얼마나 우스울까? 옆구리 찔러 밥 달라는 꼴이잖아….

그러고 보니 지난번 일도 떠오른다. 학교에서 석좌교수로 강의하고 계신 교수님이 친하게 지내는 교수들을 고향집으로 초청한 적이 있다. 집에서 닭들을 놓아기르는데 이놈들로 대접을 해주신단다. 고향집에까지 부르시니 고마운 초청이다. 아, 그런데 닭이네. 이거 어떻게 하지? 못 간다고 해야 하나? 초청받은 사람이 많지도 않은데 내가 안 간다면? 교수님은 우리 학교에서 특별히 석좌교수로 모신 분인데 초청을 거절하는 것도 예의가 아니다. 특히나 벌써 한 학기 전에 약속을 잡았다가 들짐승이 닭들을 다 잡아먹어 이번으로 미뤄진 것 아닌가. 그런데 집에서 닭을 잡아주신다니 밥을 안 주시면 어쩌지? 식당이라면 조용히 밥만 먹겠지만, 내가 먹을 게 전혀 없으면? 손님이 몇 안 되니 아무것도 안 먹고 있으면 바로 눈에 띌 텐데….

고기를 안 먹기로 결심한 이후 일상화된 나의 고민이다. '철학자의 식탁에서 고기가 사라진' 대신 '고민'이 차려졌다고나 할까? 학교 식당 밥을 먹을 때나 회식을 할 때나 메뉴가 뭔지 항상 신경이 쓰인다. 고기 말고 다른 메뉴가 있을까? 없으면 어떻게 하지? 그런데 나는 왜 혼자 이런 고민을 사서 하고 있나? 그냥 고기를 먹으면 아무것도 문제될 게 없는데….

대학생 시절 시험공부를 하겠다고 일찌감치 도서관 자리를 잡으러 가면 그 새벽에 화장까지 다 하고 오는 여학생들이 있었다. 나는 겨우 고양이 세수나 하고 온 주제인데, 저렇게 뽀얗게 화장까지 하고 오다니 도대체 몇 시에 일어나는 건지 감탄스러웠다. 아니, 예쁜 모습들이 더없이 좋았다. 하이힐 신은 여성들도 마찬가지다. 어딘가 불편해보이기도 하지만, 허리를 곧추 세우고 항상 긴장된 자세로 한 걸음씩 발을 내딛는 모습이 참으로 아름다워 보인다. 아, 남에게 예뻐 보이려면, 남보다 조금이라도 아름다워지려면, 저렇게 부지런하고 불편해야 하는구나! 그렇게 생각하면 내가 하는 고민도 다를 게 없다. 윤리적이 되기 위해서는 불편을 감수해야 한다. 하고 싶은 것 다 하고 살아서는 윤리적인 사람이 될 수 없다.

그렇다면 고기를 먹는 것이 왜 윤리적인 문제일까? 먹는 일에 무슨 놈의 윤리가 필요한가? 남의 것을 훔쳐 먹는 것도 아닌데, 고기를 먹거나 안 먹는 것이 왜 윤리와 관련이 된다는 말인가?

그렇다. 고기를 먹는 일은 윤리와 관련이 있다. 그것도 아주 큰 관련이 있다. 이 책은 정확히 말해서 '채식', 그 중에서도 '윤리적 채식'에 관한 책이다. 나는 이 책에서 바로 윤리적 채식을 이야기하고자 한다. 하지만 채식을 하면 건강해진다든지, 고기가 얼마나 비위생적으로 생산되는지 등을 이야기하려는 책은 아니다. 물론 약간은 그런 이야기들도 하겠지만, 내가 의사도 영양학자도 아닌 터에 채식을 하면 정말로 건강해지는지는 솔직히 100퍼센트 확신하지 못하겠다. 채식을 하면 건강해진다는 말이 설령 맞는다 해도, 그것은 수많은 채식의 이유들 가운데 단 하나의 이유일 뿐이며, 그조차 채식을 해야 하는 맨 마지막 이유로나 들어갈 것이다. 건강은 개인의 선택 문제이지만, 윤리적 판단은 개인의 선택 문제를 넘어선 것이기 때문이다. 이 책의 1장에서는 내가 왜 채식주의를 받아들이게 되었고, 그럼에도 왜 아직껏 완전한 채식주의자가 되지 못했는지—부끄럽게도 나는 아직 생선은 먹는, 반쪽짜리 채식주의자이다—에 대해 개인적 이야기를 풀어보려고 한다. 그리고 2장에서는 준비운동 삼아 채식주의의 여러 가지 동기, 즉 건강을 위해서 채식을 선택한 사람을 포함하여 종교적인 이유나 입맛 또는 취향 때문에 채식을 하는 사람 등 여러 형태의 채식주의를 소개해 보고자 한다.

채식이 정말 윤리와 관계가 있는지 없는지는 3장과 4장에서 본격적으로 풀어볼 것이다. 거기에서는 고기를 먹거나 먹지 않는 일이 왜 윤리적 문제가 되는지를 몇 가지 이유를 들어 설명한다. 꽤 긴 설명이 나오겠지만, 알고 보면 간단한 얘기다. 고통은 사람이 겪든 동물이 겪든 나쁜 것이다. 그러나 우리가 고기를 먹게 되면 동물들을 잡아 죽이는 과정에서 그들에게 극심한 고통을 줄 수밖에 없고, 더구나 최근에는 사육 과정에서도 예전과는 비할 수 없이 큰 고통을 동물들에게 주게 된다. 결국 동물에게 유발하는 이 고통이야말로 고기를 먹지 말아야 하는 주된 윤리적 이유라는 얘기다. 인간에게 고통을 주어서는 안 되지만 동물에게는 주어도 상관없다는 생각은, 성별이나 인종에 따라 사람을 차별해도 된다는 생각과 전혀 다르지 않음을 보여주고자 한다. 아울러 동물이 고통을 느낀다는 사실을 어떻게 알 수 있는지에 대해서도 살펴보겠다.

5장과 6장에서는 동물을 기르는 과정과 잡아 죽이는 과정에서 동물들이 실제로 어떤 고통을 얼마만큼이나 당하고 있는지 자세히 살펴보려고 한다. 사실 이 부분은 그 동안 여러 매체를 통해 꽤 알려진 내용이다. 구제역에 감염된 돼지들이 살처분되는 광경에서 볼 수 있듯이, 동물의 고통을 눈앞에 영상으로 생생하게 보여주는 것이야말로 이런 글자 나부랭이보다 훨씬 설득력 있는 방법이다. 그럼에도 사람들은 영상에 비친 모습에는 경악을 하면서도, 그것과 전혀 다름없는 공장식 축산으로 길러진 가축들에는 무덤덤한 반응을 보인다. 이유가 뭘까? 나는 무엇보다 사람들이 윤리적 반성과 추론을 하지 않아서 그렇다고 생각한다. 그래서 다소 딱딱하겠지만 먼저 3장과 4장에서 고통이 어떤 윤리적 의미를 갖는지, 그리고 누구의 고통인가에 따라 그 고통을 다르게 취급하는 것이 옳은지를 먼저 검토하고 나서, 5, 6장에서 동물이 당하는 실제 고통을 살펴보려는 것이다.

'윤리'에 '리理' 자가 들어가는 것은 윤리가 사람 사는 '이치'를 따지는 것이기 때문이다. 따라서 윤리적 판단은 그때그때 상황에 따라 달라지거나 자신에게 유리할 때만 적용해서는 안 된다. 차이를 두어야 할 정당한 이유가 없다면 똑같이 적용해야 한다. 고통의 문제도 마찬가지다. 고통에 대해 경중을 따질 수 있는지 살펴보고, 따질 수 없다면 누구의 고통이든 똑같이 취급하는 것이 옳다. 그 과정에서 사용되는 것이 이성이다. 윤리적 판단을 위해서는 감성이 아닌 이성이 필요하다는 얘기다. 사람들이 고통 받는 동물의 모습에는 경악을 하면서도 여전히 고기를 먹는 모순적인 태도를 보이는 것은 감성에 기대어 반응하기 때문이다. 이 책에서는 똑같은 채식주의자, 똑같은 동물보호론자라 해도 이성을 따르는 경우와 감성에 의존하는 경우 구체적인 실천의 모습이 어떻게 다르게 나타나는지도 살펴볼 것이다.

공장식 축산으로 생산된 고기를 먹는 것은 동물에게 고통을 주는 행위일 뿐만 아니라 우리 인간에게도 해로운 행위이다. 대규모 집단 사육은 엄청난 곡물 소비를 수반하는데, 이 과정에서 자연 훼손과 지구 자원의 고갈은 물론이요, 사람에게 돌아갈 식량까지 빼앗는 결과를 초래하기 때문이다. 게다가 이렇게 생산된 고기는 여러 질병의 원인이 되기도 한다. 이런 사회경제적인 내용은 7장에서 다루기로 한다. 이 장의 내용은 현장조사나 통계자료를 많이 필요로 한다. 연구실 의자에 앉아 철학적인 사유만 하는 나에게는 그런 현장조사를 벌일 능력이 없다. 그래서 이미 나와 있는 책들에 주로 의존했는데, 더 자세한 내용은 이들 전문적인 책들을 참고하는 게 나을 것이다. 이 책은 인간이 고기를 먹기 위해 동물에게 가하는 고통이 옳은지를 따지는 책이고, 고기 먹는 일이 인간에게 해롭다는 것은 거기에 덧붙이는 이유이므로, 이 부분은 상대적으로 중요성이 덜하다 하겠다.

책을 읽다보면 한 가지 의문이 들 수도 있겠다. 가령 동물에게 고통을 주지 않고도 사육과 도살이 가능하다면, 그런 고기는 먹어도 되지 않겠느냐는 의문이다. 이 의문은 8장에서 풀어볼 텐데, 만일 그것이 가능하다면 고기를 먹어도 된다는 것이 내 주장이다. 하지만 현실에서는 그런 고기가 없다는 것 또한 분명한 사실이므로, 결국 고기를 먹는 것은 어떤 경우에라도 윤리적으로 옳은 일이 될 수 없다. 아울러 9장에서는 실제로 채식을 실천할 때 어떤 단계로 하는 것이 좋은가에 대해 구체적인 가이드를 제시해보고자 한다. 마지막 10장에서는 채식을 한다고 하면 으레 따라 나오는 질문들을 Q&A 형식으로 정리한다. 1장에서 9장까지 나왔던 이야기들을 다시 핵심만 추려 읽을 수 있을 것이다.

나는 채식을 철학의 관점에서, 그리고 무엇보다 '윤리'의 관점에서 다뤄보고자 이 책을 썼지만, 그렇다고 해서 학술서를 쓰려고 한 것은 아니다. 전작인 『벤담 & 싱어: 매사에 공평하라』에서는 동물 복지와 채식의 문제를 일부 다루면서 이 책과는 달리 '공리주의'라는 이론적 배경을 앞세워 주장을 전개한 적이 있다. (그 책에 있는 내용 중 일부를 이 책에 그대로, 또는 수정하여 실었다는 점을 밝혀둔다. 그리고 6장 구제역에 관한 부분도 대중적 철학 잡지인 『철학과 현실』에 발표했던 내용을 토대로 다시 쓴 것이다.) 그러나 『벤담 & 싱어』를 포함해 그간 펴낸 몇 권의 졸저 중에서 개인적인 이야기를 드러낸 것은 이 책이 처음이다. 나의 의지박약한 모습과 사회생활의 난처함을 보여주는 것이 채식의 문제를 함께 고민해보는 데 도움이 될 거라 생각해서다. 앞에서 이성 운운하긴 했지만 채식은 어디까지나 머리로 아는 것을 넘어 몸으로 실천해야 할 문제이기 때문이다.

전문적인 학술용어도 웬만해서는 쓰지 않았다. '윤리'라고는 했지만 복잡한 논증이나 고리타분한 설교도 하지 않으려 노력했다. 참고도서 역시 서점에서 누구나 구할 수 있고 읽을 수 있는 책들만 인용하고, 학술도서나 외국 자료는 꼭 필요한 경우가 아닌 한 인용하지 않았다. 윤리학의 개념들과 논증에 익숙하지 않은 독자들을 배려하려는 생각도 있지만, 그런 자료를 인용하지 않고도 채식을 해야 하는 정당한 근거를 충분히 납득시킬 수 있다는 자신감(?)이 있기 때문이다. 모름지기 채식이란 약간의 상식과 이성만 있다면 누구나 동의할 수 있는 주제이다. 그것을 실천으로 옮기는 데는 약간의 다른 문제가 있지만, 적어도 머릿속으로는 동의할 수 있을 것이라는 바람이다. 그러고 나면 미약하나마 실천으로도 옮길 수 있을 것이라 믿는다.

프롤로그를 시작하면서 고기 때문에 고민에 빠졌던 두 에피소드를 소개했다. 그래서 결국 어떻게 되었냐고? 초청 강연 건은 주최측에서 먼저 메일을 보내왔다. 강연 끝나고 같이 저녁을 먹을 텐데 괜찮겠느냐는 내용으로. 고마워라. 그래서 고맙다는 말과 함께,

죄송하지만 고깃집은 가지 않으면 좋겠다고 답장을 해서 간단히 해결되었다. 닭을 잡아주겠다는 석좌교수님의 초청에서는 역시 닭백숙이 나왔는데, 시골집에서 직접 기른 상추, 오이, 당근 따위 싱싱한 푸성귀도 듬뿍 상에 올라왔다. 덕분에 실컷 채소 파티를 즐긴 날이 되었다.

이 책을 쓰면서 여러 사람의 도움을 받았다. '생명체학대방지포럼'을 이끄시는 박창길 교수와 동물의 윤리적 대우에 대해 꾸준히 연구하시는 김성한 교수의 노고와 격려에 감사드린다. 또한 김시천 교수는 동양 고전에 대해서, 김병완 교수는 동물 사육에 대해서 좋은 도움말을 주셨다.

고향에 계신 아버님도 시골집의 동물 사육에 관해서 옛날 기억을 많이 들려주셨다. 나의 까다로운 식성을 참고 이해해 주시는 동료 교수님들에게도 감사드린다. 채식을 실천하려고 노력하는 데는 뭐니 뭐니 해도 가족의 도움이 가장 컸다. 가족의 응원이 없었더라면 나의 채식 결심은 불가능했을 것이다. 내 결정을 단순히 따라주는 데 그치지 않고 식재료와 식단 개발에 적극적으로 나서준 아내와, 동물의 고통에 공감하며 고기 없는 식단을 기꺼운 마음으로 받아들여준 딸에게도 사랑과 감사를 보낸다.

'사월의책' 안희곤 대표의 제안이 없었다면 이 책은 시작도 못했을 것이다. 편집자 박동수 씨 역시 관련 자료들을 찾아주며 집필에 많은 도움을 주었다. 책 작업을 하는 과정에서 출판사 스태프들도 채식을 진지하게 고려하기 시작했음을 알고, 미약하나마 이 책이 쓰임새가 있다는 데 큰 기쁨을 느꼈다. 사람이든 동물이든 누구의 고통도 옳지 않음을 깨닫게 되는 데 이 책이 밑돌이 되었으면 하는 바람이다.

2012년 어느 가을날

최 훈

1장

나의 식탁 변천사

동물 해방
Peter Singer

내가 그 책을 읽은 것은 어느 정도는 우연이었다. 철학과를 다녔고 졸업 후에도 철학을 계속 공부했으므로 언젠가는 읽게 되었겠지만, 그래도 그 해에 읽은 것은 내 뜻이 아니었다. 철학과 3학년 2학기 때 '현대 윤리학'이라는 수업에서였다. 2학년 때 개설된 '윤리학'을 수강한 학생들로 하여금 심화된 수준의 윤리학을 공부하게 하려는 수업이었을 텐데, 담당 교수님은 이 과목의 교재로 매학기 다른 책을 선택했다. 그런데 내가 수강했던 그 학기의 교재가 바로 피터 싱어Peter Singer의 『실천 윤리학』이었다.

널리 알려진 대로 피터 싱어는 동물해방 운동의 대표적 이론가이다. 호주 출신의 철학자로 지금은 호주와 미국 양쪽 대학에서 철학 교수로 활동하고 있다. 철학도 요즘에는 다른 분야들처럼 굉장히 전문화된 탓에 학계를 넘어 일반인에게까지 알려진 철학자는 그리 많지 않은데, 아마도 영어를 쓰는 나라의 철학자들 가운데 일반인에게 가장 널리 알려진 철학자가 피터 싱어일 것이다. 1975년에 나온 그의 『동물 해방』은 동물해방 운동의 바이블 같은 책이다.

'실천 윤리학'이라는 말도 이제는 일상용어처럼 들리지만 실은 그의 『실천 윤리학』이라는 책을 통해 알려진 말인데, 이 책은 동물 문제뿐 아니라 낙태, 안락사, 빈부, 환경 등 현대 사회의 여러 문제에 대해 윤리학 이론을 적용하고 있다. 『실천 윤리학』은 지금 3판이 나와 있고 우리나라에도 2판까지 번역되어 있지만, 당시 나는 아직 번역이 되지 않은 초판으로 수업을 들었다. (『실천 윤리학』의 초판은 1979년, 2판은 1993년, 3판은 2011년에 출간되었다. 초판의 우리말 번역은 1991년, 2판의 번역은 1997년에 출간되었다.) 싱어의 『동물 해방』을 읽고 채식주의자나 동물해방 운동가가 된 사람이 수없이 많다지만, 나는 『실천 윤리학』을 읽고 채식주의자가 되었다…는 아니고,

피터 싱어의 『실천 윤리학』과 『동물 해방』은 이 분야의 고전으로 꼽히는 책들이다.

채식주의라는 것이 있다는 사실을 처음 알게 되었다.

하긴 그 전에도 채식주의라는 말을 왜 못 들어 봤겠는가? 그러나 스님들처럼 종교적인 이유 또는 건강상의 이유로 채식을 하는가보다, 생각하는 정도였지, 체계적인 이론을 갖추고 윤리적인 근거를 들어가며 채식을 주장하는 얘기는 『실천 윤리학』이 처음이었다. 그런데 책에서 말하는 윤리적 채식주의의 논리적인 근거들은 강력하게 다가왔고 전혀 반박할 수가 없었다. 육식을 하기 위해서는 당연히 동물을 기르고 죽여야 하는데, 그 과정의 문제점을 지적하는 논증에서 어떤 잘못도 찾을 수 없었다. 그때는 철학을 공부한 지 얼마 되지 않은 학부생이어서 그랬겠지만, 철학으로 밥 먹고 사는 지금도 마찬가지이다.

도저히 거부할 수 없는 이야기

싱어는 『동물 해방』에서 "이제껏 나는 논파하기 힘든 비판을 접해 보지 못하였으며, 이 책이 기초하고 있는 단순한 윤리적 논거의 견고함을 의심하게 만든 논변은 없었다."라고 말하고 있다. 꼭 철학이 아니라 그 어떤 학문에서건 자신의 주장이 전혀 오류가 없으며 확고하다고 믿는 것은 겸손한 자세가 아닐뿐더러 학문의 발전에도 도움이 되지 못한다. 그럼에도 싱어가 위와 같이 말한 것은 자기 이론의 오류불가능성을 주장하는 오만한 연역적인 선언이 아니라, 지금까지 살아오는 동안 경험적으로 그럴듯한 반박 논변을 찾지 못했다는 귀납적인 언급이라고 자비롭게 이해할 수 있을 것이다. 다시 말해서 어떤 비판도 용납하지 않겠다는 엄포가 아니라, 모든 비판을 받아들이겠는데, 그리고 그것이 자신의 이론을 개선하는 데도 도움이 될 텐데, 지금까지 그럴듯한 비판을 찾지 못했다는 뜻이다. 이 점에서는 나도 다르지 않다. 내 이론을 고집하기 위해 마지못해 반론들을 검토하는 것이 아니라, 내 이론이 틀려줬으면 하는 마음에 그것이 틀렸다고 지적해 줄 반론들을 찾고 있지만 아직 발견하지 못하고 있는 것이다. 고기를 먹고 싶은 생각에, 고기를 먹어도 된다고 누군가 그럴듯하게 말해 주면 좋으련만 그런 논변을 아직 듣지 못했다는 얘기다. 내가 어떤 근거들로 채식주의를 옹호하게 되었고, 어떤 반론들을 검토해 보았는지는 차차 이야기하련다.

어쨌든 나는 채식주의를 옹호하는 싱어의 이론을 처음 접하던 그때나 지금이나 이 논증이 옳다고 생각하지만, 그때부터 한참 동안은 전혀 실천하지 못했고 지금도 절반밖에 실천하지 못하고 있다. 이유는 아주 간단하다. 옳다고 믿는 것을 실천할 의지력이 부족해서다. 어떤 행동이 옳은지를 일러주는 이성과, 본능적으로 따르게 된 습관의 싸움에서 싸워보지도 못하고 너무 쉽게 본능에 자리를 내주고 만 것이다. 담배를 끊어야 할 이유도 잘 알고 있고 그래서 끊기로 결심했지만 끊지 못하는 사람과 똑같은 상황이다. 담배를 끊어야겠다고 생각하면서도 계속 담배를 피우는 것, 고기를 끊어야겠다고 생각하면서도 계속 고기를 먹는 것, 이런 일은 자제력 또는 의지력이 없기 때문에 생긴다. 자제력이 없다는 것은 이성적으로는 그렇게 행동하면 안 된다고 생각하면서도, 또는 어떤 행동이 최선이라고 생각하면서도 실제로는 그와 반대로 행동하는 것을 말한다.

습관을 따를 것인가, 앎을 따를 것인가

철학사에는 아는 것과 실천하는 것 사이의 불일치에 대한 오래된 이야기가 있다. 나는 나의 채식 의지를 생각하면 이 이야기가 먼저 떠오른다. 고대 그리스의 철학자 소크라테스는 자제력 없음이나 의지력 박약, 이런 것은 없다고 주장했다. 그에 따르면 사람은 어떤 행동이 나쁘다는 것을 알면서도 그 행동을 할 수는 없다는 것이다. 담배를 끊지 못하거나(소크라테스 시절에는 담배가 없었지만!) 고기를 끊지 못하는 것은 그것이 얼마나 나쁜지를 충분히 알지 못해서이지 의지력이 부족해서가 아니라는 것이다. 자제력이 없는 것이 아니라 무지가 있을 뿐이다.

소크라테스의 말이 맞는 것도 같다. 내가 고기를 계속 먹었던 것은 싱어의 채식주의 옹호 논증을 신중하게 생각하지 않고 책 속에 있는, 실천과는 상관없는 논증으로 생각해서가 아닐까? 그러나 꼭 그런 것 같지는 않다. 나는 싱어의 그 책을 학부 수업에서 배운 이후로도 여러 번 읽었다. 대학원 입학시험 준비용으로 다시 읽었고, 대학원에 입학한 후 논문 제출자격 시험을 준비하면서 또 읽었으며, 강의를 시작한 후에도 교재로 쓰기 위해 여러 차례 읽었다.

이 정도라면 내가 그 논증의 내용에 대해 충분히 알고 있고, 그 논증은 실천으로 옮겨지지 않으면 아무 의미가 없다는 것까지도 잘 알고 있는 것 아닐까?

소크라테스의 제자인 플라톤의 또 제자, 그러니까 소크라테스의 손자뻘 제자인 아리스토텔레스는 소크라테스의 주장이 현실과 어긋난다고 말했다. 그에 따르면 현실에서는 우리가 알면서도 그 앎과 일치하지 않는 행동을 하는 경우가 많다는 것이다. 나쁜 행동인지 잘 알면서도, 해로운 행동인지 잘 알면서도 유혹과 욕망에 넘어가는 경우가 얼마나 많은가? 담배를 계속 피우면 건강에 아주 해롭다는 의사의 경고를 듣고서도 담배를 꺼내 드는 사람은 해로움을 몰라서가 아니라 자제력이 부족해서 그런 것이다. 그렇다고 해서 아리스토텔레스에게서 자제력 없음이 변명거리가 되는 것은 물론 아니다. 그리스어로 '아크라시아'라고 부르는 자제력 없음은 그에게서 피해야 할 악행 중 하나였다. 그러므로 아리스토텔레스는 옳다고 생각하는 것을 그대로 실행에 옮기기 위해서는 의지를 끊임없이 단련하여 그것을 습관으로 만들어야 한다고 말했다.

이 말도 일리가 있는 것 같다. 멀쩡한 사람인데도 술에 취해서 성희롱이나 성폭력을 가하는 사람들이 있다. 그 사람들은 술에 취해 정신이 없어서 그랬다고 변명한다. 술에 관대한 우리나라에서는 또 그런 변명에 관대하다. 그러나 내가 경험한 사람들 중에서 평소에 "이성에게 이 정도 행동쯤은 괜찮겠지?"라고 생각하던 사람과 "어떤 상황에서도 이성에게 그런 행동을 해서는 안 돼!"라고 생각하던 사람은 술에 취했을 때도 전혀 다르게 행동하는 경우가 많았던 것 같다. 이성에게 제멋대로 행동하고 싶은 욕구가 혹여 생길 수도 있겠지만, 그것을 자제하는 것이 바로 '도덕'이다. 평소에 어떤 상황에서도 그런 유혹에 넘어가서는 안 된다고 다짐한 사람은 인사불성이 되더라도 그런 행동을 자제하지만, 그런 다짐이 없는 사람은 쉽게 유혹에 넘어간다. 이런 마음 다잡기가 아리스토텔레스가 말한 의지의 단련인 것 같다. 그리고 어떻게 보면 이렇게 의지를 단련하여 자제력을 습관화했다는 것은 곧 그것을 참된 지식으로 삼았다는 얘기이므로, 자제력이 없는 사람은 사실은 지식이 없는 것이라는 소크라테스의 말도 맞는 것 같다.

의지와 실천이 없는 지식은 진짜 지식이 아니라고 한 소크라테스가 맞는 것일까, 지식은 있지만 아직 실천에 옮기지 못한 상태를 관대하게 인정한 아리스토텔레스가 옳은 것일까? 누가 옳건 간에 결국 내가 고기를 끊지 못하는 이유가 굳은 결심과 다짐이 없어서라는 것은 맞는 말이다. 그 결심과 다짐을 습관이라고 해야 할지 지식이라고 해야 할지는 철학자들의 논쟁거리로 남겨 두자.

고기의 추억

아무리 나쁜 습관인 줄 알더라도 그 습관을 하루아침에 바꾸기란 쉽지 않다. 특히나 오랫동안 길들여진 입맛에 관한 것은 대표적인 습관의 문제이다. 인간에게 꼭 필요한 의식주 중 외국에 가서도 평생 고치지 못하는 것이 '식

食' 아닌가? 주변에 보면 원래부터 고기를 좋아하지 않는 사람도 꽤 있는데, 사실 나는 좋아하는 편이었다. 정확하게 말하면 '좋아하는 편' 정도가 아니라 아주 좋아했다. 소, 돼지, 닭을 가리지 않고 잘 먹었고, 뼈에 붙은 작은 살까지 깨끗이 발라 먹었으며, 닭고기 같은 경우에는 뼈까지 오독오독 씹어 먹었다. 언젠가 삼계탕을 사주셨던 대학의 은사님은 그런 나를 보고 "자네를 보니 나 같은 사람은 먹을 자격이 없네."라고 말씀하실 정도였다.

그러고 보니 못 먹는 고기도 없었던 것 같다. 소의 생간이나 천엽도 기름장에 찍어서 잘 먹었다. 고백하건대 내 고향은 광주…, 식도락의 고향이다. 고향 사람들은 한우를 날로 먹는 것을 꽤나 즐기는데, 광주에서는 그것을 그냥 '생고기'라고 부른다. 한번은 친척 집에서 생고기를 먹다가 어른아이 할 것 없이 집단 식중독에 걸린 적이 있다. 아이들에게까지 생고기를 먹였을 정도로 고기를 좋아하는 일가였던 것이다. 결국 탈이 난 어린 친척 동생들이 "이제는 '빨간 고기' 안 먹을 거예요!"라고 하더라.

광주에서는 보양식으로 오리탕도 즐겨 먹었는데, 어릴 때부터 집에서 자주 해먹어서인지 나도 오리탕을 특히 좋아했다. 음식에는 요리를 해주는 분의 손맛이나 그에 대한 향수까지 깃들여 있으니 끊기가 더 힘든 것 아니겠는가? 서울에도 오리고기 집이 많지만 구이 말고 탕을 잘하는 집은 찾기가 힘들어서 성남 모란시장에서 오리를 사다가 고향식으로 만들어 먹은 적도 있다. 우연히 듣게 된 오리탕 집을 찾느라 허름한 골목들을 구석구석 뒤지고 다니기도 했다.

어릴 때 없던 습관이 커서 생기기도 하는데 내 경우에는 식탐하는 습관이 그것이다. 대학 신입생 때 살던 기숙사에는 버스도 다니지를 않고 밤 9시 이후에는 매점도 문을 닫아 뭔가를 사려면 기숙사 밖까지 30분을 걸어가야 했다. 그러니 밤에 배가 고프면 꼼짝없이 굶을 수밖에 없어서 저녁을 양껏 먹어야 했다. 아니, '양껏'이란 내 정량만큼 먹는다는 뜻인데, 그 정도가 아니라 내 양의 한도보다 훨씬 더 먹었다. 거지들은 언제 다음 끼니를 먹을지 보장이 없으므로 먹을 것이 생기면 무조건 배터지게 먹는다는데, 내가 저녁을 잔뜩 먹은 것도 거지 근성과 별로 다를 바가 없었다. 그것이 습관이 되어 나중에도 맛있는 것을 보면 참지를 못했고, 혹시 못 먹게 되면 계속해서 아쉬운 생각이 들었다. 그게 고기라면 더욱 그랬다.

그러던 내가 반쪽짜리나마 채식주의자가 된 것은 앞에서 말한 철학자 싱어에 관한 책을 쓰면서다. 몇 년 전 출판사 김영사에서는 사상가들을 두 명씩 묶어 비교하는 방식으로 그들의 사상을 소개하는 '지식인 마을'이라는 시리즈를 기획한 적이 있다. 나도 그 시리즈에 필자로 참여하게 되어 먼저 『데카르트 & 버클리: 세상에 믿을 놈 하나 없다』를 쓰고, 다음으로 『벤담 & 싱어: 매사에 공평하라』(이하 『벤담 & 싱어』)를

졸저 『벤담 & 싱어』(김영사, 2007).

쓰게 되었다. 데카르트와 버클리가 지식의 문제를 주로 탐구한 서양 근대의 철학자라는 공통점이 있다면, 벤담과 싱어는 둘 다 공리주의자라는 공통점이 있다. 그리고 공리주의적인 성찰을 동물에게까지 적용했다는 점에서도 서로 닮았다. 『벤담 & 싱어』의 내용은 주로 그들의 공리주의 윤리를 소개하는 것이었지만, 자연스럽게 동물에 대한 윤리적 대우에 대해서도 한 장을 할애하게 되었다.

책을 쓰면서 이들의 저서를 다시 읽고 그 주장에 대해 곱씹어 보게 된 것은 당연한 순서다. 그 과정에서 나는 처음으로 나의 고기 먹는 행위에 대해 심각하게 따져보게 되었다. 동물을 윤리적으로 대우하자는 그들의 주장에서는 잘못된 부분을 전혀 찾을 수가 없었다. 그렇다면 동물을 죽여서 그 고기를 먹는 것이야말로 동물을 윤리적으로 대우하지 않는 대표적인 행위일 텐데, 그것을 알면서도 고기를 계속 먹어야 할까? 명색이 학생들을 가르치고 글로써 대중과 소통한다는 사람이, 말과 행동이 그렇게 일치하지 않는대서야 말이 되는가? 스스로 완벽한 사람이 아니라는 것은 잘 알고 있지만, 그렇다 해도 이런 모순은 정도가 너무 심하다는 생각이 들었다. 이제는 고기를 그만 먹을 때가 된 것 아닐까?

위대한 결단

지금 생각해 보니 채식을 실천하기로 다짐한 때가 내가 피터 싱어의 『실천 윤리학』을 처음 읽은 지 딱 20년이 되던 해였다. 갑자기 모든 고기를 안 먹을 수는 없어서 우선은 소고기와 돼지고기부터 끊기로 했다. 소고기와 돼지고기는 고기의 분류 중 빨간 고기에 속한다. (아까 친척 아이들이 생고기를 뜻하는 말로 부른 '빨간 고기'는 소고기만 가리키는 말이다.) 그러니까 나는 빨간 고기를 안 먹겠다고 결심한 것이다. 영어의 'meat'는 보통 소고기, 돼지고기, 양고기를 가리키는데, 우리나라에서 별로 안 먹는 양고기를 논외로 치면 나는 meat를 안 먹겠다고 결심한 셈이다. 개고기는 꽤 오래 전부터 먹지 않았다. 채식의 종류와 채식을 실천하는 순서는 『벤담 & 싱어』에도 소개를 했는데(이 책 9장에서도 자세히 설명할 것이다.), 나는 그 중 개고기는 진작부터 안 먹고 있었고, 이제부터는 소고기와 돼지고기도 안 먹기로 한 것이다. 개고기 안 먹기와 소 · 돼지고기 안 먹기 사이에는 다른 실천 단계도 있는데, 나는 바로 소고기와 돼지고기 안 먹는 것으로 건너 뛴 것이다! 진짜 채식주의자들이 들으면 아주 우스운 결심이겠지만 내게는 대단한 실존적 결단이었다. 어찌 그렇지 않을까! 채식이 옳다는 것을 알게 된 지 20년이나 되었어도 실천으로 옮기지 못했는데, 첫걸음이 이 정도면 대단한 것 아닌가? 적어도 나는 그렇게 생각했다.

『벤담 & 싱어』를 한참 쓰고 있던 때가 추석 무렵이었는데, 때마침 추석을 맞았다고 해서 그 결심이 크게 방해받지는 않았다. 명절이 명절인지라 이런저런 기름진 음식의 유혹이 큰 것이 사실이었지만, 고기 이외의 다른 음식도 그만큼 많았기 때문이다. 고향집에서는 무슨 이유에서인지 명절 때마다 꼭 LA 갈비를 해먹었는데, 그 해 추석에 나는 그것을 먹지 않았다. 물론 아내에게는 미리 얘기를 해두었지만, 고향의 가족들에게까지 채식을 선언했는지 아니면 그냥 조용히 안 먹었는지는 잘 기억나지 않는다. 어쨌든 그때부터 고기를 먹지 않겠다고 다짐한 것이 분명하고, LA 갈비를 먹지 않은 것 또한 분명하다.

그런데 추석이 채식의 결심에 방해가 된 일은 다른 데서 생겼다. 명절을 지내고 귀경하는 길, 공주를 지날 무렵이었다. 점심때가 되었지만 연휴라 그런지 문을 연 식당을 도무지 찾을 수가 없었다. 경찰 아저씨한테까지 물어서 겨우 식당 한 군데를 찾았는데, 백마강 다리 옆에 있는 내장탕 집이었다. 물론 더 열심히 찾았다면 다른 식당도 있었겠지만, 그 동네에서는 나름 유명한 맛집이라고 소개해 주었던 것이고, 가족들도 어서 점심을 해결해야 했으니 어쩔 수 없었다. 나는 그 때를 마지막으로 빨간 고기를 먹지 않겠다고 다시 한 번 다짐했고 그 다짐은 지금까지 유효하다. 그 뒤로 나는 소고기와 돼지고기는 먹지 않고 있다. 빨간 고기와의 마지막 만남이 갈비도 스테이크도 아닌 내장탕이었다는 것이 그리 아름다운 추억거리는 아니지만.

"물고기만 먹어요"

안 먹기로 한 것은 빨간 고기였기에, 닭고기와 물고기는 여전히 먹었다. 닭고기까지 안 먹게 된 것은 그 이듬해 미국에서였다. 미국에서 1년 간 연구년을 지내게 되었는데, 그곳 슈퍼마켓에서 본 닭고기가 우리나라의 영계처

마크 롤랜즈와 그의 저서. 『동물의 역습』의 원제목은 『*Animal Like Us*』이다.

럼 조그만 것이 아니라 정말로 축구공만 한 크기였다. 닭 역시 소나 돼지 같은 대형 동물로 여겨졌고, 이제는 닭고기도 먹어서는 안 되겠구나 하는 생각이 들었다. (그런데 지금 생각해 보니 그때 내가 본 것은 닭고기가 아니라 칠면조 고기였던 것 같다.) 이런 비합리적인 계기도 작용했고, 그보다는 닭고기를 먹으면서 채식을 한다고 말하기가 심히 낯부끄러워 아예 그마저 끊기로 한 것이다.

연구년에 내가 방문교수로 간 대학에는 마크 롤랜즈Mark Rowlands라는 철학 교수가 있었다. 극히 추상적인 철학 이론을 연구하면서도 동시에 동물 복지와 같은 응용적인 주제에도 관심이 많은 학자인데, 그의 저서 가운데 『동물의 역습』이나 『SF 철학』은 우리말로도 번역이 되어 있다. 롤랜즈 교수는 영국 출신으로 원래 영국 대학들에서 가르치다가 마침 내가 방문한 학기에 미국 대학으로 옮겨와 있었다. 나를 초청한 학과장과 인사를 나누면서 나는 이런 말을 건넸다.

"이 학교에 오게 된 것이 참 기쁘고 행운입니다. 제가 감명 깊게 읽은 책을 쓴 롤랜즈 교수도 이 학교로 옮긴지 미처 몰랐어요. 저도 롤랜즈 교수의 책에서 영향을 받아 채식을 하게 되었답니다. 소고기와 돼지고기를 더 이상 먹지 않게 되었지요!"

내 말을 듣던 학과장은 뭔가 의아해 하는 표정이었고, 말하는 나도 앞뒤가 맞지 않는다는 것을 깨달았다. 기껏 영향을 받은 것이 소고기와 돼지고기를 안 먹게 된 것이라니, 완전 채식까지는 무리더라도 닭고기 정도는 먹지 말아야 하는 것 아닌가? 소, 돼지만큼 흔한 게 닭고기이고, 육식의 문제로 가장 많이 거론되는 것도 닭고기인데 말이다.

나 스스로 정한 채식의 단계로 볼 때도 그렇고, 누군가에게 채식주의자임을 밝힐 때도 닭고기와 물고기까지 먹는다고 말하기보다 물고기만 먹는다고 말하는 것이 더 편리하겠다는 생각도 작용했다. "물고기만 먹어요!"라고 말하는 것이 "물고기와 닭고기까지 먹어요!"라고 말하는 것보다 더 편하니까. 그래서 미국에 지내게 된 지 얼마 지나지 않아 마침내 닭고기도 먹지 않게 되었다. 마지막으로 닭고기를 먹은 것은 '후터스'라는 유명 레스토랑에서였다. 거기서 프라이드치킨을 안주 삼아 맥주를 마신 것이 마지막이다.

마지막을 기념하려고 일부러 거기 간 것은 아니고, 섹시한 의상의 여종업원들이 서빙해 주는 곳으로 유명한 그 레스토랑에 예전부터 꼭 가보고 싶었는데, 간 김에 이번만 치킨을 먹어야겠다고 생각한 것이다.

나는 이 책에서 어류를 총칭해서 '물고기'라 부르겠다. 실제로 국립국어원의『표준국어대사전』에는 물고기가 '어류의 척추동물을 통틀어 이르는 말'이라고 뜻풀이가 되어 있다. 일상생활에서는 "저는 고기는 안 먹어도 생선은 먹어요."라는 말처럼 '생선'이 더 많이 쓰이긴 하지만, 생선의 뜻은 '말리거나 절이지 아니한, 물에서 잡아낸 그대로의 물고기'이다. 그러니까 쥐포나 동태나 젓갈류는 생선이 아닌 셈이다. 또 일상생활에서는 민물고기를 생선으로 치지 않는 언어 습관도 있다. 생선매운탕과 민물매운탕이 따로 있는 것을 보면 말이다. (돌아가신 외할머니도 생전에 민물고기를 가리켜 물고기라고 하셨다. 민물고기에 무를 넣고 조려주시곤 했는데, 그때 쓰시던 표현이 "물고기 지져 먹자."라는 말이었다.) 그러니 적용 범위가 좁은 '생선'보다는 '물고기'가 더 맞는 단어라 하겠다.

내가 생선을 포함해 물고기만 먹게 되었다는 말도 엄격하게 따지면 틀린 표현이다. 조개류는 어류가 아니므로 '물고기'에 포함되지 않기 때문이다. 그러니까 아주 엄격하게 말하면 나는 어패류, 곧 물고기와 조개류만 먹는다. 이 책에서는 편리함을 위해 엄격함을 희생해서 물고기란 말에 조개 종류까지 포함시키겠다.

반쪽짜리 채식주의자

이렇게 해서 나는 반쪽짜리 채식주의자가 되었다. 그러나 아무리 반쪽짜리라고 해도 물고기는 버젓이 먹으면서 '채식주의자'라고 하기는 남세스럽다. 채식주의라는 말이 동물성 음식은 먹지 않는다는 뜻이니, 내가 채식주의자라고 말하는 것은 시쳇말로 잠자리를 헬리콥터라고 부르는 것이나 마찬가지 아닌가? 물론 영어로도 'semi-vegetarian(준準 채식주의자)'이라는 말이 있으니 영 잘못된 말은 아니겠지만, 그래도 '절반'이라는 말을 쓰려면 반쪽짜리 채식주의자보다는 '반쪽짜리 육식주의자'가 더 어울리는 말일 것 같다. '선택적 채식주의자'나 '선택적 육식주의자'도 적절한 용어일 것이다. '반쪽짜리'가 됐든 '선택적'이 됐든 아직도 육식을 하고 있으니 육식주의자로 부르는 것이 마땅하지만, 굳이 채식주의자라 자칭하는 까닭은 채식주의자가 되려고 노력하고 있고 채식주의를 실천하려는 사람이 있음을 알리는 효과 때문임을 이해해 달라.

채식을 한다면서 왜 물고기는 먹느냐고 묻는다면 앞에서 말한 자제력의 부족을 다시 언급할 수밖에 없다. 길들여진 입맛의 추억 때문에 일거에 모든 고기를 안 먹을 수 없으니 실천의 한 단계로서 그렇게 정한 것이다. 그러나 아직도 그 다음 단계로 넘어서지 못해서 문제이긴 하다. 선택적으로 고기를 먹는다면 거꾸로 물고기만 먼저 안 먹을 수도 있을 텐데, 그러지 않고 물고기만 먹는 까닭은 짐작하겠지만 동물의 고통 때문이다. 차차 이야기하겠지만 고기를 안 먹는 까닭이 동물의 고통이라는 윤리적 근거 때문인데, 소나 돼지 같은 대형 동물보다는 물고기가 고통을 덜 느낄 것이라고 생각하기 때문이다.

내가 단박에 완전한 채식주의자가 못된 까닭은 자제력 부족이라는 개인적인 이유 말고도 우리 사회 분위기에서 또 다른 변명거리를 찾을 수 있다. 내가 채식을 결심한 이후 다행히도 아내는 거기에 전적으로 동의해 주었다. 적어도 먹을거리에 관한 한 까다로운 편인 아내는 고기를 안 먹겠다는 나의 결정에 대해 윤리적인 이유보다는 건강과 환경에 대한 관심 때문에 적극적으로 동조하고 나섰다. 채식과 관련해서 내가 롤 모델로 삼은 선배는, 처음에 부인에게 채식을 하겠다고 하자 "당신이 얼마나 계속하는지 두고 보자."라는 말을 들었다고 한다. 그러나 내 아내는 "당신이 나와 살면서 결심한 일 중 제일 잘한 일이다."라고 격려까지 해주었으니 참으로 고마운 일이다. 그래서 집에서는 나뿐만 아니라 가족들까지 대체로 채식을 하는 편이다. 내가 없을 때는 아내도 아이랑 고기를 먹지만, 채식을 선택한 것은 나 자신이므로 거기까지 내가 가타부타 관여할 일은 아니다.

문제는 밖에서 밥을 먹을 때이다. 점심은 물론이고 저녁까지 학교 식당에서 먹는 일이 많은데, 규모가 그리 크지 않은 학교이다 보니 식당이 한 곳밖에 없어서 채식 식단을 따로 갖추고 있지 못한 것이다. 학교 밖에서 회식도 종종 있는데 내가 회식 장소를 정하는 것이 아닌 이상 채식 메뉴가 항상 있는 것이 아니다. 그러다 보니 집 밖에서라면 물고기 정도는 먹을 수밖에 없다고 어느 정도 타협을 하지 않을 수 없었다. 물론 이것이 변명인 것도 잘 안다. 출근할 때 도시락을 싸 가면 되고, 회식 자리 역시, 적어도 내 경우에는 꼭 가지 않으면 안 될 경우가 그리 많지 않기 때문이다. 실제로 채식을 하는 사람들 중에는 그렇게 하는 사람들이 많다. 그럼에도 타협을 한 것은 도시락을 싸 가지고 다니거나 회식 자리를 거절할 만한 정성이 없기 때문에, 더 솔직하게 말하면 그 정도까지 실천할 만한 윤리적 결단이 부족하기 때문이라고 고백하지 않을 수 없다.

나처럼 기본적으로 채식을 해야 한다고 생각하면서도 가끔은 육식을 하는 사람을, 우리말로는 적당한 표현이 없고 영어로는 '플렉시테리언flexitarian'이라고 하고 그런 입장을 '플렉시테리어니즘flexitarianism'이라고 한다. 융통성 있다는 뜻의 영어 단어 'flexible'과 'vegetarian'을 합친 말이다. '융통성 있다'는 말이 '융통성 없다'는 말의 부정적 어감에 비해서는 좋게 들리지만 채식주의에서는 반드시 그렇지만도 않다. 플렉시블하다는 말은 쉽게 말해 '그때그때 달라요'다. 그러나 플렉시테리어니즘도 하나의 '이즘ism'인데 정말로 '그때그때 달라요'가 되면 곤란하므로 플렉시테리언들 역시 나름대로 기준을 정해두곤 한다. 예컨대 가장 흔한 예가 혼자 먹을 때는 채식을 하지만 회식할 때는 고기를 먹는 것이다.

내가 아는 철학 교수는 채식을 지향하지만 부모님과 외식을 할 때는 고기를 먹는다고 한다. 나 역시 닭고기를 안 먹기로 결심한 뒤에 어머니에게 이끌려 식구들과 닭백숙 집에 간 적이 있다. 그때 딱 한 입을 먹은 적이 있는데, 내 원칙을 지키기보다는 일부러 닭백숙을 사주려 하신 어머니의 정성을 외면할 수 없어서였다. 외국의 어떤 플렉시테리언은 프랑스에 여행갈 때는 고기를 먹는다고 한다. 식도락의 고장에 가서 고기를 안 먹을 수가 없다나? 동남아시아의 스님들은 우리나라 스님들과 달리 고기를 먹는다는데, 자신이 직접 잡은 고기나 자신을 위해 잡은 고기가 아니라는 단서에서만 먹는다고 한다. 이렇게 보면 그쪽 스님들도 플렉시테리언들이다. 이처럼 채식을 하고는 있지만 어떠어떠한 자리에서는 고기를 먹을 수밖에 없다고 나름대로 기준을 정해 놓고 그 기준을 어기지 않는다면 이것도 하나의 채식'주의'라 할 수 있을 것이다. 그것은 채식을 하겠다고 다짐해놓고서도 유혹을 참지 못해 고기를 먹는 것, "딱 오늘 한번은 먹어도 되겠지?"라고 합리화하는 경우와는 다르다.

나는 집에서는 육류와 물고기를 모두 안 먹지만, 밖에서는 물고기까지만 먹는다는 원칙을 정해두고 있다. 완전 채식주의를 옹호하는 입장에서 당연히 부끄러워해야 할 원칙이다. 이런 타협적인 원칙보다 더 부끄러운 것은 물고기도 어쩔 수 없이 먹는 정도가 아니라 좀 많이 먹는다는 것이다. 내가 근무하는 강원대학교 삼척캠퍼스가 동해 바닷가에 있다 보니 횟집 같은 곳에 갈 일이 많기도 하거니와, 생선들이 좀 맛있어야지! 한번은 횟집에서 서비스라고 고래고기를 내놓은 적이 있어서 또다시 한 입을 먹은 적이 있다. 엄격히 말하면 젖먹이동물(포유동물)인 고래는 물고기가 아니므로 내 기준에 따르면 절대로 먹으면 안 된다.『벤담 & 싱어』를 쓰면서 채식에 첫걸음을 내디딘 것처럼 이 책을 쓰면서 완전 채식이라는 목적지에 이르게 될까?

한국 사회에서 채식하기

좀 구질구질하지만 현재 나의 식습관에 대해 이야기해 보겠다. 한편으로는 완전한 채식을 실천하지 못하는 의지 박약자의 모습이 이렇다는 것을 보여주고 싶고, 다른 한편으로는 우리나라에서 완전한 채식을 실천하기란 이렇게 어렵다는 것을 말해둘 필요도 있기 때문이다. 나는 물고기가 아닌 고기는 먹지 않지만 고기가 지나간 '흔적'까지 피하는 것은 아니다. 그러니까 고깃덩어리나 고기조각은 먹지 않지만 고기로 우려낸 국물은 어쩔 수 없을 때는 먹는다는 얘기다. (물론 일부러 먹지는 않는다.) 가령 설렁탕을 먹게 되면 고기는 건져 내고 국물만 먹는다. 그럴 수밖에 없는 것이, 설렁탕집의 경우 설렁탕이나 수육 말고는 팔지 않는데다가 반찬도 깍두기 하나뿐이기 때문이다.

우리나라 사람들이 회식 때 가장 많이 가는 곳이 고깃집이다. 나는 고깃집을 가게 되면 고기 굽는 불판에 버섯을 구워 쌈에 싸 먹곤 한다. 버섯이 아예 없거나 조금만 주는 고깃집도 많은데, 그런 집들은 영 곤란하다. 그럴 때면 배가 더 고파지는 것 같아 '에라이, 치사하게 이런 것까지 아끼냐!' 하고 속으로 투덜대곤 한다. 아무리 버섯이라 해도 고기 기름이 묻은 불판에 구워먹을 수 있느냐고 하는 채식주의자도 있을 텐데, 아마도 종교나 건강을 이유로 채식을 하는 사람일 것이다. 나는 그런 이유가 아니므로 고기 불판에도 잘 구워 먹는다. 그조차 꺼려질 때는 그냥 상추에 밥을 싸 먹으면 된다. 상추 안 주는 고깃집은 없으니까.

고깃집들은 대부분 된장찌개가 있으므로 그것을 시켜서 먹기도 한다. 아마 그 된장찌개에도 고기 국물이 들어 있겠지만 거기까지 따지기는 어렵다. 고기를 안 먹으니 된장찌개를 미리 달라고 하면, 아주 가끔은 국물을 고기로 만드는데 괜찮겠느냐고 걱정스레 묻는 집도 있다. 괜찮다고 말하기에는 조금 목소리가 기어들지만, 그런 배려의 마음에 고마움이 느껴지는 게 사실이다. 어떤 채식주의자는 식당 주인에게 고기나 멸치 육수를 넣지 말고 맹물로 된장찌개를 끓여 달라고 부탁한다는 것을 신문 기사에서 읽은 적이 있다. 나는 그런 부탁을 해 본 적도 없지만 굳이 그럴 필요까지 있겠느냐는 생각이다. 정 먹을 게 없으면 밑반찬에 밥만 먹어도 되고, 그런 사람이라면 김치에도 젓갈이 들어 있어서 못 먹을 테니 간장에 밥을 비벼 먹으면 된다. 우리나라에 주재하던 어떤 인도 외교관은 식당에 채식 메뉴가 없자 간장을 달라고 해서 밥에 비벼 먹었다고 하는데, 완벽한 채식주의자가 되려면 이 정도는 해야 한다. 한 끼 그렇게 먹는다고 해서 큰일 나는 것은 아니니까.

비빔밥이 메뉴에 있다면 그것을 시켜 먹는 것도 좋은 방법이다. 단, 고기 고명은 넣지 말아 달라고 미리 말해야 한다. 그러지

채식 뷔페식당.
우리나라에는 아직 채식 전문식당이 흔치 않다.

않으면 애를 먹기가 십상이다. 큰 고깃덩이라면 골라내기가 쉬운데, 꽤 유명한 한정식 집에서 잘게 볶은 고기를 뿌려 넣어서 그걸 골라내느라 끙끙거린 기억이 난다. (비빔밥은 한국의 대표적 채식 메뉴로 외국에도 널리 알려져 있는데, 고기를 꼭 넣어주고 싶다면 따로 그릇에 담아 주는 게 좋지 않을까?)

혼자 외출해서 식당에 갈 일이 있으면 나는 우리나라에서 가장 흔한 프랜차이즈인 '김밥천국'에 간다. 거기서 햄 빼고 김밥을 싸달라고 하면 아주머니가 흘낏 한번 쳐다보기는 하지만, 어쨌건 훌륭한 한 끼 식사를 할 수가 있다. 달걀까지 안 먹는 채식주의자라면 계란지단도 빼달라고 하면 된다. 밖에 나가면 먹을 게 없어서 굶고 들어온다고 하는 엄격한 채식주의자가 있던데, 이 천국 같은 김밥천국을 모르나보다. 김밥에는 시금치, 우엉, 당근, 깻잎, 오이 등이 들어가니(가끔 볶은 김치도 들어간다.) 채식주의 식단으로는 이만한 게 없다. 밥에 식초를 섞기도 하고, 시금치를 참기름으로 무친 다음에 다시 김에 참기름을 바르니, 오히려 열량이 높은 것을 걱정할 정도로 영양가도 많다. 하지만 다행히도 이것들은 모두 동물성이 아니다. 다른 사람이 김밥을 사 오거나 만들어 오면 조용히 햄을 빼내고 먹는다. 고기만 따로 골라낼 수 없는 만두가 가장 취약이다. 만두는 그냥 패스다.

부분 채식을 시작한 이후로 소고기나 돼지고기는 전혀 안 먹었다고 말했지만, 고백하건대 순대는 어쩌다 먹었다. '병천순대' '백암순대' 이런 것 말고 분식집에서 파는 순대다. 그런 종류의 순대는 속에 당면잡채를 넣고 겉은 식용비닐로 만든다고 들었기 때문이다. 물론 돼지피(선지)를 섞기는 하지만 그건 위에서 말한 고기 국물처럼 무시하고 먹는다. 그런데 싸구려 순대라도 껍질은 돼지창자로 만든다는 주장이 많아서 어느 쪽이 진실인지는 잘 모르겠다. 나는 껍질을 식용비닐로 만들었다는 대답을 듣고 싶어서 순대 파는 분에게 묻곤 했는데, 파는 쪽 입장에서는 한 사람도 예외 없이 돼지창자로 만들었다는 대답만 하는 것이었다. 동물 가죽으로 만든 제품을 절대 쓰지 않겠다고 다짐한 사람이 인조가죽으로 만든 지갑을 사려고 가게 주인에게 "가죽이 아니죠?"라고 물어보자, 주인은 가죽이 분명하다며 라이터 불을 붙여 보이기까지 하더라던데, 내가 딱 그 꼴이다. 사실은 순대 껍질을 돼지창자가 아니라 식용비닐로 만들었다 해도 내 원칙에 따르면 먹어서는 안 된다. 식용비닐이라면 콜라겐으로 만든 것일 텐데, 콜라겐은 돼지와 같은 젖먹이동물의 단백질이기 때문이다.

나의 채식주의 실패담을 이야기하다보니 어머니가 사주신 닭백숙에서부터 회식 때의 고래고기, 설렁탕집 사골국물, 선지 섞인 순대까지 너무 많아서 부끄럽다. 아직껏 나는 반쪽짜리 채식주의자도 못 되는, 영락없는 짝퉁 채식주의자인가보다.

채식주의 커밍아웃

먹는 것 가지고 이렇게 까다롭게 굴어야 하느냐고 생각할 수도 있겠지만 도덕이라는 게 원래 까다로운 것이다. 마광수 교수의 시 중에 「불편한 것은 아름답다」라는 작품이 있다. 손톱이 긴 여자가 간신히 단추를 잠글 때, 높은 하이힐을 신고 아슬아슬 걸어갈 때, 귓불에 주렁주렁 무거운 귀걸이를 하고 다닐 때, 불편해 보이지만 아름답다는 것이다. 이건 마 교수의 독특한 취향이겠지만, 나는 도덕도 그런 성격이 있다고 생각한다. 편리한 대로, 하고 싶은 대로 다 하면 그것이 윤리가 될 수는 없을 테니까 말이다.

불편하고 유별난 행동이라 해도 채식주의를 알리고 채식주의 윤리에 대해 한번쯤 생각해보게 하는 계기가 될 수 있다면 그것대로 의미가 있을 것이다. 사실 인도 외교관이 식당에서 밥에 간장을 비벼 먹었다고 해서 까탈스러운 사람이라고 생각하는 사람은 별로 없을 것이다. 인도 사람들은 원래 채식주의자가 많다는 것을 사람들이 잘 알고 있기 때문이다. 스님들이 고기를 안 먹는다고 해서 유별나다고 생각하지 않는 것과 마찬가지다. 이런 경우를 생각해 보면 채식주의자임을 일찌감치 커밍아웃하는 것도 좋은 방법이다.

나는 학교에서 동료 교수들에게 '채식의 윤리'라는 주제로 강연을 한 적이 있어서 고기를 먹지 않는다는 것이 많이 알려져 있다. 그래서 동료들이 나와 함께 식사를 할 때는 되도록 고깃집을 피해 주거나, 고깃집에 가더라도 내가 고기에 손대지 않는 것을 잘 양해해 주는 편이다. 스님이 고기 안 먹는 게 당연한 것처럼 나에 대해서도 자연스럽게 받아들여 준다. 이 기회를 빌려 고맙다는 말을 전해야겠다. 내가 고기를 안 먹는 줄 모르는 사람들과 식당에 갔을 때는 앞에서 말한 방법대로 조용히 밥을 먹는다. 내가 워낙 존재감이 없는 사람이어서 그런지 고기 안 먹는 것을 대체로들 눈치 채지 못하는 것 같다. 술이야 주거니 받거니 하고 강권도 하기에 사양하기가 쉽지 않지만, 애인도 아닌 터에 고기를 싸서 먹여주지는 않으니까. 다만 둘이서 식당에 가게 될 때는 고기를 안 먹는다고 정중히 말하는데, 그러면 모두가 이해를 해준다. 그런 경우는 대개 내가 초대를 받은 때이므로 당당히 말해도 된다. 내가 밥을 살 때는 당연히 채식과 육식 메뉴가 다 있는 곳을 고르면 되고.

이렇게 고기를 안 먹는다고 커밍아웃을 하면 그때부터 주위 사람들의 감시(?)가 시작되므로 채식을 실천하기도 쉽다. 그러므로 반드시 굳은 결심이 선 다음에 커밍아웃을 해야 한다. 담배의 경우라면 끊었다 다시 피우는 일이 흔해서 금연 선언을 해도 어차피 안 믿으니 상관없지만, 채식을 선언했다가 지키지 못하면 괜히 싱거운 사람이 되거나 심하면 위선자가 돼 버리고 만다. 미스코리아 출신의 어느 탤런트는 스무 살 때부터 채식주의자라고 말했다가 예전 방송에서 고기를 먹었던 장면이 알려지는 바람에 여론의 뭇매를 맞았다. 그래서 황급히 당시 장면이 '연출'이었다고 밝히자 이번에는 방송 조작을 했다며 또 비난이 쏟아졌다. 채식주의자가 된 가수 이효리 씨도 과거에 한우 홍보대사를 한 적이 있어서 역시 논란이 되었지만 채식을 선언하기 전 이야기니까 경우가 다르다.

다양한 문화가 공존하는 사회에서는 먹는 것에 대해서도 관대한 편이다. 서양에서는 일찌감치 여러 종교의 사람들이 많이 어울려 살아왔고 각 종교마다 금기시하는 음식들이 있어서 먹을거리에 대한 배려를 많이 하는 것 같다. 불교에서는 스님들에 대해서만 고기를 금지하지만, 다른 종교에서는 사제들뿐 아니라 일반 신자들에게까지 특정 음식을 금지하는 경우가 많다. 유대교와 이슬람교는 돼지고기를 금하고, 소·양고기도 자기들 방식대로 도살한 것만 허용한다. 소를 신성시하는 힌두교는 소고기를 금한다. 이런 사람들이 어울려서 오래 살다 보니 상대방의 식습관에 대해 서로 존중을 해준다.

나도 잠깐의 외국생활 경험이었지만 다른 집에 초청을 받을

외국 인터넷사이트에 소개된 채식주의자용 패티. 레시피를 보면 통밀, 오트밀 등의 곡물가루에 당근, 양파, 마늘을 갈아 넣고, 소금, 후추 및 소량의 향신료를 섞어서 달걀과 식물성 식용유로 반죽해 만든다고 되어 있다.

때마다 피하는 음식이 있느냐는 질문을 자주 받곤 했다. 미국 대학에서 야유회를 갈 때 보니 참가 신청을 받으면서 채식주의자는 따로 체크하는 칸이 있었다. 야유회에 가니 고기를 다져서 둥그렇게 만든 패티를 바비큐 그릴에 구워 먹는데, 채식주의자들을 위해서는 콩과 옥수수 등으로 만든 채식 패티를 따로 준비해놓고 있었다. 호주에서는 기숙사에 잠깐 산 적이 있는데 식당 메뉴에 항상 채식주의자를 위한 음식이 따로 있었다. 심지어 식사 시간을 놓친 학생들을 위해 냉장고에 간단한 음식을 따로 준비해 놓는데 거기에도 채식주의자용이 있었다. 일회용 용기에 매직펜으로 'veggie'라고 쓰여 있었던 것이 기억난다. 다양한 국적과 문화의 사람들이 타는 비행기에는 당연히 여러 가지 식단이 준비되어 있다. 그런 점에서 비행기는 음식 고민을 하지 않아도 되는 행복한 곳이다.

그러나 대체로 단일한 문화에서 살아온 우리나라 사람들은 이런 배려를 하는 데 익숙하지가 않다. 한국에서 생활하는 외국인이 대거 늘어난 최근에도, 동남아시아에서 온 무슬림 노동자들에게 억지로 돼지고기를 먹여서 논란이 되곤 한다. 나의 문화를 존중받기 위해서는 나와 다른 문화도 존중해야 한다는 것이 다문화주의의 근간일 것이다. 그러나 이런 다문화주의를 말로 배운다고 해서 실천할 수 있는 것 같지는 않고, 다양한 문화 속에서 살아보아야 제대로 실천하는 것 같다. 자기중심적으로 생각하는 인간의 어쩔 수 없는 점인가? 이런 점에서라도 외국 출신들이 많이 늘어나는 것은 바람직한 일이다. 그리고 채식주의를 실천하는 사람이 있다는 것을 자꾸 알리는 것도 중요한 일이다.

2장

고기를 치워버린 사람들

국립국어원의 『표준국어대사전』은 채식주의를 '고기류를 피하고 주로 채소, 과일, 해초 따위의 식물성 음식만을 먹는 식생활이 좋다고 생각하는 태도'라고 정의하고 있다. 영어로는 'vegetarianism'이라고 하는데, 채소가 'vegetable'(우연의 일치이지만 '배추다발'과 발음이 비슷하다)이라는 것을 떠올려 보면 거기서 파생되어 나왔음을 짐작할 수 있다. 그러나 채식주의자들은 그게 아니라 '활기차다', '건강하다'를 뜻하는 라틴어 'vegetus베게투스'에서 파생되었다고 주장한다. 채식을 실천하면 활기차고 건강하게 된다는 것을 강조하려고 그러는 것 같다. 그러나 영어에 있어 우리나라의 『표준국어대사전』에 해당하는 『옥스퍼드 영어사전』에는 'vegetable'에서 나왔다고 쓰여 있다.

채식주의자는 식물성 음식만을 먹는다고 했지만, 현실에서는 동물성 음식을 일부 먹는 사람도 채식주의자로 분류하곤 한다. 물고기는 제쳐 놓더라도 달걀, 우유 같은 음식을 먹는 사람도 채식주의자라고 부르곤 한다. 그와 달리, 동물은 물론이요 식물 중에도 뿌리식물은 먹지 않는 엄격한 채식주의자도 있다. 단, 주의할 점이 있다. 채식주의자는 고기류를 안 먹는 사람이라고 정의 내렸지만, 고기를 안 먹는 사람이라고 해서 모두 채식주의자라고 부를 수는 없다. 이게 무슨 소리일까? 채식주의에 '주의'라는 말이 붙은 까닭은 어떤 신념으로 인해 고기를 안 먹기 때문에 그런 것이다. 말하자면 윤리적 이유나 신념 때문에 일부러 채식이라는 길을 택했을 때만 채식주의라고 부를 수 있다는 얘기다. 그러므로 고기를 먹고 싶지만 어쩔 수 없이 먹지 못하는 사람은 채식주의자라고 부를 수 없다. 가령 돈이 없어서 고기를 못 먹거나 고기가 없는 지역이라서 못 먹는 사람, 또는 특정한 질병 때문에 고기를 먹을 수 없는 사람은 자신의 신념에 따라 채식을 하는 것이 아니기에 채식주의자라고 할 수 없다. 사실, 이누이트(에스키모)처럼 채소가 자라지 않아 고기만 먹게 된 민족은 있을지언정 고기가 전혀 없어 채소만 먹는 민족은 들어본 적이 없고, 고기를 먹으면 안 되는 질병이 있는지도 잘 모르겠다. 같은 의미에서 부모가 채식주의자라서 고기를 먹지 않게 된 어린이도 채식주의자로 보기는 힘들 것이다. (채식주의자인 부모가 자식을 채식주의자로 키워도 되는가 하는 것은 별도로 논란이 되고 있는 문제이긴 하다.)

그렇다면 채식주의자들에는 어떤 종류가 있을까? 채식주의자들을 나누는 데는 두 가지 잣대를 쓸 수 있다. 하나는 채식을 실천하는 '범위'에 따라 나눠보는 것이고, 다른 하나는 채식을 선택하게 된 '동기'에 따라 나눠보는 것이다. 전자 즉 채식의 범위에 따른 구분은 채식의 동기가 무엇인지와는 상관없이 이미 채식을 선택한 사람들이 어느 정도까지 채식을 실천하는지에 따른 구분이다. 범위에 따라 구분했을 때 채식주의의 종류는 다음과 같다.

선택적 채식주의 대체로 채식을 하지만 필요에 따라서 고기를 먹음

페스코주의 소고기, 돼지고기, 닭고기 등은 먹지 않고 물고기는 먹음

락토-오보 채식주의 고기는 전혀 먹지 않고 우유와 달걀은 먹음

완전 채식주의vegan 고기는 물론이고 우유, 달걀 등 동물성 음식은 전혀 먹지 않음

채식주의의 다양한 스펙트럼에 대해서는 9장에서 다시 살펴보기로 하고, 여기서는 채식주의자들이 채식을 선택하게 된 동기들에 대해서 우선 짚어보도록 하자. 채식을 하는 사람들은 왜, 무슨 이유로 고기를 먹지 않게 되었을까?

앞 장에서 내가 채식을 결심하게 된 것은 윤리적인 이유 때문이었다고 고백한 바 있지만, 사실 채식을 선택한 사람들 가운데는 다른 이유로 채식을 하는 사람이 더 많다. 종교의 가르침 때문에, 입맛에 맞지 않아서, 건강상의 이유 등 윤리적인 이유가 아닌 경우가 훨씬 많다. 독자들은 여기서 소개하는 채식주의의 여러 동기들을 자세히 읽어가면서, 윤리적 동기와 어떤 차이점이 있는지 알아차리면 좋겠다.

고기를 먹으면 업이 쌓인다 인도의 종교들

고기를 먹지 않는 이유로 가장 많이 드는 것이 아마도 종교적인 이유일 것이다. 채식주의자가 가장 많은 곳이 인도인데, FAO(유엔식량농업기구)와 미국 농무부의 보고서는 인도 인구의 20~40퍼센트를 채식주의자로 추정한다(FAO 통계는 www.fao.org/WAIRDOCS/LEAD/X6170E/x6170e09.htm, 미국 농무부 통계는 www.fas.usda.gov/htp/highlights/2001/india.pdf 참조). 인도의 인구가 12억이니 이 정도면 3억에서 5억 정도의 인구가 채식주의자라는 이야기다. 실로 대단한 숫자이다. 반면, 내 경우에는 친한 선배 한 분이 엄격한 채식주의자가 되기 전까지는 채식주의자를 눈앞에서 본 적이 한 번도 없었다. 또 내가 고기를 안 먹는다고 하니 채식주의자를 처음 만난다고 말하는 사람들도 여럿 있었다. (그러나 나는 아직 짝퉁 채식주의자이니, 그 사람들은 아쉽게도 진짜 채식주의자는 한 번도 못 본 셈이다! 미안하다.) 그런데 이런 한국과 달리 인도에서는 세 사람 중 한 사람이 채식을 하고 있는 것이다. 중국이나 인도는 인구가 워낙 많은 탓에 정확한 인구센서스 자체가 어려우니 채식주의자의 비율 역시 믿기 어렵지만, 인도의 경우에는 채식을 교리로 삼는 힌두교, 자이나교 신자를 추산해 볼 수 있기 때문에 위 통계가 어느 정도 정확하다고 보아도 좋을 것이다. 세계적으로 채식 인구가 얼마나 되는지는 통계가 없지만, 모르긴 몰라도 인도 채식주의자나 인도 출신으로 다른 나라에서 사는 채식주의자가 세계 채식주의자의 4분의 3 이상은 될 것이다. 이것만 보아도 우리는 채식을 하는 이유 가운데 종교적 믿음이 가장 큰 비중을 차지한다는 사실을 알 수 있다.

다만, 인도 인구의 80퍼센트 이상이 힌두교 신자임에도 채식주의자가 40퍼센트에 못 미치는 까닭은 힌두교의 카스트 제도 때문이라고 보면 될 것이다. 브라만 계급이나 브라만이 되려는 사람은 엄격하게 채식을 하지만, 주로 육체노동에 종사하는 낮은 계급의 사람들은 고기를 먹는다. 또 땅이 넓다 보니 지역에 따라서는 고기를 먹는 브라만도 있다. 다들 알고 있듯이 인도 사람들은 소를 신성시하기 때문에 다른 고기보다 오히려 소고기 값이 싸단다. 그래서 고기를 먹는 인도인들은 특히 소고기를 많이 먹는다나 뭐라나.

엄격한 힌두교 신자가 고기를 안 먹는 것은 기본적으로 '아힘사ahimsa, 不殺生'라고 하는 비폭력 신앙 때문이다. 또한 깨끗한 음식을 먹어야만 영적인 수련에 도움이 된다고 믿는 까닭도 있다. 더러운 고기가 몸속에 들어오면 정신도 더러워진다고 생각하는 것 같다. 나와 같은 학교에 근무하는 전기순 교수는 인도에서 1년 동안 연구년을 지내고 와서 그들의 채식 문화에 대해 문화인류학적인 분석을 펼쳐 보인 바 있다. 인도는 날씨가 너무 더워서 고기를 먹으면 속이 부대껴서 버틸 수가 없다는 얘기다. 고기는 물론이고 음식 자체를 최소한으로 먹어서 더운 날씨를 버틴다고 한다. 일리가 있는 분석이다.

예전에 나도 인도에서 온 채식주의자를 가이드한 적이 있다. 대학원에 다닐 때 학교에 인도 학자가 초청을 받아 왔는데 채식주의자였다. 교내에는 채식 메뉴가 없어서 그가 묵었던 교내 게스트하우스에 채식 도시락을 싸 달라고 요청했는데, 도시락을 열어 보니 샐러드에 잘게 썬 게맛살이 섞여 있었다. 물고기는 고기가 아니라고 게스트하우스 요리사는 생각했나 보다. 인도 사람들은 고기류가 조금만 섞여 있어도 안 먹는다고 들었기에 학회가 열리는 동안 한쪽에 쭈그리고 앉아 젓가락으로 열심히 게맛살을 골라냈던 기억이 난다. 결국 그 인도 학자가 샐러드를 먹었는지 안 먹었는지는 모르겠다. (그런데 지금 이 글을 쓰면서 생각해 보니, 그 사람이 스스로 채식주의자라고 말하지도 않았는데 우리가 인도 사람은 다 그럴 거라고 지레 짐작했던 게 아닌가 싶다. 게다가 그 학자 이름은 싱Singh—알파벳으로 쓴 명찰에 한글을 함께 써달라고 해서 여태 기억을 한다—이었는데, 그 이름은 인도의 또 다른 종교인 시크교 남자들이 공통으로 갖는 이름이라고 한다. 시크교도들은 고기를 먹는다는데 괜히 우리가 설레발쳤나?)

최근 보도에 따르면 요즘은 인도에도 고기 먹는 인구가 점점 늘고 있다고 한다. 빨간 고기는 아직도 불결하다고 생각해서인지 덜 불결하다고 생각되는 닭고기 위주로 소비가 늘고 있단다(『주간동아』 2008년 4월 29일자). 채식주의자들의 로망이었던 인도마저 이렇게 되다니! 나중에 이야기하겠지만 육식으로 인해 벌어지는 심각한 문제 중 하나가 환경의 훼손이다. 생각해 보라. 고기를 안 먹던 3~4억의 인구가 닭고기를 먹어대면 늘어날 닭의 개체수는 얼마일 것이며, 그 닭들이 먹어댈 곡식의 양은 얼마나 될 것인가? 끔찍하지 않은가? 소도 마찬가지 문제를 낳는다. 인도 출신의 세계적인 환경 운동가인 반다나 시바Vandana Shiva는 『누가 세계를 약탈하는가』에서 인도의 소를 수출하기 위해 도살을 하면서 생겨난 문제점에 대해 고발하고 있다. 소똥은 인도의 논밭에 거름이 되고 농민들에게 질 좋은 연료(마른 소똥은 훌륭한 땔감이다.)를 제공해왔는데, 도살을 함으로써 화학비료와 화석연료 수입이 엄청나게 늘어났다는 것이다.

고기를 일부 먹기도 하는 힌두교와 달리 자이나교는 육식과 살생을 더욱 엄격히 금한다. 우리나라에서도 2008년 「MBC 스페셜」에서 방송한 적이 있는데, 자이나교의 수도승들은 무소유를 실천하기 위해 발가벗고 다니고, 걸을 때도 벌레를 밟을까 봐 빗자루로 쓸고 다니며, 머릿니와 같은 벌레를 상하게 할까봐 머리를 깎지 않고 뽑는다. 이런 정도이니 고기를 안 먹는 것은 말할 것도 없고, 수확 과정에서 벌레를 죽일 수 있는 감자, 양파 등의 뿌리채소를 비롯해 벌레가 있을 가능성이 높은 브로콜리나 가지도 안 먹는다고 한다. 자이나교가 살육을 이토록 금하는 까닭은 힌두교와 마찬가지로 아힘사를 실천하기 위해서라고 한다. 또한 우리에게도 익숙한 '업業, karma'을 강조하기 때문인데, 고기를 먹으면 나쁜 카르마를 쌓게 된다고 믿기 때문이다.

불교가 육식을 금지하는 것도 역시 업 때문이다. 법정 스님은 『홀로 사는 즐거움』에서 이렇게 말한다. "육식을 좋아하는 사람들은 고기를 먹을 때 고기의 맛과 더불어 그 짐승의 업까지도 함께 먹는다는 사실을 기억해야 한다. 그 짐승의 버릇과 체질과 질병, 그리고 그 짐승이 사육자들에 의해 비정하게 다루어질 때의 억울함과 분노와 살해될 때의 고통과 원한까지도 함께 먹지 않을 수 없다." 결국 불교가 스님들에게 육식을 금하는 이유는 고기 먹는 것 자체를 죄악시해서가 아니라 직접 살생하는 것 때문임을 알 수 있다. 이것은 한국·중국·일본 등의 대승불교에서는 고기를 금하지만, 상좌불교(소승불교)를 주로 믿는 동남아시아의 스님들은 고기를 먹는 것만 봐도 알 수 있다. 앞서 말했듯이 자신이 직접 잡은 고기나 자신을 위해 잡은 고기가 아닐 때는 먹는다. 아닌 게 아니라 우리나라 역시 나라 전체가 불교국가였던 통일신라, 고려 때도 일반 신자에게까지 육식을 금하지는 않았다. 소고기 금지령이 내려졌던 때도 있었지만 그것은 계율 때문이 아니라 중요한 농사 수단인 소를 잡아먹으면 안 되었기 때문이다. 반면에 일본에서는 7세기 이후에 독실한 불교 신자였던 왕들이 육류를 금지하여 백성들이 채소와 물고기만 먹었다고 한다. 이런 금육 조치는 19세기 후반에 가서야 해제되는데, 백성들이 워낙 오랫동안 육고기를 안 먹어서 얼른 먹지를 못했다고 한다. 오카다 데쓰岡田 哲의 『돈가스의 탄생』에 따르면 고기를 부담스러워한 일본사람들의 입맛에 맞게 등장한 것이 돈가스이다.

이렇게 힌두교, 자이나교, 불교가 모두 고기 먹는 것을 금하거나 꺼리는 것은 종교의 기원이 비슷하다는 이유도 있지만 가장 중요한 것은 윤회 때문이다. 세 종교는 모두 윤회를 믿는 공통점이 있다. 즉 내가 먹으려는 저 소나 돼지가 우리 조상이 환생한 동물일 수도 있다는 생각에 살생과 육식을 금하는 것이다. 또한 이번 생에서 고기를 먹음으로써 영혼의 정갈함을 지키지 못하면, 다음 생에서는 동물로(힌두교에서는 낮은 카스트로) 태어날 수도 있다는 염려 때문이다.

더러운 고기는 먹지 않는다 중동의 종교들

힌두교, 자이나교, 불교 등 인도 지역에서 시작된 종교들이 서로 비슷한 뿌리를 갖고 있듯이, 중동 지역에서 시작된 그리스도교, 유대교, 이슬람교도 역사적으로는 서로 같은 뿌리를 갖고 있다. 이들 종교는 아브라함에 기원을 두고 있다는 공통점이 있어서 '아브라함 종교'라고도 불린다. 그런데 중동에서 시작된 이들 종교는 인도의 종교들과는 달리 채식의 전통이 없다. 다만 이슬람교와 유대교의 경우 부정한 동물을 먹지 말라는 계율이 있는데, 그 대표적인 동물이 돼지이다. 또한 돼지가 아닌 다른 동물들도 특별한 의식을 거쳐 잡은 경우에만 먹을 수 있도록 허용하는데, 이 의식을 이슬람교에서는 '할랄halal'이라고 부르고 유대교에서는 '코셔kosher'라고 부른다. '할랄'은 허용되었다는 뜻이고 '코셔'는 정결하다는 뜻이다.

할랄이나 코셔의 도축 방식 모두 핵심은 살아있는 동물을 단숨에 죽이는 데 있다. 그렇게 하는 이유에 대해서는 몇 가지 설이 있다. 염통이 뛰고 있을 때 핏줄을 잘라 피를 완전히 빼기 위해서

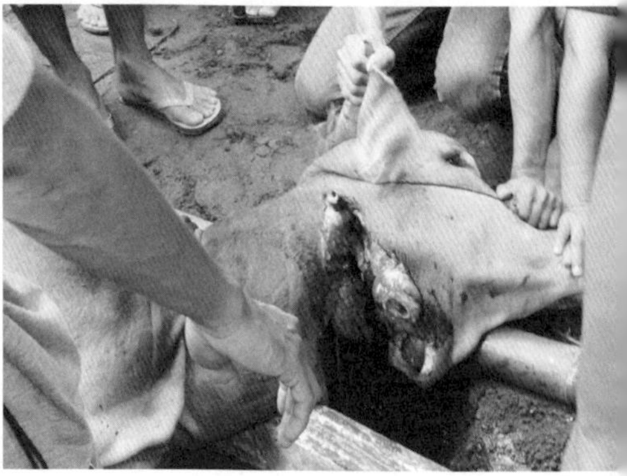

'할랄' 방식의 도살 장면. 고통을 없애기 위해 단숨에 죽인다고 하지만, 사진에서처럼 거의 살아있는 채로 피를 빼는 경우가 허다하다.

(이들 종교에서는 동물의 피를 먹는 것을 금지한다. 선지 이런 거 안 먹는다.)라는 설이 있고, 어떻게 죽었는지 모르는 동물의 고기로 인해 병에 걸리는 것을 막기 위해서라는 설도 있으며, 그렇게 함으로써 동물의 고통을 최소화할 수 있기 때문이라는 설도 있다. 만약 마지막 설이 맞는다면 참으로 인도적인 이유이긴 한데, 현대에는 마취총이나 전기 충격 등으로 기절시킨 다음에 도축하는 것이 가능하므로 산 채로 의식儀式을 치르는 이런 방식은 오히려 잔인한 것이 되어 버렸다. 죽이는 시간이 아무리 짧더라도 의식意識이 있는 상태에서 행하는 것이기 때문에 이제는 동물보호단체의 항의를 받곤 한다.

그래도 코셔와 할랄은 종교적인 이유로 여전히 시행되고 있고, 엄격한 신자들은 그런 음식만 먹는다. 비행기에서 주는 기내식도 당연히 코셔나 할랄을 선택할 수 있게 되어 있다. A. J. 제이콥스A. J. Jacobs는 1년 동안 성경에 쓰인 그대로 살아보고 그 기록을 『미친 척하고 성경 말씀대로 살아본 1년』이라는 책으로 펴냈다. 유대교 가정에서 자란 제이콥스는 구약성경에 코셔가 나오므로 직접 코셔 도살장에 가서 닭 도살을 체험한다. 그러나 역겹고 잔인한 것은 일반 도살장과 마찬가지였나 보다. 또 저자는 기내식 중 코셔가 특별히 정성을 기울여 맛있게 만든다는 말을 듣고 비행기 탈 때 주문을 한다. 그런데 그리 맛있지는 않았단다. 나라면 기내식으로 채식 메뉴를 적극 권하고 싶다. 몇 시간씩 앉아서만 있어야 하는 비행기에서는 늘 소화가 잘 안 되어 더부룩하기 일쑤인데, 그런 점에서 기내식으로는 가벼운 채식 메뉴가 최고다. 비행기를 타고 나서 "채식 메뉴로 주세요."라고 하면 안 된다. 탑승 하루이틀 전에 미리 주문해둬야 한다.

그리스도교는 같은 아브라함에서 시작된 종교이지만 특별히 금하는 고기는 없다. 단, 우리나라 개신교는 먹지 말라는 것이 있는데 술과 담배가 그것이다. (먹는 것이 아니라 마시고 피우는 것이라 해야 할까?) 다만 가톨릭교회는 특정한 날에 고기 먹는 것을 금하는데, 사순절四旬節이 시작되는 '재灰의 수요일'과 사순절 기간 중 매주 금요일이 그날이다. 예수가 고난을 받고 죽은 후 부활하기 전까지의 40일 동안 잠깐씩이나마 고기를 금함으로써 예수의 고난에 동참하겠다는 뜻이다. 그러나 여기서도 물고기는 예외인가보다. 그리스도교가 유럽 전역을 지배하기 전, 원래 유럽 사람들은 물고기를 별로 안 먹었다고 한다. 그런데 그리스도교가 전파된 후 처음에는 사순절 금요일에만 고기를 금하더니, 나중에는 사순절 기간 전체와 연중 모든 금요일에까지 확대되어 고기 금하는 날이 달력에 빼곡해지게 되었다는 것이다. 그래서 금요일에는 물고기를 먹는 것이 아예 풍습이 되어버렸고, 연중 물고기 수요도 폭증하게 되었다는 주장이다.

개신교에도 일상적인 채식을 권장하는 교파가 있는데 보통 '안식교'라 부르는 '제칠일안식일예수재림교회'(공식 약칭은 '재림교회')가 그런 교회이다. 이 교회는 이슬람교나 유대교처럼 돼지고기를 금하는데, 이유는 구약성경에 그렇게 나와 있기 때문이다. 재림교회는 몸을 건강하고 깨끗하게 유지하기 위해 술, 담배, 커피 등의 자극적인 음식을 금하고 채식을 적극적으로 권장한다. 사람들이 많이 알고 있는 '삼육두유'가 바로 우리나라 재림교회가 만드는 것으로, 이 교회는 채식 식당도 여러 곳을 열고 있고 교단이 운영하는 대학에도 채식 식당이 있다. 아침에 먹는 시리얼 상표로 유명한 '켈로그'도 이 교회 초기 개척자의 한 명인 존 하비 켈로그John Harvey Kellogg가 개발한 것이다. 1990년대에 유명했던 이상구 박사를 기억할 것이다. 재미의사인 이상구 박사는 국내 TV에 자주 출연, 새로운 건강법을 소개해서 선풍을 일으켰다. '뉴스타트 운동'이라 부른 그 건강법의 요체는 채식이었는데, 그도 알고 보면 재림교회 신자이다.

그러면 왜 이슬람교나 유대교, 재림교회는 돼지고기를 금할까? 답은, 그 종교의 신이 그렇게 시켰다는 것이다. 그렇다면 신은 왜 그렇게 시켰을까? 그것은 모른다. 신의 거룩한 뜻을 인간이 어찌 알까? 그래서 이에 대해 문화인류학적인 이유를 제시하는 의견도 있다. 이 종교들이 비롯된 중동 지역은 기후가 더워서 다른 고기에 비해 지방이 많은 돼지고기는 그만큼 빨리 상하기 때문이라는 것이다. 즉 위생상의 이유로 자연스럽게 안 먹게 되었다는 얘기다. 우리나라 옛말에도 "여름 돼지고기는 잘 먹어야 본전이다."라는 말이 있는데, 중동 쪽은 항상 여름이니 그럴 만도 하다. 확실히 소고기는 날로 먹어도 되지만 돼지고기는 잘 익혀 먹어야 한다. 돼지의 위는 세균을 잘 견뎌내지만 인간은 그렇지 않기 때문에, 돼지고기를 날로 먹거나 덜 익혀 먹으면 탈이 나기가 쉽다. 또 목초지나 사막이 대부분인 그쪽 지역에서는 돼지의 엄청난 식성을 도저히 감당할 수가 없어서 자연스럽게 안 먹게 되었다는 주장도 있다. 즉 돼지와 사람은 먹는 것이 같으므로 서로 경쟁을 벌인다는 얘기다. (인문지리학자 프레데릭 시문스Frederick Simoons의 『이 고기는 먹지 마라?』를 보면 돼지고기를 안 먹는 여러 가지 가설이 등장한다.) 그러나 냉장시설이 발달하고 돼지를 기를 만한 여건이 되는 타 지역으로 종교가 전파된 오늘날에도 여전히 신자들이 돼지고기를 안 먹는 것은 역시 신이 시켰다는 종교적 이유 말고는 설명할 길이 없는 것 같다. 더운 인도를 떠나 추운 나라로 이주한 힌두교도들이 여전히 고기를 안 먹는 것도, 앞에서 말한 대로 '속이 부대껴서'가 아니라 역시 종교적 이유 때문이라고 하겠다.

종교적인 이유로 고기를 안 먹는 것은 결국 윤리적인 이유로 안 먹는 것과 같지 않느냐고 생각하는 사람들이 있을 것 같다. 그러나 종교적 채식주의와 윤리적 채식주의는 엄연히 다르다. 특정 종교의 신자들이 고기를 먹지 않는 것은 이미 말한 것처럼 신이 시켰기 때문이다. '신의 명령'이라면 결과적으로 윤리적인 이유와 차이점이 없지 않느냐고 생각할 수 있다. 이슬람교나 유대교의 도살 의식에서 보는 것처럼 신이 가르쳐준 도살 방식에도 윤리적인 배려가 있으니까 말이다. 그러나 오늘날에는 그 방식이 더 이상 윤리적일 수 없다는 것이 드러났다. 그럼에도 그 방식을 고집한다는 것은 그런 도살 방식이 원래부터 윤리적인 이유에서 만들어진 것이 아니라 신의 명령을 따르기 위한 것임을 말해준다. 나아가 그것이 정녕 윤리적이라면 신자가 개종을 하더라도 여전히 그 가르침만큼은 따를 텐데, 현실에서는 그렇지 못한 것이 사실이다.

즉 윤리는 개인적인 믿음이나 취향에 토대를 두는 것이 아니라, 합리적 이성을 가지고 사고하는 사람이라면 누구나 동의할 수 있는 근거에 바탕을 두어야 한다. 믿음이나 취향은 혼자서만 가진다 해도 상관없지만, 윤리는 모든 사람에게 적용할 수 있어야 하고 다른 사람들을 설득할 수 있어야 한다는 얘기다. 가령 신의 이름을 부르기만 하면 모든 게 바로 선다는 믿음을 가진 사람이 있다고 하자. 그가 아무리 다른 사람을 설득하려 해도 "그건 네 생각이지!" 하면 그는 머리를 긁적이고 돌아설 수밖에 없다. 생각해보라. 어떤 사람이 짜장면이 너무 맛있다고 해서 그것을 남에게 설득시킬 수가 있겠는가?

하지만 윤리는 그런 믿음이나 취향과는 다른 것이다. 가령, 거짓말을 하면 안 된다는 윤리를 생각해보자. 우리는 그 근거로서 거짓말은 다른 사람을 속이거나 배신감을 주는 행위이므로 안 된다고 주장할 것이다. 이것은 나만큼은 거짓말을 안 하겠다는 개인적 의지에 그치는 것이 아니라, 모든 사람은 거짓말을 해서는 안 된다는 주장이기도 하고, 그 근거 역시 모든 사람이 받아들일 수 있는 종류의 것이다. 이렇게 모든 사람에게 두루 적용되어야 한다는 것은 약간 어려운 말로 '일반화 가능해야 한다'고 하는데, 윤리란 모름지기 일반화가 가능해야 한다. 그런데 신의 명령이므로 고기를 먹지 말아야 한다는 주장은 당장 그 신을 믿지 않는 사람으로서는 동의할 수 없는 주장이다. 또한 고기를 먹으면 영혼이 더럽혀진다거나, 내가 먹는 동물이 윤회한 조상일 수 있다는 근거로는 합리적인 사람을 도저히 설득할 수가 없다. 그 동물이 나의 조상일 수도 있다는 생각은 결코 입증될 수 없는 주장일뿐더러, 설령 입증이 된다 해도 왜 그 동물을 먹으면 안 되는가에 대한 대답은 될 수 없다. 조상이 죽으면 시신을 나눠먹는 원주민도 있으니 말이다. 그들은 조상의 몸을 나눔으로써 그를 기억하자는 뜻으로 그렇게 한다. 이렇게 보면 종교에서 고기를 먹지 말라고 하는 이유들은 일반화가 될 수 없는 것들이다. 이제 살펴보려는 '취향에 의한 채식주의' 역시 일반화 될 수 없다는 점에서는 동일하다.

고기 맛이 싫어서 안 먹어요 취향의 문제

고기에 거부감이나 혐오감을 느껴서 안 먹는 사람들이 꽤 있다. 특정 고기의 생김새 때문이거나 고기 씹는 느낌이 싫어서, 또는 고기 특유의 냄새 때문이거나 고기에 대한 어릴 적 트라우마 때문에 거부감을 갖게 된 사람들이다. 고기 자체를 싫어해서 고기를 일체 안 먹게 된 경우도 있겠지만, 사실 이런 사람보다는 고기의 특정 부위 또는 특정 고기만 안 먹는 사람들이 훨씬 많다. 나는 주변에서 그런 사람을 여럿 봤다. 우리나라 사람들은 닭발이나 소·돼지의 내장도 맛있게 먹지만 외국인 중에는 그것을 혐오스럽게 생각하는 사람이 많다. 한번은 캐나다에서 그곳 사람과 함께 차이나타운의 중국집에 간 적이 있다. 그 식당은 종업원이 수레에 여러 음식을 싣고 돌아다니면 거기서 원하는 음식이 담긴 접시를 골라 먹는 시스템이었는데, 당시만 해도 고기를 즐겨 먹던 나는 닭발을 골라 맛있게 먹었다. 같이 간 캐나다인이 그런 나를 신기하면서도 혐오스런 표정으로 바라보던 게 기억난다. 물론 그도 닭고기의 보통 부위는 잘 먹었다.

내 대학 후배인 을기는 돼지고기를 안 먹는다. 특별한 이유가 있어서는 아니고 그냥 안 먹는다. 을기가 졸업 후 직장생활을 하는데, 회식 때 돼지고기를 안 먹으니 상사들이 자꾸 묻더란다. 을기는 그냥 안 먹는다고 하면 버릇없게 느껴질까 봐 어릴 때 돼지에게 물린 적이 있어서 안 먹는다고 둘러댔단다. 그러자 직장사람들은 그 후로 두고두고 "저 친구는 어릴 때 돼지에게 물린 적이 있어서 돼지고기를 안 먹는대!"라고 말하며 재미있어 했다고 한다. 또 다른 대학 후배인 성현은 닭고기를 안 먹는다. 어릴 때 아버지가 양계장을 운영하다가 망해서 그렇다고 한다. 그 슬픔 때문에 닭고기를 안 먹느냐고 물었더니 그게 아니란다. 망한 양계장의 닭을 처분하느라 날마다 닭고기만 먹어서 질려서 그렇단다. 후배 나름의 트라우마인 것이다. 지금 생각해 보니 을기와 성현은 같은 하숙집에서 지냈는데, 그 하숙집에서는 돼지고기가 나오면 한 명이 안 먹고 닭고기가 나오면 다른 한 명이 안 먹고, 그랬겠다.

내가 잘 아는 역사 전공의 윤 교수도 다른 고기는 잘 먹지만 닭고기는 먹지 않는다. 어릴 적에 닭고기를 먹을 때마다 체하거나 안 좋은 기억들이 많아서 그렇다는데, 심지어 닭백숙 국물조차 안 먹는다. 윤 교수와 합숙을 할 일이 가끔 있었는데, 식사 메뉴로 닭고기가 나오면 나는 "선생님, 오늘 닭고기 나왔네요!"라고 외친다. 걱정하는 말투이지만 사실은 즐거워서다. 식탁에서 닭고기를 안 먹는 사람이 나 말고 또 있으니 어찌 기쁘지 않을까? 중학교 때 선생님 한 분이 갈치를 안 먹는다고 말씀하신 기억도 난다. 어릴 적에 기차를 탔다가 누군가 선반 위에 올려놓은 갈치에서 물이 떨어졌는데, 그 비린내가 너무 고약했던 기억 때문이라고 했다. 우리 학교의 서 교수는 바닷가가 고향이다. 그런데도 회를 먹지 못한다. 물컹거리는 느낌이 싫어서 씹어 삼키지를 못한다고 한다. 할 헤르조그Hal Herzog가 쓴 『우리가 먹고 사랑하고 혐오하는 동물들』에는 미국에서 다섯 손가락 안에 드는 바비큐집 이야기가 나온다. 헤르

조그가 사장의 아내에게 바비큐 맛이 어떠냐고 물으니 이렇게 대답하더란다. "전혀 맛본 적 없는데요." 그 아내는 고기의 식감이 싫어서 전혀 먹지 않는단다.

특정 고기를 안 먹는 사람을 주위에서 많이 보았지만, 바비큐집 아내처럼 혐오감 때문에 고기 자체를 안 먹는 사람은 나도 아직 만나보지 못했다. 그러나 충분히 상상해 볼 수는 있다. 김치나 채소를 주면 뱉어버리고 고기만 먹으려고 하는 어린아이처럼 고기 씹는 맛이나 냄새가 싫어서 안 먹는 사람이 꽤 있을 것이다. 그러나 이런 사람을 채식'주의자'라고 부르기는 힘들다. 채소를 싫어하는 아이가 그렇듯이 편식을 한다고 말하는 게 옳을 것이다. 반면에 고기란 곧 죽은 동물의 사체라는 생각 때문에, 동물을 잡아 죽이는 잔인한 장면을 목격한 충격 때문에 고기가 역겹고 불쾌해져서 안 먹는 사람은 편식 습관 때문에 안 먹는 사람과는 좀 다르다. 그 동기야 어쨌든 신념에 의해서 안 먹는 것이기 때문이다.

동물을 잔인하게 학대하거나 도살하는 인터넷 동영상에 "당분간은 고기를 못 먹을 것 같아요." 같은 댓글이 달리는 것을 볼 수 있다. 그 '당분간'이 평생이 되는 사람도 있을 것이다. 그러나 이런 이유로 고기를 안 먹는 것은 종교적인 이유와 마찬가지로 일반화될 수 없다. 더 정확히 말하면, 그런 이유로 고기를 안 먹게 된 사람은 자기 경험을 일반화하려는 생각 자체가 없다. 자신의 특수한 경험에서 나온 식습관일 뿐인데 다른 사람에게까지 권하겠는가?

몸에 나빠서 안 먹어요 건강의 문제

건강 또는 다이어트를 위해 고기를 안 먹는 사람도 있다. 고기가 건강에 좋지 않다는 것은 이제 상식이 되었다. 건강을 위해 의사들이 권하는 말에는 "정기적으로 운동을 하고, 술 담배 끊으시고, 고기보다는 채소 위주의 식사를 하시라."라는 말이 빠지지 않는다. 고기는 칼로리, 콜레스테롤, 포화지방의 함유량이 모두 많기 때문에 동맥경화증, 심장발작, 뇌졸중, 전립선암, 폐암, 유방암, 골다공증, 당뇨병, 고혈압의 원인으로 자주 지목된다. 고기 위주의 식습관을 가진 서구 사회가 다른 사회보다 이런 질병들의 발병률이 높다는 사실이 증거로 제시되기도 한다.

축산업자에서 채식주의자로 변신한 하워드 리먼Howard Lyman은 『나는 왜 채식주의자가 되었는가?』에서 2차 세계대전 당시 유럽에서 심장 질환으로 인한 사망률이 전보다 떨어졌음을 지적하고 있다. 전쟁으로 인해 고기를 덜 먹게 되었기 때문이다. "평화롭게 스테이크를 즐기는 것보다 사방에 포탄이 떨어지는 가운데 저지방의 채식을 하는 것"이 심장에는 더 좋다. 특히나 요즘처럼 공장식 축사에서 길러지는 가축들은 성장을 빠르게 하기 위해, 그리고 밀집 사육에서 생기는 질병을 막기 위해 각종 인공 호르몬과 화학 약품을 투여한다. 또 방목을 하지 못하기 때문에 대량 생산한 곡물 사료를 먹일 수밖에 없는데, 이런 사료 역시 농약으로 범벅이 되어 있게 마련이다. 이런 호르몬제와 화학 성분들 때문에 고기가 건강에 미치는 악영향은 더욱 크다. 게다가 고기는 원래 대장균, 살모넬라, 캄필로박터 등의 병원균에 감염될 가능성이 높아 건강에 치명적일 수 있다.

존 라빈스는 미국에서 가장 유명한 환경운동가의 한 사람으로, 아이러니하게도 아이스크림의 유해성을 알리는 데도 적극 나서고 있다.

존 라빈스John Robbins는 세계적으로 유명한 아이스크림 체인점인 '배스킨라빈스 31'의 후계자였다. 그러나 회사를 물려받는 대신 육식의 폐해를 알리는 전도사로 나섰다. 그는 첫 저서로 『육식, 건강을 망치고 세상을 망친다』(원서 제목은 『새로운 미국을 위한 식습관』)라는 책을 썼는데, 한국판 제목을 잘 붙인 것이, 그가 육식을 반대하는 이유에는 윤리적 이유도 있지만 건강에 해롭다는 이유가 더 크기 때문이다. '채식 의사'로 유명한 황성수 박사는 고혈압을 치료하는 최선의 방법은 모든 고기를 안 먹는 것이라고 주장한다. TV 프로그램들도 황 박사의 주장에 따라 고기를 먹지 않고 현미밥을 먹은 고혈압 환자들이 약을 끊고서도 정상 혈압을 유지하는 모습을 여러 차례 방영한 바 있다. 황성수 박사는 채식으로 건강을 되찾을 수 있다는 저서를 여러 권 썼지만, 그중 『곰탕이 건강을 말아먹는다』만큼 노골적인 제목의 책도 없다. 보양식으로 널리 알려져 있는 곰탕이, 그리고 주부들이 반찬 걱정될 때나 남편만 남겨 두고 여행갈 때 편리하게 끓여 놓는다는 곰탕이 사실은 콜레스테롤과 중성지방 덩어리라는 것을 의사답게 과학적인 증거를 가지고 알려 준다.

반면, 채식만으로는 필요한 영양소를 골고루 얻기 힘들다는 주장도 자주 들을 수 있다. 채식에서는 우선 고기에 풍부한 단백질을 얻기가 어렵고, 특히 어린이나 임신한 여성의 경우 일일 영양권장량 중 비타민 D, B_{12}, 철, 칼슘, 아연 등이 부족해질 수 있다는 주장이다. 하지만 채식을 옹호하는 쪽에서는 식물성 식품으로도 그런 영양소들을 충분히 섭취할 수 있다고 반박한다. 나는 어느 쪽 주장이 옳은지 과학적으로 판단할 능력도 없거니와, 이 책의 주제 역시 건강에 관한 것은 아니기에 그에 대한 판단은 유보하겠다. 다만 이런 말들로 판단을 대신하고자 한다. 채식을 하고 있는 수많은 인도 사람들과 스님들이 특별히 덜 건강하다거나 지적 능력이 떨어진다는 말은 들어본 적이 없다. 오히려 채식을 하는 사람이나 집단이 더 건강하다는 연구는 있지만 말이다. 예를 들어 채식을 엄수하는 재림교회 신자들이 더 건강하다는 연구 결과도 있다. 『내셔널지오그래픽』 2005년 11월호는 '장수의 비결'이라는 커버스토리 기사에서 재림교회 신자들이 캘리포니아 주민 평균보다 4년에서 10년 정도 더 오래 산다고 보도했다. 물론 그 교회 신자들은 채식 말고도 담배, 술을 금하는 '안식' 생활을 하므로 꼭 채식 때문에 오래 산다고 단정하기는 어렵다.

채식이 정말로 건강에 좋은지 100퍼센트 확신할 수는 없다 해도 살은 확실히 뺄 수 있는 것 같다. 햄버거나 삼겹살을 즐겨 먹는 사람이 비만이 되는 경우를 흔히 볼 수 있는데, 특히 미국에 가보면 우리나라에서는 평생 한 번 볼까말까 할 정도로 엄청나게 뚱뚱한 사람을 공항에서 나오자마자 바로 볼 수가 있다. 균형 잡힌 식사를 하지 못하고 '정크 푸드'(쓰레기 음식)라 부르는 햄버거 따위로 끼니를 때우는 저소득 계층에 이런 사람이 많다고 한다. 운동이나 건강에 대한 관심 부족도 이유겠지만, 고기를 많이 먹은 것이 그토록 살이 찐 첫 번째 이유임에 틀림없다. 고기를 먹지 않는다면 영양부족이 걱정이지 살찌는 게 걱정은 아닐 테니까. 물론 몸이 아플 때도 살이 빠지므로 살이 빠진다고 해서 꼭 좋은 것은 아니다. 그러나 살이 계속해서 빠지는 게 아니라 적당히 빠진 다음 몸무게가 유지된다면 영양이 부족하다고 말하기는 힘들 것이다. 어디까지나 개인적 경험이지만 나 자신을 예로 들어볼 수 있겠다. 나는 원래 뚱뚱한 편이 아니었지만 소, 돼지, 닭을 먹지 않은 이후로 약간 살이 빠진 것 외에는 지금까지 비슷한 몸무게를 쭉 유지하고 있다. 소식은커녕 식사와 함께 간식을 꽤 즐기는 편인데도 말이다. 반대로 육식 다이어트도 있긴 하다. 일명 '황제 다이어트'라고 하여 고기만 먹어서 살을 빼는 방법이다. 고기를 많이 먹으면 식욕이 억제되어 자연스레 소식(?)을 하게 되고, 그래서 살이 빠진다나 뭐라나.

고기를 먹어야지 풀만 먹고 뭔 힘을 쓰겠느냐는 사람도 많다. 이런 얘기는 영양학적인 전문 지식이 필요한 영역이라 잘 모르지

왼쪽부터 파보 누르미, 머레이 로즈, 칼 루이스, 마르티나 나브라틸로바, 에드윈 모지스.

만, 힘을 쓰려면 근육이 발달해야 하고 근육을 키우려면 단백질이 필요하다는 것쯤은 알고 있다. 그런데 단백질은 콩에서도 고기 못지않게 섭취할 수 있다. 오히려 황성수 박사는 콩을 너무 많이 먹으면 비만을 걱정해야 할 거라고 말한다. 격렬하게 힘을 쏟는 운동선수들 가운데서도 채식주의자를 찾기는 어렵지 않다. 윔블던 대회에서 아홉 번이나 우승한 테니스선수 마르티나 나브라틸로바, 올림픽에서 아홉 개의 금메달을 딴 육상선수 칼 루이스, 올림픽 허들 종목 2회 우승자인 에드윈 모지스, 1956년과 1960년 네 개의 금메달을 딴 호주의 수영선수 머레이 로즈, 1920년대에 아홉 개의 금메달을 딴 핀란드의 육상선수 파보 누르미 등이 대표적인 채식주의 운동선수들이다. 이제는 은퇴했지만 '핵주먹'이라는 별명으로 유명했던 권투선수 마이크 타이슨도 최근에 채식주의자가 되었다. 여담이지만, 이 뉴스에는 귀를 먹었는데도 채식주의자냐고 댓글이 달린 것을 보았다. 타이슨이 과거에 시합을 하다가 상대방 귀를 물어뜯은 것을 두고 비아냥거리는 말이다.

아무리 채식을 옹호한다 해도, 채식만 하게 되면 고기에서 얻을 수 있는 필수영양소들이 모자라거나 손쉽게 섭취하기 어렵다는 점은 부정할 수 없다. 그러므로 고기를 완전히 끊고 채식을 하려면 더욱 세심하고 균형 잡힌 식사를 할 필요가 있다. 필수영양소가 풍부하다고 알려진 현미나 콩, 견과류나 과일을 많이 먹는다거나, 아니면 필수영양소를 인위적으로 보강한 음식이나 건강보조제를 먹는 방법으로 말이다. 채식이라고 해서 풀만 먹으라는 소리는 아니니까.

채식의 여러 가지 동기 가운데 종교나 취향에 따른 채식주의가 다른 사람들을 채식주의자로 '전향하게' 할 것 같지는 않다. 새 종교에 입문하는 게 쉬운 일이 아닌데다가 채식을 강조하는 종교는 태어날 때부터 어쩔 수 없이 갖게 되는 경우가 대부분이기 때문이다. 취향도 마찬가지이다. 입맛이 어디 그리 쉽게 변하던가? 그러나 이들 동기와 달리 건강을 위한 채식주의는 영향력이 커 보인다. 요즘 사람들에게 건강만큼 큰 관심사는 없으니까. 그러나 현실은 여전히 시궁창이고 주변에서 채식주의자를 보기란 역시 어렵다. 채식이 건강에 좋다는 주장이 과학적으로 입증되지 않아서일까? 그런 이유 때문은 아닐 것이다. 설령 건강을 위해서는 고기를 끊는 것이 최선임을 과학적으로 밝혀냈다고 하자. 그렇다고 해서 사람들이 고기를 안 먹을까? 담배를 보라. 62가지나 되는 발암물질이 들어 있지만 그래도 사람들은 여전히 담배를 피우지 않는가? 담배만이 아니다. 고칼로리에 트랜스지방과 나트륨이 잔뜩 들어간 패스트푸드, 합성향신료에 당분 덩어리인 탄산음료가 얼마나 해로운지 언론이 아무리 보도를 해도 어른 아이 할 것 없이 여전히 그것들을 찾는다.

가만히 상상을 해 본다. 현재 시판되는 모든 담뱃갑에는 "흡연은 폐암 등 각종 질병의 원인이 되며 내 가족, 이웃까지도 병들게 합니다."라는 경고문이 붙어 있다. (그런데 왜 다른 기호품은 발암물질이 하나만 있어도 폐기처분되는데 62가지 발암물질이 있는 담배는 폐기되지 않는 걸까?) 또 술병에도 "지나친 음주는 건강에 해롭습니다."라는 경고문이 붙어 있다. 패스트푸드나 탄산음료는 그런 경고문이 없지만 광고를 제한하거나 고칼로리를 큼직하게 표기하는 나라도 있고, 우리나라처럼 청소년 시설물에서는 판매를 제한하는 곳도 많다. 마찬가지로 고기가 건강에 좋지 않다는 점이 과학적으로 입증된다면 정육점이나 고기 포장지에도 경고문을 붙일 수 있지 않을까? "고기는 심장병 등 각종 질병의 원인이 되며 우리 환경까지도 병들게 합니다." 나아가 TV에 담배 피우는 장면을 내보낼 수 없듯이 고기 먹는 장면도 내보낼 수 없고, 한우, 족발, 치킨 광고도 못하게 한다면? 흡연과 그로 인한 간접흡연의 해로움이 상식이 되었듯이 고기의 폐해가 상식이 되는 날이 올지도 모른다. 특히나 고기는 담배와 달리 습관성은 있을지언정 중독성이 없으니 끊는 게 훨씬 쉬울 텐데….

건강 문제가 사람들을 채식주의자로 전향시키는 데 그다지 큰 도움이 될 것 같지 않은 또 다른 이유는, 고기를 끊지 않고 적당히 줄이는 것만으로도 건강에 효과가 있기 때문이다. 즉 고기가 복어알이나 청산가리가 아닌 바에야 몸에 나쁜 성분이 들어 있다 하더라도 먹는 양만 줄이면 목숨에 치명적인 위협이 되지는 않기 때문이다. 따라서 채식주의자가 아닌 '소량육식'주의자만 되어도 건강 걱정은 붙들어 맬 수 있다. 아울러 가축 사육에서 첨가되는 각종 호르몬이나 화학 물질은 고기를 먹지 말아야 할 이유가 되기보다는, 가축 사육에서 그런 첨가물을 금해야 할 이유가 될 뿐이다. 그런 첨가물이 없는 고기를 먹으면 건강에 문제가 없을 테니까.

먹는 것에 무슨 윤리가 필요한가요

앞에서 종교적 채식주의나 취향에 의한 채식주의는 일반화가 가능하지 않은 개인적 선택의 문제라고 말한 바 있다. 이 점에서는 건강을 위한 채식주의도 마찬가지이다. 우리는 담배를 피우는 사람에 대해 어리석다거나 의지력이 없다고 말하기는 해도 비윤리적이라고 말하지는 않는다. 담배를 피우면 온갖 질병에 걸릴 확률이 매우 높다는 것이 과학적으로 밝혀져 있으므로 분명코 그것은 현명치 못한 일이다. 그러나 어찌 보면 꼭 그렇게 말할 수만도 없는 것이, 병에 걸릴 줄 알면서도 담배가 주는 다른 이익 즉 집중력이나 이완감을 위해 담배를 계속 피운다는 사람이 있기 때문이다. 이런 사람을 어리석다고 말하기는 힘들다. 어쨌건 담배 피우는 사람을 이렇다 저렇다 평가할 수는 있어도 그를 비윤리적이라 비난할 수는 없다. 물론 공공장소에서의 흡연은 타인에게 피해를 주는 행위이므로 당연히 비윤리적이라고 비난할 수 있겠지만, 아무도 없는 골방에서 담배 피우는 것은 윤리적으로 전혀 문제가 안 된다. 이것은 그 반대의 경우를 생각해 보면 금방 알 수 있다. 건강을 위해 금연을 택한 사람에 대해 현명하다고 말할 수는 있겠지만(그래서 포상금을 주는 회사도 있지만), 그 사람을 보고 윤리적이라고 말하지 않는 것과 같다. 건강을 위해 채식을 선택한 사람도 마찬가지다. "오래 살겠네~"라는, 약간의 비아냥 섞인 칭찬은 하겠지만, 그 사람에 대해 "참 착하네!"라고 윤리적 평가를 하지 않는 것과 같다.

이와 똑같은 논리로 보면 채식주의자도 육식주의자를 비난할 근거가 없다. 저렇게 계속 고기를 먹다가는 건강을 해치고 빨리 죽을 것 같아 안타깝고 어리석어 보이겠지만, 그것을 비윤리적이라고 말할 수는 없을 것이다. 결국 먹는 문제는 윤리와는 무관한 것 아닐까? 무엇을 먹을지의 문제는 어떤 종교를 갖고 있는지, 입맛이 어떤지, 건강에 얼마나 관심이 있는지에 따라 달라지는 개인적 선택 문제이지, 옳거나 그르다고 평가할 수 있는 문제가 아니지 않는가?

'순대 논란'이라는 것이 있다. 순대를 무엇에 찍어 먹는지를 두고 인터넷에서 네티즌들끼리 싸우는 얘기다. 순대는 예전부터 먹던 고유 음식이 아닌데도 희한하게 지역마다 찍어 먹는 양념의 종류가 다르다. 서울 지역에서는 고춧가루 섞은 소금에, 전라도에서는 초장이나 맨소금에, 경상도에서는 쌈장이나 후추 섞은 소금에 찍어 먹는다. 또 강원도에서는 새우젓이나 후추 섞은 소금에, 제주도에서는 심지어 간장에 찍어 먹는다고 한다. 인터넷에서 싸움이 붙는 모습을 보면 이러하다.

"서울 촌놈들은 순대를 소금에 찍어 먹는다면서요? 순대는 쌈장에 찍어 먹어야 제맛 아닌가요?"

"헐, 님이 촌놈이네요. 순대가 양파나 고추인가요? 쌈장에 찍어 먹게."

"두 분 다 황당하네요. 순대는 초장에 찍어 먹어야 정상이죠."

"무식하네요. 순대는 새우젓에 찍어 먹는 게 진리입니다."

자기가 먹는 방식만이 '정상'이고 '진리'이며, 다른 방식은 촌스럽다고 비웃는다. 그러나 남이 무엇에 찍어 먹든 무슨 상관이 있겠는가? 떡볶이 국물에 찍어 먹을 수도 있을 테고, 심지어 마요네즈에 찍어 먹을 수도 있을 것이다. 입맛에만 맞는다면.

우리나라 사람들이 개고기 논쟁에 대해 거부감을 느끼는 것도 왜 먹는 것 가지고 시비를 거느냐는 생각 때문이다. 나라마다 먹는 문화가 다 다른데 자기들은 우리가 먹지 않는 별의별 것을 다 먹으면서 유독 우리가 개고기 먹는다고 비난하는 것은, 결국 순대를 찍

전국 순대옵션지도

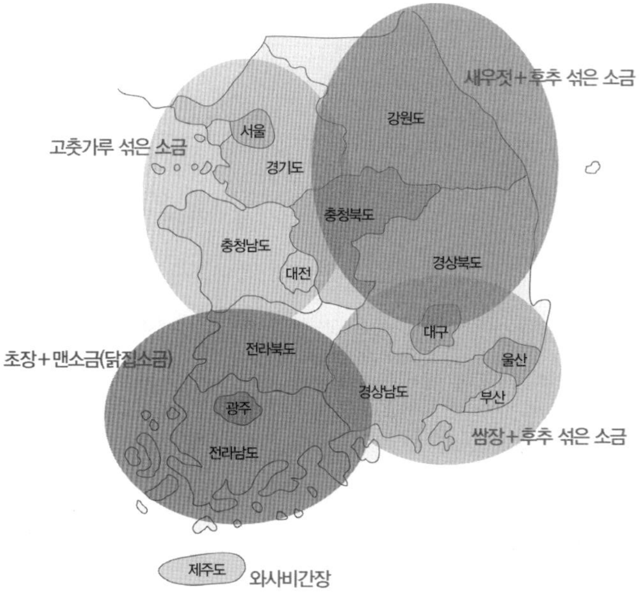

어 먹는 양념이 다르다고 비웃는 것이나 매한가지라고 생각하는 것이다.

나의 자유의사에 의해 내 입 안에 무엇을 집어넣는가는 전적으로 개인적인 문제요, 다른 사람이 왈가왈부할 수 없는 문제이다. 그러나 입에 무엇을 넣음으로써 다른 사람에게 피해가 간다면 그 때는 옳고 그름의 문제 즉 윤리가 개입된다. 예컨대 빵을 입에 넣었는데 그 빵이 다른 사람에게서 훔친 것이라면 그것은 옳지 않은 행동으로 비난을 받는다. 앞서 말했듯이 담배를 피우는 것은 개인의 자유이지만 담배 연기가 다른 사람에게 피해를 준다면 그때부터는 윤리적인 문제가 되는 것과 같다.

윤리적 채식주의자들은 육식 역시 다른 사람에게 피해를 주기 때문에 윤리적인 문젯거리가 된다고 주장한다. 육식은 다른 사람의 먹을거리를 빼앗는 일이고 우리가 사는 환경을 병들게 하는 행위이다. 그러나 윤리적 채식주의에서 더 심각하게 생각하는 부분은 육식이 다른 '사람'에 대해서만이 아니라 다른 존재들 곧 동물들에게 피해를 준다는 점이다. 사육 과정과 도살 과정이 모두 그러하다. 그리고 이런 이유로 채식을 선택한 사람들은 자신의 판단이 개인적 선택에 그치는 것이 아니라 다른 사람에게도 일반화할 수 있는 문제라고 생각한다. 다른 사람의 빵을 훔치는 일이 내게만이 아니라 누구에게라도 그릇된 행위이듯이, 누구든 고기를 먹어서는 안 된다고 생각하는 것이다. 그렇다면 우리는 다음과 같은 의문을 떠올려 볼 수 있겠다.

- 사람이 아닌 동물에게 피해를 주는 것은 왜 옳지 않은 일인가?
- 육식은 어떻게 다른 동물에게 피해를 주는가?
- 육식은 왜 다른 사람의 먹을거리를 빼앗고 환경을 병들게 하는 행위인가?

3장

옳고 그름의 문제

나는 이제 고기를 먹으면 안 되는 윤리적 이유를 말하려 한다. 윤리적 채식주의는 '윤리적'이라는 말이 붙어있는 데서 알 수 있듯이 무엇보다 윤리학적 이론을 필요로 하며, 실제로 많은 윤리학자들이 채식주의를 이론적으로 정교화하는 작업을 하고 있다. 윤리적 채식주의를 주장하는 이론은 여러 가지가 있지만, 가장 대표적으로는 피터 싱어의 공리주의 이론과 톰 리건Tom Regan의 권리 이론을 들 수 있다.

앞에서 언급했던 싱어는 철학계 외부에도 잘 알려져 있고 우리말로도 여러 권의 저서가 번역되어 꽤 친숙한 인물이지만, 리건은 철학자들 외에는 많이 알려져 있지 않고 주저인 『동물의 권리*The Case for Animal Rights*』 역시 우리말로 번역되어 있지 않아 다소 낯설게 느껴질 법하다. 하지만 잘 알려지지 않았을 뿐 리건도 싱어 못지않게 탄탄한 이론을 갖춘 학자이다. 아주 간단히 말해서, 싱어는 동물도 인간과 같은 이익(선호)을 추구하기 때문에 평등한 배려를 해야 한다는 공리주의적 근거에서 육식을 반대하는 반면, 리건은

톰 리건과 그의 저서.

동물이 본래부터 인간과 동등한 권리를 가지고 있기 때문에 동물을 죽여서는 안 된다고 말한다. 싱어의 경우에는 이른바 '선호 공리주의'가, 리건의 경우에는 '권리 이론'이 전제되어 있다고 할 수 있는데, 모든 철학 이론들이 그렇듯이 이 이론들도 철학적 토론의 싸움터에서 열띤 대결을 벌이고 있다.

완벽한 이론이란 존재하지 않으므로 이 이론들 역시 흠결이 없을 수 없지만, 나는 그것이 채식주의의 결론을 훼손할 정도로 치명적이라고 생각하지는 않는다. 그러나 나는 이 책에서 이들 이론에 기대어 윤리적 채식주의를 주장하지는 않으려 한다. 그렇게 하려면 이들 이론의 전제가 되는 선호 공리주의나 권리 이론을 먼저 설명해야 하는데, 이것은 상당히 어려운 이야기가 될 게 분명하거니와, 또 이 전제들을 트집 잡아 채식주의까지도 받아들일 수 없다는 비판이 나올 수 있기 때문이다. 즉 이들 이론은 동물 윤리뿐 아니라 윤리학 일반에도 적용되는 이론이기에, 다른 윤리적 주제를 다룰 때의 문제점을 내세워서 채식주의의 주장 역시 틀렸다고 할 소지가 있다는 얘기다. 더 중요한 이유로는, 이런 거창한 윤리 이론을 끌어들이지 않고서도 고기를 먹으면 안 되는 근거를 충분히 제시할 수 있다고 생각하기 때문이다. 철학적 훈련을 받지 않은 사람들이 들을 때도 얼마든지 채식을 해야 하는 이유를 납득시킬 수 있다는 생각이다. 물론 철학을 공부한 사람이라면 이제부터 나오는 설명에 특정 윤리학 이론이 깔려 있음을 읽어낼 수 있을 것이다. 그런 독자라면 나름대로 사고 훈련의 재미를 느껴보기를 권하고, 아니라면 그저 즐겁게 논지를 따라가 보기를 바란다.

상식이 윤리가 될 때

모름지기 윤리란 합리적인 상식을 갖춘 사람이라면 누구나 동의할 수 있고 지킬 수 있는 것이어야만 한다. 물론 채식에 관한 윤리가 바로 상식이라는 얘기는 아니다. 하지만 상식적인 윤리를 가진 사람이라면 누구나 받아들일 수 있는 믿음에서 출발을 해도 채식이라는 결론에 충분히 도달할 수 있다고 믿는다. 그렇다면 채식과 관련해서 우리가 이미 받아들이고 있는 상식적 믿음으로는 어떤 것이 있을까?

첫째로는 고기를 먹지 않아도 죽지 않는다는 믿음이 있다. 둘째로는 윤리란 유불리를 따지는 것과는 별개라는 믿음이 있다. 셋째로 성차별과 인종차별은 옳지 않다는 믿음도 있다. 세 번째로 든 믿음에 대해서는 뜬금없다는 생각이 들 수 있겠다. 채식주의를 논하는데 성차별과 인종차별을 왜 들먹이는가? 첫 번째 믿음은 '사실'에 대한 판단이고, 두 번째와 세 번째 믿음은 논리적 '추론'과 관련된 판단이라고 우선 생각해 두자.

그러면 첫 번째로 고기를 먹지 않아도 죽지 않는다는 믿음을 생각해 보자. 건강을 위해 채식을 하는 사람들이 있는 것처럼, 고기를 먹지 않아도 생명에 지장이 없을뿐더러 오히려 건강에 좋을 수 있다는 생각은 누구나 받아들일 만한 상식적 믿음이다. 이런 믿음에 동의를 해야만 우리는 "고기를 먹으면 안 된다."고 주장할 수 있다.

윤리는 우리가 할 수 있는 능력 안에서만 우리에게 의무를 부여한다. 가령 우리가 하늘을 날 수 없음에도 "너는 날아야만 해!"라고 주장하는 것이 말이 안 되는 것처럼, 사람이 고기를 먹지 않으면 죽는다는 것이 상식이라면 채식을 옹호하는 주장은 더 이상 펼 수 없을 것이다. 이와 마찬가지로, 이누이트처럼 채소나 곡식이 없어서 고기 말고는 먹을 게 없는 사람들에게도 고기를 먹지 말라고 할 수는 없을 것이다. 능력 밖의 일이기 때문이다. 그러므로 이 경우에는 육식의 윤리성을 논하는 것 자체가 적절하지 않다. 그러나 고기 이외에도 먹을 것이 많아서 목숨에 지장이 없는 곳에서는 육식이 옳은지 그른지를 얼마든지 토론할 수 있다. 즉 우리가 육식이

든 채식이든 선택할 수 있을 때는 어느 쪽이 옳은지도 따져볼 수 있다는 것이다. 물론 고기를 먹는 것이 비윤리적이라는 주장에 대해 사람들이 얼른 동의하지 못할 수도 있고, 고기보다 채소가 더 맛있다는 주장에도 동의하기 어렵겠지만, 적어도 고기를 먹지 않아도 죽지 않는다는 사실에는 누구나 동의할 수 있다고 생각한다. KBS 다큐멘터리 「슈퍼피쉬」(2012)를 보면 지중해의 한 어부가 이렇게 말한다. "물고기의 죽음이 인간에게 생명을 선사합니다." 그러나 물고기의 죽음은 인간에게 입맛을 선사할 뿐이다. 생명은 물고기가 아니어도 얼마든지 유지할 수 있기 때문이다.

두 번째로 살펴볼 것은, 윤리란 자신의 유불리를 따지는 것이 아니라는 믿음이다. 어떤 행동이 옳은지 그른지 판단할 때 나에게 유리한지 불리한지를 따져서 판단하는 것은 윤리가 아니다. 가령 거짓말을 하는 것은 기본적으로 나쁜 일이지만 때로는 그것이 옳은지 그른지를 궁리해볼 수 있다. 상황에 따라 옳은 일일 수도, 잘못된 일일 수도 있기 때문이다. 그러나 그런 판단을 함에 있어서 나에게 유리할지 불리할지를 계산하여 판단한다면 그것은 윤리적이라 할 수 없다. 앞 장에서도 말했듯이 윤리란 '일반화 가능'해야 하는데, 다시 말해서 다른 사람에게도 지키라고 권유할 수 있어야 하는데, 내가 유불리를 따져서 판단할 테니 당신도 당신의 유불리를 따져서 판단하라고 한다면 어떻게 거기서 모든 사람들이 따를 수 있는 지침을 찾을 수 있겠는가? 각자에게 유리한 것을 찾으라고 한다면 사람들은 누구나 자기 것을 조금이라도 더 챙기려고 싸울 것이다. "내 것은 내 꺼, 네 것도 내 꺼"라는 놀부 심보야말로 자신에게 가장 유리한 태도일 테니 말이다. 따라서 윤리적 판단을 하기 위해서는 나에게 유리한지 불리한지를 따져서는 안 된다. 유리하다면 누구에게 유리하건 그것을 인정해야 하고, 불리하다면 누구에게 불리하건 그것을 삼가야 한다. 공자는 『논어』에서 "기소불욕물시어인己所不欲勿施於人"이라고 했는데, 자기가 원치 않는 일을 남에게도 시켜서는 안 된다는 이 가르침이야말로 윤리의 근본정신이라 하겠다.

그러나 이런 얘기를 듣고도 "인생이란 게 원래 그런 거 아냐? 누구나 다 자기 것을 챙기려 하지. 당신은 그렇지 않나?"라고 대꾸하는 사람이 있다면 윤리에 대해 아직도 잘 이해하지 못하는 사람이다. 인생이 원래 그렇다는 것을 부정하는 것이 아니다. 지금 우리는 인생이 '어떠한가'를 묻는 게 아니라, 인생이 '어떠해야 하는가'를 묻고 있는 것이다. 이것을 철학에서는 사실과 당위의 구분이라고 한다. 인생이 사실은 어떠어떠하다 할지라도, 우리는 그것과 상관없이 인생이 마땅히 어떠어떠해야 한다고 말할 수 있다는 얘기다. 이것이 바로 윤리이다. 예컨대 우리는 누구나 배고프면 무엇인가를 먹고 싶고 좋은 것을 보면 가지고 싶다. 이것은 부인할 수 없는 '사실'이지만, 그렇다고 해서 그것을 행해도 좋다는 결론이 바로 도출되지는 않는다. 오히려 우리는 그렇게 해서는 안 된다고 생각하는데, 그것이 바로 '당위'이다. 인생이란 원래 유불리를 따지며 사는 것이라고 사람들이 생각할 수는 있지만, 그것이 윤리적이기 때문에 거기에 동의하는 것은 아니다.

그렇다면 먹는 문제와 관련해서도 사실과 당위를 구분해 볼 수 있을 것이다. 즉 우리는 지금 "왜 고기를 먹지 않는가?"를 묻는 것이 아니라 "왜 고기를 먹으면 안 되는가?"를 묻고 있는 것이다. "왜 고기를 먹지 않는가?"는 종교적 채식주의자, 취향에 의한 채식주의자, 건강을 위한 채식주의자에게 던질 만한 질문이다. 그들은 각각 신이 시켜서, 입맛 때문에, 건강을 위해서라고 답할 것이다. 반면에 "왜 고기를 먹으면 안 되는가?"는 바로 윤리적 채식주의자들에게 해당하는 질문이다. 그들은 세상 사람들이 실제로 고기를 먹든 안 먹든, 더 나아가 본인이 고기를 먹든 안 먹든, 누구라도 고기를 먹어서는 안 된다는 보편적 이유와 당위를 제시할 것이다. 그리고 이런 주장에는 고기를 안 먹어도 죽지 않는다는 믿음과, 윤리는 자신의 유불리와는 무관한 것이라는 믿음이 이미 전제되어 있다.

세 번째로, 성차별과 인종차별은 옳지 않다는 믿음을 살펴보자. 왜 이것이 윤리적 채식주의와 관계되는 것일까? 그 이유는 우선 이 믿음이 윤리란 자신의 유불리를 따지는 게 아니라는 믿음에서 비롯된 것이기 때문이다. 아무런 근거 없이 나와 성별 또는 인종이 다르다고 해서 차별하는 것은, 팔은 안으로 굽는다는 말처럼 나와 내 편의 이익을 앞세우는 태도이므로 전혀 윤리적일 수 없다. 그렇다면 자신의 유불리 여부를 떠나서 능력이나 지적 수준 등 다른 요소를 고려해 차별 대우를 하는 것은 정당한 것 아닐까? 막상 이런 질문을 접하면, 그게 아닌데 하는 생각은 들겠지만 마땅한 반박 논리를 찾기 힘들지도 모르겠다. 그러나 성차별과 인종차별이 옳지 않다는 상식적 믿음은 우리가 깊이 따져보지 않았을 뿐 의외로 탄탄한 근거를 가진 믿음이다. 우리는 이 믿음을 토대로 해서 고기를 먹는 것 즉 동물을 차별하는 것도 옳지 않은 행위임을 유추해볼 수 있다.

사실, 성차별과 인종차별이 옳지 않다는 믿음은 윤리적 채식주의를 주장함에 있어서 핵심이 되는 논지이기에 한두 마디로 설명할 수 있는 성질의 것이 아니다. 이 문제에 대해서는 잠시 후에 자세히 논하기로 하고, 우선은 윤리적 판단을 함에 있어서 이성과 감성이 하는 역할에 대해 살펴보기로 하자.

동물이 불쌍해도 먹는 건 괜찮다?

고기를 먹으면 안 되는 이유를 물었을 때 가장 쉽게 들을 수 있는 대답은 동물이 불쌍하기 때문이라는 것이다. 불쌍하다는 것은 동물에 대한 우리의 감정이다. 이런 감정이 고기를 먹지 말아야 하는 이유가 되고, 또 그것을 행동으로 옮기는 동기로도 작용한다. 확실히 동물보호 운동을 하는 사람 중에는 고기를 먹지 않는 사람들이 많다. 가수 이효리 씨는 동물보호 운동에서 보배 같은 존재이다. 우리나라 최고의 가수이면서 유기견 보호나 모피 반대와 같은 동물보호 운동에 나서고 있으며, 이제

친구들과 함께 채식 파티를 즐기는 이효리 씨.
그가 손수 만든 채식 피자.

는 채식까지 적극 실천하고 있다. 이효리 씨의 이런 실천은 동물에 대한 사랑과 동정심에서 비롯되었다고 한다. 그는 SBS 프로그램 「힐링캠프」에서 어린 시절에 키우다가 보신탕집에 팔려간 개 메리와의 이별이 큰 상처로 남았다고 이야기한다. 그러다가 연예인으로 성공한 후 내면에 잠들어 있던 메리를 다시 만나게 되어 동물보호에 힘쓰게 되었다고 말한다. 또 진작부터 동물보호 운동을 하던 임순례 영화감독이 준 동물보호 잡지 『숨』에서 고통 받는 동물의 사진을 보며 "악과 세상의 고통을 느껴 오열을 했다."고 한다. 이효리 씨는 이렇게 말한다.

"모피 동물, 좁은 공간에 갇힌 닭, 광우병 걸린 소, 버려진 동물의 눈초리 등 고통 받는 동물들의 사진을 보며 굳게 마음을 먹었어요. 말 못하는 동물을 위해 내가 조금이라도 힘이 되리라."

그는 이런 생각 끝에 얼마 전 자신의 동물 사랑을 절절히 담은 책『가까이』를 펴내기도 했는데, 나는 이 책을 통해 그의 생각을 더 자세히 들여다볼 수 있었다. 효리 씨는 분명히 착한 마음과 뛰어난 감수성을 소유하고 있으며, 그런 동정심을 실천으로 옮길 수 있는 용기까지 갖춘 사람이다. 또한 스타 연예인이라는 위치를 통해 다른 사람들로 하여금 동물의 처지에 더 관심을 갖게 하고 있으니 반갑고 고마운 것은 더욱 말할 나위가 없다.

그러나 솔직히 말해서 나는 고통 받는 동물을 보아도 이효리 씨와 같은 동정심을 느끼지 못한다. 동물을 예뻐하지도 않으며, 더구나 반려동물 따위는 한 번도 키워본 적이 없다. 더 솔직하게 고백하면, 나는 동물을 예뻐하지 않는 정도가 아니라 옆에 다가오는 것조차 싫다. 나의 처가에서는 개를 키우는데 처가에 갈 때마다 그 개가 옆에 오는 것이 싫고, 개 역시 내가 자기를 싫어하는 것을 아는 듯 옆에 오지도 않는다. 나는 적어도 동물에 대해서는 냉혈한이다. 또 나는 동물이 인간과 평등하다거나 동등한 권리를 갖는다고 생각하지도 않는다. 인간은 여러 면에서 동물보다 우월하며 다르게 대우받아야 한다고 생각한다. 그러나 이런 전제를 가지고도 얼마든지 윤리적 채식주의를 주장할 수 있다고 본다.

한번은 어떤 철학 학회에서 동물 권리의 윤리적 의미에 대해 발표한 적이 있다. 나는 "저는 동물을 좋아하지는 않지만 동물에게 권리가 있다고 생각합니다."라는 말로 발표를 시작했다. 인하대학교의 고인석 교수가 내 논문에 대한 논평을 맡았는데, 논평을 시작하면서 이렇게 말하는 것이었다. "저는 동물을 좋아하지만 동물에게 권리가 없다고 생각합니다." 나와 고 교수의 그런 입씨름이 재미있었나보다. 나중에 다른 학회에 갔더니 거기서도 두 사람의 말이 사람들의 입에 오르내리는 것이었다. 나와 고 교수의 경우만 보더라도 동물을 좋아하는 마음과 동물에 대한 윤리적 판단은 확실히 별개의 문제임을 알 수 있다. 이효리 씨처럼 동물 사랑과 윤리적 실천이 훌륭하게 일치된 경우도 있지만 말이다. 그렇다면 동물을 사랑하는 것과 동물을 윤리적으로 대하는 것에는 무슨 차이가 있을까?

고기를 먹지 말아야 한다는 생각은, 엄밀하게 따지면 윤리적 판단에 속하는 생각이다. 왜냐하면 그런 결론에 도달하기 위해서는 감정만으로는 안 되고 이성적인 추론이 필요하기 때문이다. 확실히 그것은 동물을 좋아하고 동물의 고통을 불쌍해하는 감정과는 별개의 것이다. 이효리 씨가 그렇듯이 동물에 대한 애틋한 감정에서 시작하여 채식을 실천하게 된 사람도 있지만, 그런 감정이 채식으로 연결되지 않는 사람이 훨씬 더 많기 때문이다. 피터 싱어는 『동물 해방』에서 그런 사람을 만난 일화를 소개하고 있다. 동물을 사랑하는 한 여성이 싱어가 동물 윤리에 관한 책을 쓴다는 것을 알고서 싱어 부부에게 어떤 애완동물을 기르느냐고 물었단다. 싱어는 책에 이렇게 썼다.

"우리 부부는 한 번도 개, 고양이 또는 말을 다른 사람들이 좋아하는 방식으로 좋아한 적이 없다. 우리는 동물들을 '사랑하지' 않았다."

동물을 사랑하는 것은 감상적이고 비합리적인 태도라고 생각하는 사람들이 많다. 심지어는 이기적이라고 보는 경우까지 있다. 아프리카나 북한 등지에서 굶어죽고 있는 사람들이 얼마나 많은데 그깟 동물들에게 신경을 쓰느냐는 것이다. 싱어가 그런 생각에 동조하는 것은 아니다. 그가 강조하려는 것은, 동물의 권리에 대해 윤리적으로 생각하는 것은 동물을 사랑하거나 싫어하는 감정과는 상관없다는 점이다. 동물을 사랑하면서도 동물을 윤리적으로 대우하지 않는 사람도 많고, 동물을 사랑하지 않지만 동물을 윤리적으로 대우해야 한다고 생각하는 사람도 많다는 것이다. 싱어에게 말을 건 그 여성은 햄 샌드위치를 먹고 있었다고 한다. 동물을 사랑한다면서 동물을 먹고 있었던 것이다. 동물을 사랑하거나 싫어하는 것은 감정에 의한 것이지만, 동물을 먹어야 하느냐 말아야 하느냐를 판단하는 것은 이성에 의한 것이기 때문에 이런 불일치가 생긴다. 그 여성이 사랑하는 동물은 아마도 개일 테고, 먹고 있던 햄은 돼지로 만들었을 테니 행동의 불일치가 없는 것 아니냐고 반문할 수도 있을 것이다. 그러나 남에게 먹히는 문제에 관한 한 개와 돼지 사이에는 의미 있는 차이가 없다. 그리고 이런 사실을 깨닫게 하는 것도 이성의 힘이다.

이성은 교육과 반성에 의해서 발휘되지만 감성은 태어날 때부터 자연적으로 갖추게 되는 것이다. 그러니 이성보다는 감성이 우리에게 더 익숙한 게 당연하다. 동물에게 관심을 가지는 것도 이성보다 감성에 근거해서 그러는 경우가 훨씬 많다. 나 역시 나와 같은 냉혈한보다는 이효리 씨와 같은 따뜻한 가슴을 가진 사람이 동물에 대해 더 큰 관심과 애정을 보인다고 생각한다. 그러나 감성에만 의존할 때는 한계가 있을 수밖에 없다. 무엇보다도 동물에 대한 동정심은 모든 사람이 갖고 있는 게 아니다. 이효리 씨와 같이 유기견을 보고 가슴 아파하는 사람이 있는가 하면, 복날 기르던 개를 아무렇지도 않게 때려잡는 사람도 있다. 구제역 사태 때 생매장당하는 돼지들을 보면서 치를 떠는 사람이 있는가 하면 무덤덤한 사람도 있는 것이다. 동물은 둘째 치고 고통당하는 인간을 보고도 아무런 느낌을 갖지 못하는 사람이 있다. 히틀러나 폴 포트 밑에서 대량학살에 앞장선 사람들에게 어떤 측은지심이 있었을까? 날 때부터 차가운 가슴을 가지고 태어난 사람에게 따뜻한 가슴을 가지라고 설득하기는 어렵다. 안 되는 것은 안 된다.

감정에 의존해서 윤리적 판단을 해서는 안 되는 또 다른 이유는, 감정은 일관성이 없기 때문이다. 구제역 사태 때 생매장 당하는 돼지들을 TV에서 보고서 경악을 금치 못하거나 안타까워했던 사람들이 많다. 개중에는 그때의 충격 때문에 일시적으로 돼지고기를 먹을 수 없었던 사람도 있을 것이다. 그러나 지금은 어떠할까? 거의 모두가 다시 고기를 먹고 있을 것이다. 우리 식탁에 오르는 고기 역시 살아있는 돼지를 죽인 사체라는 데 대해서까지는 생각이 못 미치는 것이다. 오히려 생매장된 돼지들은 병에 걸렸다는 이유라도 있지만, 식탁 위의 돼지는 건강하게 살다가 별안간 생매장이나 다름없는 고통을 당한 것인데도 말이다. 불쌍하기로 치자면 후자가 더할 것이다. 또한 동물이 불쌍해서 채식을 한다는 사람 중에는 간혹 모피를 입는 사람도 있다. 잡아먹히는 동물이나 털가죽이 벗겨지는 동물이나 불쌍하기는 매한가지일 텐데 말이다.

결국 윤리적인 이유에서 고기를 먹지 않는다고 한다면, 그 이유는 감성이 아닌 이성적인 추론에서 나온 것이어야 한다. 이성적인 추론이라고 해서 결코 어려운 것이 아니다. 언어를 쓸 줄 알고, 더하기 빼기를 할 수 있는 이성만 있다면 누구나 고기를 먹지 말아야 할 이유를 찾을 수 있다. 그 이성이란 바로 나의 유불리를 따지면 안 된다는 것, 그리고 고통을 주거나 부당하게 대우하는 것은 누구나 싫어한다는 것을 아는 능력이다. 즉 앞서 말한 우리의 상식적 믿음들만으로도 고기를 먹는 것이 옳지 않다는 이성적 추론은 금방 할 수 있다는 얘기다.

이효리 씨는 동물에 대한 풍부한 감성만 가진 것이 아니라 생활 속에서 그것을 일관되게 적용하고 실천하기까지 한다. 다만 그것을 이성적 추론에 의한 것이라고 말하지 않을 뿐이다. 그러나 모든 사람들이 이효리 씨처럼 따뜻한 감성과 더불어 실천적 의지력까지 갖추고 있는 것은 아니다. 고통 받는 동물을 보고도 전혀 불쌍해하지 않는 사람이 부지기수이고, 불쌍한 마음이 들더라도 일시적 감정에 그치는 사람이 대부분이다. 그런 사람들을 위해, 윤리적 채식주의에서 이성이 어떻게 작용하는지 살펴보도록 하자.

성차별주의와 인종차별주의

윤리적 채식주의와 관련된 우리의 상식적 믿음 중 세 번째로 든 것이 성차별과 인종차별은 윤리적으로 옳지 않다는 것이었다. 채식을 논하면서 웬 성차별과 인종차별 이야기를 꺼내느냐고 하겠지만, 성차별과 인종차별이 옳지 않다는 믿음의 근저에는 곧바로 윤리적 채식주의와 통하는 생각이 깔려있다.

성차별주의와 인종차별주의가 윤리적으로 옳지 않다는 것은 오늘날 대부분의 사람들이 동의하는 생각이다. "여자 주제에…"라거나 "역시 흑인은…" 따위의 차별적 발언을 하는 사람들이 아주 없는 것은 아니지만, 그들 역시 남자끼리 있을 때나 자기 인종끼리 있을 때 뒷담화로 말하는 수준이지 공개적인 자리에서 당당히 그렇게 말하지는 못한다. 특히나 공직에 있는 사람이 그렇게 말했다가는 당장 자리 보존하기가 힘들다. 미국 재무장관을 지내기도 한 로런스 서머스Lawrence Summers는 이후 하버드대 총장으로 있을 때 "수학이나 과학 분야에서는 여자가 남자보다 선천적으로 못하다."라고 말했다가 결국 총장직에서 물러나고 말았다. 정치적 경쟁 상대인 여성 정치인을 겨냥해 "분단국가에서 여성 리더십은 시기상

조"라고 발언한 이재오 의원, 여기자들에게 "여성은 직업을 갖기보다 현모양처가 되기를 바란다."고 한 최시중 전 방송통신위원장도 발언을 해명하느라 진땀을 흘린 적이 있다. 우리나라였기에 망정이지 미국이나 유럽이라면 당장 공직을 물러나야 했을 것이다. 인종차별주의도 성차별주의와 마찬가지다. KKK단이나 네오나치스트들처럼 버젓이 인종차별주의를 내세우는 사람들도 있기는 하지만 그들의 행동을 윤리적이라고 말하지는 않는다.

인류가 성차별주의와 인종차별주의를 벗어난 것은 확실히 윤리적인 진보다. 그러나 성차별과 인종차별이 옳지 않다고 믿게 된 지는 그렇게 오래되지 않았다. 지금은 성차별이 음성적이고 교묘해졌지만, 불과 100년 전까지만 해도 성차별은 노골적이고 심지어 공식적이기까지 했다. 단적으로 남자는 학교에 다닐 수 있었지만 여자는 다닐 수 없었던 것만 봐도 그렇다. 흑백 차별도 불과 50년 전까지는 꽤 노골적이었다. 미국에서 대중 버스 좌석 중 앞의 절반은 백인만 앉을 수 있었고, 뒤쪽 좌석도 백인이 앉겠다고 하면 흑인은 일어나야 했다. 특히 그 시절에는 성차별과 인종차별이 너무나 당연시된 나머지 그게 왜 잘못인지 생각해보려고 하지도 않았다. 지금은 거꾸로 성차별과 인종차별이 그르다는 것이 당연시되고 있지만, 아직도 왜 그것이 잘못된 것인지에 대해서는 잘 알지도, 알려고 하지도 않는다는 점에서 과거나 현재나 변한 게 없다. 그렇다면 이제 생각해보자. 성차별주의, 인종차별주의는 왜 옳지 않은가?

성차별주의나 인종차별주의에는 두 종류가 있다. 첫째는 아무런 이유 없이 나와 성별이나 인종이 다르기 때문에 차별하는 것이다. 이런 태도에는 나와 내 인종의 유불리를 먼저 따지는 생각이 깔려 있으므로 우리가 살펴본 상식적 믿음에 따르면 전혀 윤리적일 수 없다. 둘째는 나름의 근거를 제시하는 차별주의자들이다. 그들은 남성이 여성보다, 백인이 흑인보다 능력 면에서 뛰어나기 때문에 차별이 정당하다고 주장한다. 이런 주장에 반대하는 측에서는 남성과 여성, 백인과 흑인 사이에 아무런 능력의 차이가 없다고 반박한다. 이런 반박은 옳다. 성별이나 인종간의 지적 능력 차이란 모두 편견에 근거한 것일 뿐 신뢰할 만한 연구 결과는 없기 때문이다. 더 정확히 얘기하면, 어떤 경우가 지적 능력이 높은 것인지 객관적으로 알 수 있는 연구 방법조차 없다. IQ가 높으면 지적 능력이 높은 것인가? 똑같은 환경과 조건에서 출발한 사람들을 대상으로 해야만 객관적이고 공정한 조사라 할 수 있을 텐데, 어떻게 성별·인종별 상황을 동일조건에 놓을 수 있겠는가? 이렇듯 여러 가지 복잡한 문제 때문에 성별과 인종별 지적 능력의 차이는 제대로 조사된 적도 없고, 있다 해도 믿을 수가 없다. 따라서 특정한 성이나 인종이 다른 쪽보다 뛰어나며 그러므로 차별이 정당하다고 주장하는 것은 이론적 근거가 아주 박약하다고 하겠다.

그러나 여기서 한 가지 다른 가능성을 생각해보자. 만약에 말이다. 만약에 남성이 여성보다, 백인이 흑인보다 지적 능력이 뛰어나다는 것이 사실로 입증되면 성차별주의나 인종차별주의는 정당화될 수 있지 않을까? 지금까지 입증된 적도 없고 객관적으로 입증할 방법도 없는 사안이지만, 입증이 되었다고 한번 가정해보자는 것이다. 그것이 사실이라면 차별이 정당화될 수 있지 않느냐고 생각하는 사람이 있을 것이다. 회사에서 직원을 뽑을 때나 대학에서 학생을 뽑을 때 실력 있는 사람을 우선 뽑는 것은 당연한 일이니, 능력이 다르면 차별을 해도 되지 않겠느냐는 생각이다. 이때는 '차별'이라는 부정적인 어휘도 적당치 않고 정당하게 '차이'를 두는 일이라고 말해야 할 것이다. 그러나 남녀차별, 흑백차별이라고 할 때는 이런 차이를 말하는 것이 아니다. 남녀차별이란 능력이 떨어지는 여자 대신 능력이 뛰어난 남자를 뽑을 때 일어나는 것이 아니라, 여자라고 해서 아예 초등학교에 들어가지 못하게 할 때 생긴다. 흑백차별 역시 능력이 떨어지는 흑인 대신 능력이 뛰어난 백인을 우대할 때 생기는 게 아니라, 흑인은 아예 버스 자리에 앉지 못하게 할 때 생긴다.

이것은 능력이 차이나는 경우에도 마찬가지이다. 지적 능력이 떨어지면, 즉 머리가 나쁜 사람은 초등학교에 들여보내서도 안 되고 버스에 빈자리가 나도 앉지 못하게 해야 할까? 이것은 인종차별의 경우를 다시 생각해보면 쉽게 알 수 있다. 흑백차별의 가장 노골적인 형태는 버스에서 앉지 못하게 하는 정도가 아니라 노예제이다. 노예란 가장 기본적인 신체의 자유마저 빼앗긴 사람이다. 그러면 능력이 떨어지는 사람을 다시 생각해보자. 머리가 나쁘면 자유를 박탈하고 다른 사람에게 물건처럼 취급받도록 해야 한다는 말인가?

성차별주의와 인종차별주의가 옳지 않은 이유가 성별과 인종 간에 지적 능력의 차이가 '없기' 때문이라고 한다면, 결국 지적 능력의 차이가 '있는' 사람은 성별과 인종이 어떠하건 노예처럼 다루어도 된다는 결론이 나온다. 지적 능력을 정확하게 측정할 수 있는 검사도구가 있어서 지력이 낮은 사람들을 골라낼 수 있다면, 그 사람들은 학교에 못 가는 것은 물론이고 버스에서 앉을 수도 없고 노예처럼 부려도 된다. 이런 생각에 동의할 수 있을까? 이제 우리는 결론에 거의 도달한 셈이다.

성차별주의나 인종차별주의가 나쁜 까닭은 성별과 인종 간에 지적 능력이 똑같아서가 아니다. 인간이라면 지적 능력에 상관없이 누구나 가지고 있는 보편적인 본성을 침해하는 일이기 때문에 나쁜 것이다. 뭐라고요? '보편적 본성'이라고요? 그렇다. 인간의 보편적 본성 때문이다. 보편적 본성이라니 사뭇 거창하게 느껴지겠지만, 알고 보면 그리 대단한 용어도 아니다.

인간이라면 누구나 지적 능력과 상관없이 자율성과 자존감을 가지고 있고, 가족들과 단란하게 살고 싶어 하며, 주변 사람들과 자유롭게 교류를 하고 싶어 하고, 배곯지 않고 편안한 잠자리를 원하며, 다른 사람들의 괴롭힘을 싫어하고 고통을 피하려 하며, 무엇인가를 알고 싶어 하는 본성이 있다.

이렇게 말하고 보니 대단하지 않은 게 아니다. 이런 정도의 본성조차 실현하지 못하고 살아가는 사람이 지구상에 얼마나 많은가? 그러나 머리가 좋건 나쁘건, 남자건 여자건, 백인이건 흑인이건 황인종이건 누구나 이런 본성을 지키고 싶어 하는 것은 틀림없고, 우리는 나에 대해서건 남에 대해서건 그것을 지킬 수 있게 해줘야 한다. 성차별과 인종차별이 나쁜 것은 이런 본성을 성별과 인종에 따라 침해해도 된다고 보기 때문이다. 흑인이라고 해서 피곤하지 않고 버스 의자에 앉기 싫겠는가?

흑인에게 금지된 버스 의자에 앉음으로써 1960년대 미국 인종차별 반대운동의 도화선이 된 로사 파크스Rosa Parks는, 나중에

"모든 것은 버스 안에서 시작되었다." 로사 파크스의 저항정신을 기리는 50주년 포스터와 1950년대 미국 버스 안 풍경.

왜 의자에 앉았느냐고 묻자 무슨 인종차별 철폐 같은 거창한 이유를 대지 않았다. 그의 대답은 이러했다. "피곤했거든요." 누구나 하루 종일 직장에서 일하고 퇴근하는 길이라면 피곤할 수밖에 없다. 성별이나 피부색에 따라 더 피곤하고 덜 피곤한 게 아니다. 백인들만 그 사실을 몰랐던 것일까? 알고 있었지만 그때까지는 무시했던 것이다. 자기와 피부색이 다르니까. 자기와 상관없는 일이니까. 자신의 유불리를 따지는 이런 생각은 전혀 윤리적일 수 없다. 그렇다면 흑인은 능력이 떨어지니까 버스 의자에 앉을 수 없다고 해야 할까? 이것 역시 윤리적인 판단이 아니다. 버스 의자에 앉는 문제에서 왜 능력 차이를 고려해야 하는가? 오히려 열등한 사람—열등하다고 가정한다면—은 더 보호를 해야 하지 않을까?

나는 이상과 같은 이유로 성차별주의와 인종차별주의를 반대한다. 그렇다고 해도 여성이나 다른 인종을 사랑해서 그런 것은 아니다. 다만 그들이 가지고 있는 보편적 본성을 침해하고 싶지 않을 뿐이다.

그렇다면 종차별주의는?

지금까지 성차별과 인종차별의 문제를 이토록 길게 이야기한 것은 종차별주의를 거론하기 위해서였다. '종차별주의'라는 말이 생소하겠지만 성차별주의와 인종차별주의가 무엇인지 모르는 사람은 없을 테니 금방 그 뜻을 짐작할 수 있을 것이다. 성차별주의와 인종차별주의가 특정한 성별과 인종의 이익을 위해 다른 성별과 인종을 달리 대우해도 된다는 주장이듯이, 종차별주의는 인간 종의 이익을 위해 다른 동물 종을 달리 대우해도 된다는 주장이다. (편의상 앞으로 '동물'이라고 할 때는 인간을 포함시키지 않겠다.) 종차별주의speciesism라는 말은 피터 싱어의 『동물 해방』을 통해 널리 알려지게 되었지만 원래는 영국의 심리학자인 리처드 라이더Richard Ryder가 1970년에 처음 쓴 말이다.

성차별이나 인종차별이 옹호되는 경우도 있다. 예컨대 「춘향전」을 영화로 만드는데 이 도령이나 방자의 배역을 남자 배우에게 맡긴다고 해서 성차별을 하는 것은 아니다. 또 링컨 대통령에 관한 영화를 만드는데 그 배역을 백인 배우에게 맡긴다고 해서 인종차별을 하는 것은 아니다. 특정 성별이나 특정 인종의 이익을 위해 다른 쪽을 불리하게 대우하는 것이 아니기 때문이다. 마찬가지로 동물을 인간과 다르게 대우한다고 해서 모두 종차별이라고 볼 수는 없다. 가령 인간에게만 선거권을 주고 우리집 강아지에게는 선거권을 주지 않는다고 해서 종차별을 하는 것은 아니다. 또 우리집 거북이는 학교에 안 보내고 우리 딸만 보낸다고 해서 종차별을 하는 것은 아니다. 동물에게는 선거를 하거나 학교에 다닐 수 있는 능력이 없기 때문이다. 내가 앞에서, 동물이 인간과 평등하다거나 동등한 권리를 갖는다고 전제하지 않는다는 말을 한 것도 바로 이런 이유 때문이다. 무엇보다 지적인 면에서 인간은 동물보다 우월하다.

그러나 성차별과 인종차별이 옳지 않은 까닭은 성별이나 인종들 간에 지적 능력의 차이가 없다는 점 때문이 아니라고 했다. 차이가 있건 없건, 인간이라면 누구나 가지고 있는 보편적 본성을 침해하는 행위이기 때문에 옳지 않다고 했다. 종차별주의도 마찬가지이다. 동물이 우리들 인간보다 지적 능력이 떨어진다는 것은 당연한 사실이다. 떨어져도 한참 떨어진다. 그렇다 해도 인간이 지닌 보편적 본성 가운데 동물 역시 동일하게 지니고 있는 본성이 있다면 그것을 빼앗는 것은 옳지 못한 행동일 것이다. 물론 지적 능력이 떨어지면 그런 본성들 가운데 어떤 본성은 없거나 더 적게 가지고 있을 수 있다. 가령 자율성이나 자존감을 인간만큼 가지고 있는 동물은 그리 많지 않다. 그러나 가족들과 떨어뜨려 놓으면 슬퍼하는 동물은 많다. 오히려 인간보다 더 고통을 받는 경우도 있다. 또 동료들과 사회를 이루며 사는 동물들도 많다. 호기심이 왕성한 동물도 꽤 있다. 동물들의 이런 본성도 인간과 마찬가지로 존중해야 하지 않을까?

그런데 이 모든 본성에 우선하여 동물들 대부분이 지니고 있는 본성이 있다. 그것은 고통을 피하고 싶어 한다는 것이다. 고통을 느끼는지의 여부가 확실하지 않은 동물도 있기는 하지만, 적어도 우리가 자주 먹는 소, 돼지, 닭, 물고기 등의 동물들은 고통을 주면 싫어하고 그것을 피하고 싶어 한다는 것은 누구도 부정하지 못할 것이다. 어느 동물이 고통을 주는데 무덤덤하게 있거나 그 고통을 즐기겠는가? 따라서 사람에게는 고통을 가해서는 안 되지만 동물에게는 고통을 줘도 된다는 종차별주의적 관행은 옳지 못하다.

물론 동물들이 인간보다 그런 본성을 덜 가지고 있을 수는 있다. 동물 역시 고통을 피하고 싶어 하지만, 인간처럼 계획을 이루지 못했을 때 갖는 안타까움이나 미래에 대한 불안감 같은 정신적 고통을 느끼는 것은 아니다. 또한 정신적 고통이 아닌 물리적 고통에 있어서도 소나 말 같은 대형 동물은 우리 인간에 비해 훨씬 강한 고통을 주어야만 육체의 아픔을 느낀다. 나는 이런 점에서도 인간과 동물은 평등하지 않다고 생각한다. 정신적 고통을 못 느낀다는 점에서, 그리고 물리적 고통을 느끼는 강도가 다르다는 점에서도 인간과 동물은 동등할 수가 없다. 그러나 동물을 죽일 때만큼은 그들 역시 인간과 똑같이 극심한 고통을 느낀다는 점을 부정할 수 없다. 또한 현대식 밀집 사육도 동물들에게 심한 고통을 주는 것이 분명하다. 동물들에게 그런 고통을 주는 것은 옳지 못하다.

그렇다면 왜 우리는 고통을 피하고 싶어 하는 동물들의 이런 본성을 존중해야만 하는가? 그러건 말건 무시할 수 있지 않은가? 이런 질문은 백인 인종차별주의자가 왜 고통을 피하려는 흑인들의 본성을 존중해줘야 하느냐고 반문하는 것이나 똑같다. 이 반문이 옳을 수도 있다. 힘이 센 백인들끼리라면 보복이 두려워서라도 상대방에게 고통을 주지 말아야 한다고 생각할 것이다. 하지만 아무런 힘도 없는 흑인이 고통을 피하고 싶어 하건 말건 힘센 백인이 거기에 신경 쓸 이유가 뭐가 있겠는가? 약육강식의 세계가 다 그런 것 아닌가?

이 말은 확실히 '사실'이다. 그러나 윤리의 세계에서는 이야기가 달라진다. 윤리적 반성은 사실이 그렇다는 것을 인정하는 것이 아니라고 앞에서 말했다. 설령 사실이 그러하더라도 그것을 그냥 두는 게 좋으냐고 따지는 태도이다. 인간은 누구나 타인에게서 괴롭힘을 당하면 싫어하고, 그것을 피하고 싶어 한다. 이런 본성은 백인이나 흑인이나 똑같으므로 고통을 피하고 싶어 하는 흑인의 본성도 존중해야 한다. 합리적 이성을 가진 사람이라면 누구나 이런 결론에 쉽게 이를 수 있고, 이것이 바로 윤리적 반성이다. 그렇다면 종차별주의에 대해서도 똑같은 이성, 똑같은 논리를 적용해야 하지 않을까?

윤리적 반성이 없다면, 힘센 인간이 아무런 힘도 없는 동물의 고통에 대해서 배려할 이유가 전혀 없어 보일 것이다. 하지만 우리는 인종차별에 대해서 적용한 윤리적 반성을 종차별에 대해서도 똑같이 적용할 수 있다. 고통을 피하고 싶어 하는 본성이 인간과 동물에게 다 같이 있다면, 동물의 본성도 존중해줘야 하고 동물에게 이유 없이 고통을 주어서는 안 된다고 말이다.

이런 윤리적 반성에서 동정심은 영향을 미치지 못한다. 우리는 진화론적으로 자신과 가까운 사람에게 더 동정심을 느끼게끔 되어 있다. 모르는 사람보다는 가족의 고통에 대해 더 가슴 아파하고, 딴 동네 사람보다는 우리 동네 사람의 고통에 대해 더 가슴 아파한다. 나와는 사뭇 다르게 생긴 인종의 고통에 대해서는 별로 공감을 하지 않는다. 감성의 차원에서는 그러하다는 것이다. 그러나 이성을 이용하면 나의 고통과 저 사람의 고통은 같으리라는 것, 그러니 저 사람에게도 고통을 주어서는 안 되겠다는 결론에 이르게 된다. 그리 어려운 추론도 아니다. 피부색이 검건 희건 피곤하면 자리에 앉고 싶어 한다는 것만 알면 된다.

동물에 있어서도 마찬가지이다. 같은 인간의 고통에 대해서도 동정심을 못 느끼는데, 동물의 고통에 대해서 동정심을 못 느끼는 사람은 얼마든지 있을 것이다. 그러나 그런 사람도 이성적 추론을 통해 동물을 윤리적으로 대해야겠다는 결론에 도달할 수 있다. 고통을 받는 동물이 나와 마찬가지로 그 고통을 피하고 싶어 한다는 것만 알면 이 역시 어려운 일이 아니다. 동정심이 없는 사람에게 억지로 동정심을 가지라고 할 수는 없다. 그러나 누구나 가지고 있는 이성의 힘을 이용한다면 동물의 고통을 우리의 고통과 똑같이 고려해야 한다는 결론에 얼마든지 이를 수 있다.

그러면 이제 마지막으로 대답해보자. 왜 고기를 먹으면 안 되는가? 고기를 먹기 위해서는 동물에게 고통을 주어야 하기 때문이다. 왜 동물에게 고통을 주면 안 되는가? 내가 고통이 싫은 것처럼 동물도 고통을 피하고 싶어 하기 때문이다. 이제 고기를 먹으면 안 되는 윤리적 이유가 다 밝혀진 셈이다.

이런 윤리적 판단에 따라 나는 종차별주의를 반대한다. 그렇다고 해서 동물을 사랑하는 것은 아니다. 다만 동물이 고통을 싫어하므로 고통을 주어서는 안 된다고 생각할 뿐이다.

다르지만 다르지 않다

고통을 느낄 수 있고 고통을 피하고 싶어 한다는 점에서 사람과 동물 사이에 아무런 차이가 없다고 말해도 여전히 사람과 동물은 다르다고 생각하는 사람이 많을 것이다. 특히 종차별주의가 옳다고 생각하는 사람일수록 사람과 동물 사이의 다른 점을 주목하려고 한다.

사람과 동물은 딱 보아도 다르다. 그런데 왜 똑같이 대우해야 한다는 말인가? 이것이 종차별주의를 옹호하는 가장 원초적인 반응일 것이다. 그러나 백인과 흑인도 딱 보면 다르다. 남자와 여자도 딱 보면 다르다. 그렇다고 해서 인종차별주의와 성차별주의를 옹호할 수 있는가? 사람과 동물이 다르다는 것을 주장하려면 그런 감각적 반응 말고 뭔가 세련되고 설득력 있는 설명을 내놓아야 한다. 인종차별주의와 성차별주의는 그런 근거를 제시하지 못했기에 정당성을 가질 수 없었다.

종차별주의자들은 사람에게는 있지만 동물에게는 없는 것을 지적함으로써 사람과 동물의 차이를 강조하려 한다. 즉 인간만이 가진 이른바 '배타적 특성'을 통해 인간과 동물의 도덕적 지위가 다름을 주장한다. 인간만이 가진 특성들 가운데 가장 자주 제시되는 것이 언어이다. 인간은 언어를 사용하지만 동물은 그러지 않는다는 것이다. 정말 그러한가? 언어는 의사소통을 하기 위한 수단이다. 그러나 동물들도 인간과 같은 발성기관이 없어서 말소리를 내지 못할 뿐 나름대로 의사소통을 한다는 것이 많이 관찰되고 있다.

더욱이 고래나 돌고래의 경우는 자기들 나름의 '음성'으로 의사소통을 한다는 것이 밝혀져 있다. 또한 좀 더 미개한 동물인 꿀벌도 춤을 통해 동료들에게 꿀이 있는 위치를 알려준다. 침팬지와 같은 영장류가 학습을 통해 수화를 배웠다는 보고도 있다. 배우 장미희 씨는 한 인터뷰에서 이렇게 말한 적이 있다.

"저는 사람과 의사소통이 가능하다고 믿는 동물을 먹지 않고, 같은 이유로 생선 중에서는 특히 연어를 먹지 않아요. 주로 채식을 즐기죠."(『한겨레신문』 2001년 6월 29일자)

연어가 사람 말을 알아들을 것 같아서 먹지 않는다는 것이다. 그러나 그것은 감성이 풍부한 장미희 씨만의 생각일 뿐 그런 연구는 아직 없다.

인간을 정의할 때 '○○적 동물'이라는 표현을 많이 이용한다. ○○ 자리에 다른 동물에게는 없지만 인간은 가지고 있는 특징을 집어넣음으로써 동물과의 차별성을 보여주려는 것이다. '언어적 동물'이 대표적인 인간의 정의이다. 그러나 방금 보았듯이 인간 아닌 동물 중에도 언어를 사용할 줄 아는 동물이 있다. 반면 인간 중에도 언어를 사용할 줄 모르는 인간이 있다. 우선 갓난아이가 그렇고 중증장애인 중에도 언어 사용이 불가능한 사람이 있다. 다른 특성도 마찬가지다. ○○ 자리에 언어 아닌 무엇을 집어넣어도 문젯거리이다. 인간을 '도구적 동물'이라고 해보자. 하지만 도구를 사용할 줄 아는 동물은 많다. 침팬지나 고릴라가 나뭇가지를 이용해서 개미 등을 건져먹는 것은 잘 알려져 있고, 수달도 조개를 깨트릴 때

나뭇가지를 이용해 개미를 잡아 먹는 침팬지. 침팬지처럼 도구를 사용하는 동물은 많다.

돌을 이용한다. 이런 사례는 흔하디흔하다. 반면 갓난아이나 중증장애인은 도구를 사용할 줄 모른다.

그렇다면 인간을 '사회적 동물'로 정의해보자. 단순히 군집 생활을 하는 것이 사회적 동물이라면 그런 동물은 일일이 나열하기 힘들 정도로 많다. 서열을 이루고 살아야만 사회적 동물이라 할 수 있을까? 그런 동물도 많다. 심지어 닭들에게도 쪼고 쪼이는 서열이 존재한다. 그러나 갓난아이나 중증장애인은 사회를 이루며 살지 못한다. '합리적 동물'의 경우는 어떨까? 동물은 합리적이지 못하니 이것이야말로 사람과 동물을 구별해 주는 특성인 듯하다. 그러나 '합리적'이라는 게 도대체 무슨 뜻일까? 도구를 사용할 줄 아는 것이 합리적이라면 인간 외에도 합리적인 동물은 많다. 합리적이라는 말이 무엇을 뜻하는지는 어려운 문제이지만, 거꾸로 생각해서 갓난아이나 중증장애인이 합리적이지 못하다는 사실만은 분명하다. 이렇듯 인간만이 배타적으로 가진 특징이 무엇인지는 아무리 애를 써도 찾기가 어렵다.

"머리 검은 짐승은 거두지 마라."라는 옛말이 있다. 동물과 달리 인간은 배신을 한다는 뜻이다. 인간을 정의하는 특징으로 머리가 검다는 점을 든 것인데, 이것은 어디까지나 머리색이 검은 동아시아 사람들에게만 적용되는 표현이라 할 수 있다. 데즈먼드 모리스의 책 제목인 『털 없는 원숭이』도 인간을 가리키는 표현인데, 인간 중에도 털북숭이는 많다. 인간을 '두 발 달린 동물'로 정의한 철학자가 있었다. 그러자 다른 사람이 닭을 들고서 이것도 인간이냐고 반박했다고 한다. 그 철학자는 궁한 나머지 이번에는 '날개가 없으면서 두 발 달린 동물'로 정의했다고 한다. 이렇게 계속 나아가다 보면 인간을 정의하는 특성이란 모두 유효하지 않게 되고, 결국 '인간'이라는 사실로만 인간을 정의할 수밖에 없게 된다. 이런 정의야말로 인간을 '딱 보면 동물과 다르다.'라고 정의하는 시각일 뿐이다. 그리고 이런 정의가 통용된다면 인종차별주의와 성차별주의도 인정할 수밖에 없게 된다고 말한 바 있다.

더 큰 문제는 따로 있다. 인간에게만 있다고 생각되는 특징을 제시하기만 하면, 갓난아이와 중증장애인이 예외 사례로 등장하여 인간만의 고유한 정의를 찾는 사람을 난감하게 만든다는 것이다. (이것은 '가장자리marginal 인간 논증'이라고 하여 앞으로 다른 문제를 논할 때도 여러 번 나오므로 기억해둘 필요가 있다. 물론 '가장자리'라고 해서 그들을 폄하하는 뜻은 아니다.) 그래서 갓난아이와 중증장애인의 경우는 비록 인간의 배타적 특징을 갖추지 못했더라도 그런 특징을 정상적으로 가진 인간으로 취급해야 한다는 주장도 나오게 되었다. 인간 고유의 특징 여부를 떠나서 그들이 인간인 것만은 부정할 수 없는 사실이기 때문이다. 이런 주장은 꽤 설득력이 있어 보이는데, 그들을 인간이 아닌 동물과 동급으로 취급하게 되면 그들의 존엄성을 깎아내리는 일이 된다는 준엄한 충고가 그 주장에 깔려 있기 때문이다. 그러나 이런 주장은 인간이라는 종에 대해 무반성적인 애정을 보여주는 태도에 불과하다. 인간의 특징이 무엇이건 간에, 또 어떤 사람이 그 특징을 가지고 있건 없건 간에, 우리와 똑같이 생긴 인간이라면 무조건 동물과 다르게 취급해야 한다는 태도이기 때문이다. 우리는 인종차별주의와 성차별주의에서 보던 것과 똑같은 태도를 여기서 보게 된다. 나와 똑같은 인종, 나와 똑같은 성별이라면 무조건 우선시해야 한다는 주장과 무엇이 다른가? 예전에 우리나라의 잘못된 지역차별 의식을 단적으로 드러내는 표현으로 "우리가 남이가?"라는 말이 있었다. 이런 의식은 아직도 여전히 남아있지만 지금은 분명 비난의 대상이 된다. 인간의 특징이 무엇이건 간에 동물과 달리 취급해야 한다는 태도는 "우리가 남이가?"라는 의식만큼이나 윤리적이지 못하다.

그렇다면 이제 백 번을 양보해서 갓난아이나 중증장애인과 같은 예외적인 사람까지 다 포괄하는 인간만의 특징을 찾았다고 가정해보자. 예컨대 인간은 언어를 사용할 줄 안다는 것이 모든 인간의 공통된 특징이라고 해보자. 그 특징이 종차별주의를 옹호하는 근거가 될 수 있을까? 우리는 여기서 성차별주의와 인종차별주의를 다시 떠올려볼 수 있다. 다른 성별이나 인종을 차별해서는 안 되는 이유가 성별, 인종에 관계없이 모두가 언어를 사용할 줄 알기 때문이었나? 그 때문이 아니었다. 차별이 옳지 않은 것은 성별, 인종에 관계없이 모두가 고통을 느낀다는 이유 때문이었다. 고통을 느끼는 능력과 고통을 피하고 싶어 하는 바람은 언어를 사용하는 능력과는 상관없이 누구나 가지고 있는 본성이다. 이 점은 동물에게 있어서도 마찬가지이다. 인간이라면 모두 언어를 사용할 줄 알고 동물은 사용할 줄 모른다는 점이 여기서 중요한 게 아니다. 중요한 것은 인간이든 동물이든 모두 고통을 느낄 수 있고 고통을 피하고 싶어 한다는 점이다. 과연 인간과 동물은 다른가? 물론 다르다. 그러나 고통을 느낀다는 점에서는 다르지 않다. 그렇다면 이 점을 존중하지 않는 것은 윤리적인 태도가 아니다.

동물이 정말로 고통을 알까?

이제 우리는 또 한 가지 문제를 살펴볼 때가 됐다. 동물이 고통을 느낀다는 것을 어떻게 알 수 있는가 하는 문제이다. 동물이 정말로 고통을 느끼는지를 우리가 모른다면, 동물이 고통스러워하므로 동물을 먹어서는 안 된다는 주장은 말짱 헛소리가 될 것이기 때문이다. 더구나 유명 철학자 가운데는 동물이 고통을 느낀다는 것을 부인하는 사람도 있다.

철학자 데카르트는 동물을 자동장치 즉 기계라고 생각했다. 동물에게는 영혼이 없으므로 즐거움이나 아픔도 경험할 수 없다는 것이다. 그렇다면 동물이 즐거움이나 아픔의 표시로 내는 소리는 무엇일까? 데카르트는 그것이 시계의 째깍거리는 소리나 다름없다고 보았다. 시계가 째깍거리는 것은 기계장치가 움직이기 때문에 나는 소리이지 고통을 느껴서 내는 소리가 아니다. 이와 마찬가지로 동물의 신음소리 역시 고통을 느껴서 내는 소리가 아니라는 것이다. 그렇다고 해서 데카르트가 동물을 함부로 대해도 된다고 주장한 것은 아니다. 시계라고 해서 함부로 발로 차거나 부숴버려서는 안 된다. 그런 행동은 시계 주인의 재산을 침해하는 행위이기 때문이다. 마찬가지로 동물을 발로 차고 괴롭히는 것 역시 남의 재산을 함부로 손상하는 행동이기에 옳지 않다는 것이 데카르트의 생각이었다. 어? 그렇다면 주인 없는 개는 마구 걷어차도 되겠네? 또 주인이 허락하면 시계든 개든 맘대로 차고 부숴도 되겠네? 맞는 말이다. 데카르트의 주장에서는 이런 행동을 막을 방법이 없다.

그러나 동물이 고통을 느끼지 못한다고 가정해도 주인 없는 동물을 때려서는 안 되는 이유가 있긴 하다. 아퀴나스와 칸트 같은 철학자들은 동물을 잔인하게 대하는 사람은 사람에 대해서도 잔인하게 대할 것이기 때문에 동물을 그렇게 대하는 행동은 옳지 않다고 했다. 그러니까 개를 발로 차는 행위 자체는 나쁘다고 할 수 없는데, 개를 자꾸 발로 차게 되면 사람까지 찰 것이므로 안 좋다는 얘기다. 아퀴나스와 칸트가 걱정하듯이 그렇게 개를 자꾸 차면 과연 심성이 나빠질까? 잘 모르겠다. 동물에 대해서는 잔인하지만 인간에 대해서는 더없이 자비로운 사람이 있지 않은가? 축구공을 뻥뻥 차고나면 스트레스가 풀려서 좋은 품성을 유지하는 데 도움이 되듯이, 개를 발로 차서 스트레스를 풀면 좋은 품성이 함양될 수 있지 않을까? 또한 동물에게는 더없이 다정하고 친절하면서 사람에게는 차갑고 인정머리 없는 사람도 있지 않을까? 타인에게서 깊은 상처를 입은 탓에 사람에게 증오심을 품게 되었지만 동물들에게는 애정을 느끼는 사람이 있을 것도 같다. 극단적으로는 이렇게 생각해볼 수도 있다. 지구상에 오직 한 명의 사람만 남게 되었다고 하자. 그 사람이 아무리 동물을 잔혹하게 대할지언정 그의 품성이 잔혹해지는 것을 걱정할 필요가 없다. 잔혹하게 대할 다른 사람이 아무도 없으니까.

우리는 상식적으로 동물을 잔인하게 대하는 것이 옳지 않다고 생각한다. 그러나 동물이 고통을 느끼지 못한다고 주장하면, 이런 상식은 설 자리를 잃게 된다. 내가 주변 사람을 괴롭히는 것이 옳지 않은 까닭은 그 사람이 누군가의 소유물이어서도 아니고, 그 사람을 괴롭히면 내 심성이 나빠져서도 아니다. 괴롭힘을 당하는 사람 자신이 고통을 느끼기 때문이다. 동물의 경우도 마찬가지다. 동물을 학대하는 것이 나쁜 이유는 동물이 고통을 느끼기 때문이다.

그러나 우리의 상식적 생각에 앞서 동물이 고통을 느끼는지의 여부를 아는 것은 여전히 중요하다. 동물이 고통을 느낄 줄 모른다면, 데카르트나 칸트의 주장이 아니더라도 동물을 죽이거나 학대하는 행위가 그리 비윤리적으로 여겨지지 않을 테니까 말이다. 동물이 정말로 고통을 느낄까? 또 고통을 느낀다면 우리는 어떻게 그것을 알 수 있을까?

이런 질문을 터무니없다고 할 수 없는 것이, 무엇보다 동물은 말을 할 줄 모르기 때문이다. 그러나 아플 때 아프다고 말하지 못하는 것은 동물만 그런 것이 아니다. 사람 중에도 갓난아이나 중증환자, 중증장애인은 아프다는 말을 하지 못한다. 그렇다 해도 그들이 아프다는 것을 의심하는 사람은 없다. 갓난아이가 아프다고 우는데, 미친 사람이 아니고서야 데카르트처럼 자동기계가 째깍거리는 소리를 낸다고 생각하겠는가?

그러나 고통의 느낌은 원래부터 나만 느끼는 것이기에 다른 사람에게 그 느낌을 보여줄 수가 없다. 이런 점 때문에 철학자들은 고통의 느낌을 '주관적'이라고 부르고 '사적私的'이라고도 말한다. 그렇다고 해서 다른 사람을 때려놓고서 그 사람이 진짜 아픈지 모르기 때문에 그렇게 했다고 하면 미친 사람 취급을 받을 것이다. 맞은 사람이 먼저 아프다고 말할 것이기 때문이다. 하지만 말을 할 수 없는 경우라면? 어렸을 적에 나는 '발이 저리다'는 말을 아직 배우지 못해서 발이 저릴 때마다 그것을 어떻게 표현해야 할지 몰라 답답했던 기억이 난다. 어떤 아이는 발에서 별이 반짝반짝 빛난다고 표현하던데, 아이가 무슨 말을 하고 있는 건지 못 알아듣는 어른도 있을 것이다. 갓난아이나 중증장애인도 마찬가지이다.

그럼에도 불구하고 우리가 그들의 고통을 의심하지 않는 것은, 그들 역시 우리와 비슷한 행동을 보여주기 때문이다. 누군가 나를 바늘로 찌르면 고통을 느끼는 것은 틀림없는 사실이다. 나는 고통을 느낄 뿐만 아니라 행동으로도 그것을 드러낸다. 고통을 '불쾌한 느낌'으로 정의하는 철학자가 많은데 고통은 그저 불쾌한 정도를 훨씬 뛰어넘는다. "아야!" 하고 소리를 지르거나 몸을 움츠리고, 더 심하면 울음을 터뜨리거나 몸부림을 친다. 갓난아이나 중증장애인이 앓는 소리를 내거나 몸을 움츠리는 것도 마찬가지이다. 정상인이라면 일부러 엄살을 피우느라 그럴 수도 있겠지만, 갓난아이나 중증장애인이 무슨 그런 속임수를 쓰려고 하겠는가? 따라서 그들도 나처럼 고통을 느끼기 때문에 그런다는 점은 의심의 여지가 없다. 동물도 마찬가지이다. 동물 역시 말은 못하지만 고통을 받으면 인간처럼 신음소리를 내거나 몸을 움츠리고 울부짖는다. 누군가를 속이려고 그러는 것일까? 두말할 나위 없이 정말로 고통을 느끼기 때문이다.

물론 동물들 중에도 조금 다른 경우가 있다. 물고기가 낚시 바늘에 걸리거나 물 밖에 나왔을 때 그저 파닥거리기만 하는 것을 보면 정말 고통스러워서 그러는 건지 잘 알 수가 없다. 그러나 우리가 즐겨먹는 소나 돼지가 고통스러워 울부짖는 것을 보고 다른 이유 때문이라고 생각할 사람은 아무도 없다. 개가 고통스러워 신음소리를 내는 것과 즐거워서 짖는 것을 쉽게 구분할 수 있듯이 말이다.

우리는 고통을 당하면 그 고통을 피하려고 한다. 그런 의미에서 신경생리학자들은 고통이 우리에게 '유용하다'고 말한다. 고통 덕분에 우리는 어느 조직에 손상이 왔는지 알 수 있으며, 손상을 피하기 위해 반응할 수 있기 때문이다. 고통을 느끼지 못하는 환자들도 있다. 영화「007 언리미티드」(1999)에 악당으로 나오는 르나드는 머리에 총알이 박혔는데도 고통을 느끼지 못한다. 또 영화「한니발」(2001)에서 폴 렌들러는 한니발이 그의 머리를 열어 뇌를 자신에게 떠먹이는데도 고통을 느끼지 못한다. 영화로도 제작된 스티그 라르손Stieg Larsson의 세계적인 베스트셀러 소설『밀레니엄』3부작(2005~7)에는 거구이면서 선천적으로 고통을 느끼지 못하는 살인기계 로날드 니더만이 나온다. 이상은 어디까지나 허구적 이야기이지만, 현실상에도 고통을 느끼지 못하는 무통증 환자들이 엄연히 있다. 다큐멘터리 영화「고통 없는 삶A Life Without Pain」(2005)은 전 세계에 100명밖에 없다는, 선천적으로 고통을 느끼지 못하는 어린이들의 모습을 그리고 있다. 고통을 느끼지 못한다면 아파할 일이 없으니 좋지 않을까? 이 다큐멘터리

「고통 없는 삶」 포스터. 아이가 자기 눈을 찌르지 못하도록 물안경을 씌워 놓았다.

를 보면 고통이 우리에게 얼마나 소중한 것인지 깨닫게 된다. 턱뼈가 부러졌는데도 감염이 진행될 때까지 모르는 아이, 스스로 눈을 찌르는 행동을 하는 아이, 주름 잡힌 살이 마음에 들지 않는다고 뜨거운 다리미로 펴는 아이가 나온다. 정상적인 사람이라면 고통을 받는 즉시 피하는 행동을 할 것이고, 그런 행동 덕분에 생명을 지킬 수가 있다. 인간이 무통증 환자들처럼 고통을 느끼지 못한다면 진화과정에서 진즉에 멸종되었을 것이다. 동물들도 이따금 인간처럼 움츠리고 도망가는 행동을 보여준다. 왜 그럴까? 당연히 그런 행동이 진화에 도움이 되기 때문이다. 그런데 움츠리고 도망가야 한다는 것을 어떻게 알까? 바로 고통을 느꼈기 때문이다.

물고기의 경우

앞에서 나는 물고기의 경우에는 다른 동물처럼 고통을 느끼는지 잘 알 수 없다고 했다. 물고기도 과연 고통을 느낄까? 젖먹이동물 즉 포유류는 우리들 인간과 행동이 비슷하기 때문에 인간처럼 고통을 느낀다는 것은 전혀 의심할 여지가 없다. 젖먹이동물이 아닌 경우에는 약간 미심쩍긴 하다. 새 무리는 어떨까? 조류만 해도 고통을 느끼는 행동은 젖먹이동물과 크게 다르지 않다. 닭이 홰를 치며 꼬꼬댁 우는 것과 잡히지 않으려고 꼬꼬댁거리는 행동은 분명히 달라 보인다.

그러나 물고기는 많이 다르다. 일단 생김새부터 다르다. 다리도 없이 유선형으로 생겼고, 피부는 털이 없이 매끈하며, 만져 봐도 따뜻한 느낌이 없이 차갑다. 이렇듯 우리 인간과 생김새가 많이 다르다보니 사람들은 젖먹이동물이나 새무리에게 가지는 일말의 동정심조차 물고기에게는 갖지 않는다. 동물들이 도로에서 차에 치여 죽는 것을 '로드킬'이라고 하는데, 로드킬 당한 고양이나 개의 사체를 보면 대부분의 사람들은 고개를 돌린다. 그런 사람들도 시장에서 토막쳐놓은 생선의 사체에서는 아무런 느낌을 못 받는다. 심지어 산 채로 회를 떠놓은 물고기를 보고도 섬뜩해 하기는커녕 맛있어하고 먹기를 주저하지 않는다.

물고기는 젖먹이동물이나 새무리처럼 비명을 지르지도 못한다. 낚시 바늘에 걸려도 소리를 내지 않고 그저 파닥거리기만 할 뿐이다. 물고기도 아파하는 것일까? 파닥거리는 그 모습이 발버둥치는 인간의 모습과 비슷하므로 고통스러워한다고 짐작은 할 수 있지만 확신할 수는 없다. 단순히 낚시 바늘에서 빠져나오기 위해 그럴 수도 있지 않은가? 그래서인지 우리는 젖먹이동물이나 새무리에게는 도저히 하지 못할 잔인한 짓을 물고기에게는 주저 없이 행한다. 개라면 산 채로 주둥이에 꼬챙이를 꿰는 일은 절대 하지 못할 텐데 물고기에게는 쉽사리 한다. 소라면 산 채로 옆구리에 작살을 꿰지 못할 텐데 물고기에게는 한다. (물론 수렵 시대에는 젖먹이동물에게도 그렇게 했고, 지금은 금지되었지만 얼마 전까지만 해도 에스파냐에서는 투우용 소에게 그렇게 했다. 또한 고래는 젖먹이동물임에도 물에 사는 물고기 취급을 해서 작살로 잡았다. 요즘은 화약을 넣은 유탄을 쏘아 고래 몸속에서 터지게 하는데, 급소를 정확히 맞히기가 힘들기 때문에 고래는 끔찍한 고통 속에서 죽어야 한다.) 또 돼지라면 산 채로 회를 뜨지는 않을 텐데 물고기는 그렇게 한다. 닭이라면 물속에 담가서 죽을 때까지 버둥거리게 하지 않을 텐데 물고기는 숨을 못 쉬고 죽을 때까지 물 밖에 그대로 둔다. 작은 물고기라면 몇 분 버둥거리다가 죽겠지만, 우리가 보통 참치라고 부르는 참다랑어나 황새치처럼 큰 물고기들은 몇 시간 동안이나 발버둥을 친다. 고통스럽지 않은데도 그러는 것일까?

동물이 고통을 느낀다는 증거를 찾기 위한 신경생리학적 연구도 활발히 진행되고 있다. 연구가 더 진전되면 물고기처럼 인간과 행동거지가 많이 다른 동물들도 고통을 느끼는지에 대해 더 많은 정보를 얻을 수 있을 것이다. 물고기가 고통을 느끼지 못한다는 연구도 있다. 물고기는 우리와 진화 과정이 달라서 고통을 느끼는 대뇌 부위가 발달하지 않았기 때문에 고통을 느끼지 못한다는 것이다. 물고기가 버둥대는 것은 우리 무릎을 툭 치면 발이 올라가는 것처럼 반사행동 비슷한 반응 때문이라고 보는 것이다. 반대의 주장도 있다. 뇌에서 고통을 느끼는 부위는 진화의 초기 단계에 해당하는 부분이기 때문에 하등동물도 고통을 느낄 수 있다는 것이다.

영국 의료윤리연구소의 특별위원회는 몇 가지 조건을 만족하는지 살펴봄으로써 어떤 동물들이 고통을 느낄 줄 아는지 조사한 적이 있다. 연구 결과 등뼈동물(젖먹이동물, 새무리, 양서류, 파충류, 물고기 등 척추동물) 전체와 민등뼈동물(무척추동물) 중 오징어와 낙지 종류는 아마도 고통을 느낀다고 추측되지만, 나머지 민등뼈동물(지렁이, 곤충)은 고통을 느낄 수 없다고 결론을 내렸다. 그러니까 물고기와 문어, 낙지도 고통을 느낄 수 있다는 것이다. 특히 문어와 낙지는 민등뼈동물 중 뇌가 가장 복잡한 동물들로서 학습능력까지 가지고 있는 것으로 밝혀졌다. 아닌 게 아니라 문어의 한자에는 글월 '문文' 자가 들어가 있기는 하다. 옛 선비들 생각에 문어는 머리(사실은 몸통)도 크고 먹물깨나 들어 있으니 글을 아는 놈이라고 해서 '문어'라 부른 것이다. 그러나 이것은 조상들의 유머감각일 뿐 과학자들의 설명으로는 뇌가 발달했기 때문에 학습능력을 가지고 있다는 것이 정설이다. 이런 연구 결과 때문인지 호주에서는 문어나 낙지를 기절시킨 다음에 끓는 물에 넣어야지 산 채로 넣는 것은 법으로 금지되어 있다. 바닷가재 역시 여러 번 때려서 죽여서는 안 되고 즉사시켜야만 한다. 반면 우리나라에서는 영화「올드보이」(2003)의 최민식 씨처럼 산 낙지를 통째로 먹는 사람이 있는가 하면, 다리를 잘라 꿈틀거리는 채로 먹기도 하고, 문어는 산 채로 삶아 숙회로 먹는다. 호주라면 모두 불법인 행위들이다.

작고한 미국의 유명작가 데이비드 포스터 월러스David Foster Wallace는 메인 주에서 바닷가재 페스티벌을 본 소감을 유명한 외식잡지인『구르메』에 에세이로 기고한 적이 있다. 제목이「바닷가재를 생각하라Consider the Lobster」였는데, 순전히 바닷가재 사는 사람을 즐겁게 하기 위해 그 사람이 보는 앞에서 가재를 산 채로 끓는 물에 집어넣는 요리법이 옳은지 묻는다. 월러스는 이해하기 쉽도록 비유를 드는데, 네브래스카 소고기페스티벌(우리나라로 치면 평창 한우축제쯤 되겠다.)에서 단지 돈을 낸 사람을 즐겁게 하기 위해 그 사람 앞에서 소를 잡아 요리하는 장면을 상상해 보라고 한다. 중국에는 더 심한 일도 있다. 동물원에서 관람객이 소 값을 치르면 살아있는 소를 호랑이에게 먹이로 주고 그 장면을 직접 구경할 수 있게 해준다고 한다(『서울신문』 2010년 2월 6일자). 그 끔찍함 때문에 당연히 논란거리가 되고 있다.

바닷가재의 경우는 고통의 문제 외에도 또 다른 문제를 안고 있다. 『나는 세계일주로 경제를 배웠다』로 유명한 작가 코너 우드먼Conor Woodman의 후속작인 『나는 세계일주로 자본주의를 만났다』를 보면 '바닷가재가 잡힐 때마다 죽어가는 사람들이 있다'라는 소제목이 나온다. 무슨 말인가 하면 중앙아메리카의 니카라과에서는 바닷가재가 많이 잡히는데, 깊은 바다에 제대로 된 수중장비도 없이 원시적인 방법으로 잠수를 해서 잡는다고 한다. 이러다 보니 이 나라 남자들 중에는 수압으로 인해 몸이 망가져서 휠체어를 타고 다니거나 목발을 짚은 사람이 부지기수라고 한다. 이렇게 잡은 바닷가재가 전 세계 유통량의 절반이 넘는다는데, 사람들의 입맛이 바닷가재뿐 아니라 사람까지 고통에 빠지게 하고 있는 것이다.

애니메이션 영화 「니모를 찾아서」에는 똑똑한 물고기들이 여럿 등장한다. 이것은 영화일 뿐이지만 실제로도 물고기가 학습 능력이 있다는 것을 보여주는 연구가 계속 나오고 있다. 그러나 중요한 것은 물고기가 똑똑한지 아닌지의 여부가 아니다. 고통을 느낄 줄 아는지가 중요하다. 학자들은 몸 안에서 아편물질이 생성되는 것을 고통을 느끼는 증거로 들기도 한다. 아편물질은 고통을 누그러뜨리는 역할을 하므로, 고통이 없다면 그런 물질이 분비될 이유도 없을 것이다. 우리가 웃을수록 체내에 많이 생겨난다는 엔도르핀이 바로 '몸 안에'(엔도-) 생기는 모르핀인데, 이것이 진통작용을 한다는 사실은 잘 알려져 있다. 신경생리학 연구에 따르면 등뼈동물은 물론이고 일부 민등뼈동물에게서도 이런 내생적인 아편물질이 발견된다고 한다. 물론 몸 안에서 저절로 생기는 이런 천연 아편물질이 아니라 따로 모르핀을 주입해도 우리는 고통을 잠시 잊을 수 있다. 물고기에게도 모르핀을 주입하면 버둥거리는 몸짓을 멈추고 정상적인 움직임을 보인다고 한다. 바로 고통을 느낀다는 증거가 아닐 수 없다.

무엇을 먹으라는 말인가

지금까지 우리는 고통을 느끼는 동물의 범위가 젖먹이동물에서부터 물고기에까지, 나아가 민등뼈동물 중 문어와 낙지 종류에까지 이른다는 점을 살펴보았다. 고통을 느끼는 동물이라면 인간과 마찬가지로 마음대로 죽이거나 고통을 가해서는 안 되기에 이렇게 일일이 검토해본 것이다. 그렇다면 도대체 우리가 먹을 수 있는 동물은 무엇일까? 아니, 그런 동물이 있기나 한가?

젖먹이동물이나 새무리가 고통을 느끼는지는 논란의 여지가 없지만, 물고기나 연체동물이 고통을 느끼는지는 아직 과학적으로 완전히 확증된 것은 아니다. 또 갑각류나 조개류는 어떠할까? 물고기, 연체동물, 갑각류, 조개류… 이것들은 먹어도 되는 걸까? 아니, 먹는 문제를 떠나서 조금이라도 고통을 느낄 줄 안다면 파리와 모기도 죽여서는 안 되는 것 아닐까?

과학자들에 따르면 고통의 '느낌'은 없고 '유해 수용'만 있는 경우에는 고통을 느낀다고 볼 수 없다고 한다. 유해 수용이란 신경 말단의 자극들 가운데 잠재적으로 조직을 손상시키는 데 관련되는 정보를 중추신경계로 전달하여 처리하는 것을 말한다. 쉽게 말해서, 신체에 해를 입힐 만한 자극이 올 때 그것을 반사적으로 피할 수 있도록 일단 신경이 받아들인다는 얘기다. (실제로 회피하는 행동을 하는가는 다른 문제이다.) 고통이 도덕적으로 의미 있는 개념이 되기 위해서는 두 가지가 필요하다. 하나는 유해 수용이고, 다른 하나는 불쾌함을 실제로 느끼는 것이다. 민등뼈동물 그리고 사람 가운데 마비환자들은 유해 수용이 있어도 불쾌함을 느끼지 않는다. (물론 마비 환자는 다른 불쾌함, 가령 정신적 고통이나 갑갑함 같은 것을 느낀다.) 고통을 느낄 수 있는 능력이 윤리적으로 중요한 이유는 고통을 느끼는 존재라면 그것에 대해 신경을 쓰기 때문이다. 우리는 어떤 일에 주의를 기울이거나 걱정을 할 때 "신경 쓰이네."라는 말을 한다. 반면, 일이 어떻게 되든 상관없을 때는 "신경 쓰지 마라."라고 한다. 바로 이처럼 신경을 쓰지 않는다는 것은 일이 어떻게 돌아가건 상관없다는 뜻이므로 그것을 존중해줄 필요가 없다. 영어에서는 'care'라는 단어가 이에 해당하는데, 'care'는 관심을 갖고 신경 쓴다는 뜻과 돌봐준다는 뜻이 함께 들어 있다. 즉 신경을 안 쓰면 돌볼 필요도 없다는 얘기다. 유해 수용은 있는데 그것을 없애려는 노력도 없고 반사적 회피만 하는 존재는 신경을 쓰지 않는 것이고, 그런 존재에 대해서는 윤리적으로 고려할 이유가 없다.

민등뼈동물의 행동에서 발견되는 회피 반사가 여기에 해당하는데, 이런 행동만 있는 동물은 조직을 손상할 자극에 대해 원시적 신경계인 유해 수용기만이 활동할 뿐 자신에게 일어난 일에 대해 신경을 쓰지 못하므로 고통의 '느낌'을 갖지 않는다. 결국 동물이라고 해서 모두 고통을 느끼는 것은 아니다. 오징어나 문어를 제외한 대부분의 민등뼈동물은 고통을 느끼지 못할 가능성이 크다.

그러나 피터 싱어는 고통을 느끼는지 느끼지 못하는지 확실하지 않을 때는 고통을 느끼는 것으로 생각하라는 가이드라인을 제시한다. 이른바 '의심의 이득'이라는 원칙으로서 고통을 느끼는지 안 느끼는지 모를 때는 일단 의심해보는 쪽이 이득이 된다는 것이다. 『실천 윤리학』에서 그는 사냥터를 예로 들어 의심의 이득을 설명한다. 사냥을 할 때 덤불 뒤에 움직이는 물체가 있는데 사슴인지 다른 사냥꾼인지 확신이 서지 않는다. 쏴야 할까 말아야 할까? 혹시 사람일까 의심이 든다면 당연히 쏴서는 안 된다는 것이다. 그는 『죽음의 밥상』에서는 좀 더 현대적인 비유를 든다. 어두운 밤길을 운전하는데 앞에 낡은 옷가지더미인지 사람인지 확신이 서지 않는 물체가 놓여 있다. 이때 차를 밀고 나가야 할까? 조금이라도 의심이 든다면 당연히 전진해서는 안 된다. 고통을 느끼는지 못 느끼는지 확신이 서지 않는 동물에 대해서도 마찬가지이다. 식물이 그러하듯 고통을 느끼지 못한다는 것이 확실치 않은 한 일단 고통을 느낀다고 생각하라는 것이다.

그렇다면 유해 수용만 있고 고통의 느낌은 갖지 못하는 동물은 어떻게 할까? 의심의 여지가 없다면 고통을 못 느끼는 것으로 생각해도 좋을 것이다. 그러나 조금이라도 의심이 간다면 의심의 이득을 적용해야 할 것이다. 나의 행동을 결정하기 위한 정확한 정보가 주어지지 않은 상태에서, 동물이 고통을 느끼지 않는다고 가정했을 때의 손해와 고통을 느낀다고 가정했을 때의 손해를 비교해보자. 고통을 느끼지 않는다고 가정했는데 동물이 고통을 받았다면, 거기서 발생하는 손해는 당연히 동물이 느낀 엄청난 고통이다. 반면 고통을 느낀다고 가정했는데 동물에게 실제로 고통이 없다면 거기서 생긴 손해란 내가 고기 씹는 맛을 즐기지 못했다는 것이다. 누군가의 고통과 나의 고기 씹는 즐거움 중 어느 쪽을 고려해야 할까? 이성을 가진 사람이라면 쉽게 대답할 수 있을 것이다. 그 고통이 아무리 동물의 고통이라 하더라도 나쁜 것은 나쁜 것이다. 이것을 윤리학에서는 '침해의 최소화 원칙'이라고 하는데, 전체의 이익을 고려하게 되면 언제나 손해를 보는 쪽이 나올 수 있으므로 손해를 최소화할 수 있는 조건을 윤리적 기준으로 삼는 것이 공정하다는 생각이다.

그러면 이虱나 파리, 모기 같은 해로운 동물은 어떻게 해야 할까? 이 질문에 답하기 위해 고려시대 문인인 이규보의 수필「슬견설虱犬說」을 보자. 거기에서는 몽둥이에 맞아 죽는 개를 보고 불쌍한 마음이 생겨 개고기나 돼지고기를 먹지 않겠다는 '어떤 사람'과, 잡혀 태워져 죽는 이虱를 보고 마음이 아파 다시는 이를 잡지 않겠다고 맹세하는 '나'의 대화가 나온다. 하찮은 존재인 이와 큰 동물을 어떻게 비교하느냐는 '어떤 사람'의 물음에 '나'는 이렇게 대답한다.

무릇 살아있는 것은 사람으로부터 소, 말, 돼지, 양, 곤충, 개미에 이르기까지 모두 사는 것을 원하고 죽는 것을 싫어한다네. 어찌 큰 것만 죽음을 싫어하고 작은 것은 싫어하지 않겠는가? 그렇다면 개와 이의 죽음은 같은 것이겠지. 그래서 이를 들어 말한 것이지, 어찌 그대를 놀리려는 뜻이 있었겠는가? 내 말을 믿지 못하거든, 그대의 열 손가락을 깨물어 보게나. 엄지손가락만 아프고 나머지 손가락은 안 아프겠는가? 우리 몸에 있는 것은 크고 작은 마디를 막론하고 그 아픔은 모두 같은 것일세. 더구나 개나 이나 각기 생명을 받아 태어났는데, 어찌 하나는 죽음을 싫어하고 하나는 좋아하겠는가? 그대는 눈을 감고 조용히 생각해 보게. 그리하여 달팽이의 뿔을 소의 뿔과 같이 보고, 메추리를 큰 붕새와 동일하게 보도록 노력하게나. 그런 뒤에야 내가 그대와 더불어 도道를 말할 수 있을 걸세. (중학교 2학년『국어』, 장덕순 번역)

유해 수용만 있고 고통의 느낌은 갖지 못하는 동물군에 이虱

가 속한다면, '나'보다는 '어떤 사람'의 의견이 과학적인 사실에 더 부합한다고 볼 수 있다. 우리 열 손가락은 하나같이 아픔을 느끼지만, 모든 살아있는 것이 똑같이 아픔을 느끼는 것은 아니기 때문이다. 이 같은 동물은 고통을 느낄 수 있는 존재라고 보기 어렵다. 더구나 이, 파리, 모기 같은 해충에는 '의심의 이득'이나 '침해의 최소화 원칙'이 적용되지 않는다. 이나 파리, 모기를 잡는 것은 우리의 입맛을 위해서가 아니라 우리를 괴롭히거나 우리에게 병균을 옮기는 존재를 차단하는 것이기 때문이다.

식물은 말이 없다

동물이 고통을 느낀다고 말하면 가장 많이 나오는 질문이 "식물은요?"이다. 식물도 고통을 느낄 테니 역시 먹어서는 안 되는 것 아니냐는 얘기다. 그렇다면 아무것도 먹지 말라는 뜻인데, 이것은 우리 능력상 할 수 없는 것을 하라는 말이 된다. 그러므로 이것은 질문인 동시에 비판이다.

이런 질문 혹은 비판을 하는 사람은 일단 동물이 고통을 느낀다는 사실을 받아들이는 듯 보인다. 하지만 거기서 따라 나오는 결론, 곧 동물을 잡아먹어서는 안 된다는 주장까지 선뜻 받아들이고 있는 것은 아니다. 그 주장을 받아들이면 당장 고기를 끊어야 하므로, 그것을 피하려는 마음에서 식물도 고통을 느끼지 않느냐고 반문하는 것이다. 식물도 동물도 다 같이 고통을 느끼는데, 왜 식물은 먹으면서 동물 먹는 것만 가지고 비윤리적이라고 하느냐는 항의이다. 식물에 기댄, 일종의 물타기 논법인 셈이다.

그렇다면 식물이 정말로 고통을 느낄까? 식물에도 의식이 있다고 주장하는 사람들이 있다. 예를 들어 채소에 아름다운 음악을 들려주었을 때와 시끄러운 음악을 들려주었을 때 성장하는 속도가 다르다는 식이다. 그러나 식물에게는 동물처럼 중앙집중식으로 조직화된 신경체계가 없기 때문에 고통을 느낄 수 없다. "꽃을 꺾으면 아파."라고 말하는 사람이 있지만 그것은 어디까지나 비유적인 표현일 뿐이다. "시계가 운다."라고 할 때 시계가 정말로 운다고 생각하는 사람은 어린아이 빼고는 없다. 꽃을 꺾으면 정말로 아파한다는 생각은 유아적 사고일 뿐이다. 그러고 보니 "꽃을 꺾으면 아파."라는 말도 주로 아이들에게 들려주는 말이다.

간혹 무생물에게도 의식이 있다고 주장하는 사람들이 있다. 만물에는 영혼이 깃들어 있다는 고대 사회의 사고방식을 말하는 것이 아니다. 현대에도 물에 의식이 있다고 주장하는 사람이 있다. 『물은 답을 알고 있다』를 쓴 에모토 마사루江本勝가 그런 사람인데, 물에도 감사와 불쾌의 의식이 있어서 물에 대고 "고맙습니다."라고 말하면 물의 결정이 예쁘게 나오고, "바보야!"라고 말하면 예쁘지 않게 된다는 주장이다. 그러나 이런 주장은 과학적인 입증이 불가능한 사이비과학일 뿐이다.

식물에게도 의식이 있다는 주장 가운데는 좀 더 과학적인 근거를 가진 주장도 있다. 운동 감각이 있다는 주장이 바로 그것이다. 식물에게도 운동 감각이 있다는 증거로는 자극에 대한 반응 즉

굴광성, 굴중성, 굴촉성 같은 행동을 든다. 예를 들어 미모사나 벌레잡이 식물인 비너스파리잡이풀의 경촉輕觸 반응은 이 식물들이 운동 감각을 갖고 있다는 증거로 해석된다. 그러나 운동 감각이 있다는 것이 곧 의식이 있다는 뜻인가? 운동 감각이 있다고 해서 즐거움과 고통을 느낄 수 있을까? 일반적으로 이동 능력이 없으면 의식이 없다고 보아야 한다. 이동을 하지 못하면 위험이 다가올 때 도망갈 수도 없고 만족을 느낄 대상을 좇아갈 수도 없으므로, 즐거움과 쾌락을 느낄 수 있다고 보기 어렵기 때문이다. 그렇다면 이동 능력을 가진 존재는 모두 의식이 있을까? 굴광성, 굴중성, 굴촉성과 같은 현상은 자극에 대한 반응일 뿐이다. 무슨 의식 같은 게 있어서 그런 반응이 일어나는 것이 아니다. 식물에게는 의식이 없다.

4장

인간이 외계인을 만났을 때

고기를 먹어서는 안 되는 윤리적 이유를 아직도 납득하지 못하겠다는 독자를 위해서 좀 더 쉬운 이야기를 해보자. 동물은 여러 가지 면에서 인간과 다르므로 동물을 잡아먹어도 된다고 생각하는 사람이 많다. 이렇게 생각하는 것도 역시 반성적인 사고에 의한 것이고, 솔직히 말해서 인간이 동물보다 지능과 힘이 뛰어난 것이 사실이므로 자신의 이익대로 하겠다는 것을 반박하기란 쉽지 않다. 그렇다면 우리 인간과 여러 가지 면에서 다를 뿐 아니라 우리보다 훨씬 뛰어난 지능과 힘을 지닌 종, 예컨대 외계인이 나타나서 우리를 잡아먹는다고 하면 어떨까? SF 영화에서 보는 것처럼 그런 외계인이 지구상에 짠! 하고 출현해서 인간을 잡아먹는다고 할 때 우리는 그들에게 어떻게 항의할 수 있을까?

인간과 동물의 계약

윤리에는 계약론적 성격이 있다고 보는 학자들이 있다. 윤리라는 것이 아직 있기 전인 원시시대를 상상해 보자. 원시시대에 정말로 윤리나 법이 없었다고 말하는 것이 아니라, 아직 윤리나 법이 생겨나지 않았던 때를 상상해보자는 것이다. 그런 시대에는 힘센 놈이 장땡이었을 것이다. 힘으로 모든 사람들을 굴복시킬 수 있었을 테니까. 반면 힘이 약한 사람은 항상 맞고 살았을 테니 괴로웠을 것이다. 사실 힘센 사람도 언제나 즐겁지는 않았을 것이다. 자신보다 더 힘센 사람이 언제 나타날지 몰라 항상 불안했을 테니까. 그래서 사람들은 일종의 계약을 맺는다. 내가 너를 괴롭히지 않을 테니 너도 나를 괴롭히지 마라. 바로 이런 계약에 의해 윤리가 성립했다고 보는 것이다.

이런 계약론적 윤리에서 동물은 윤리적 고려의 대상이 될 수 없다. 전래동화에서는 "떡 하나 주면 안 잡아먹지!"라고 하는 호랑이에게 떡 하나를 주고 잡아먹히지 않을 수 있었지만, 그것은 어디까지나 동화일 뿐이다. 현실에서는 호랑이에게 나의 살 대신 떡을 줄 테니 너도 나를 잡아먹지 말라는 계약을 할 수 없다. 즉 동물과는 계약을 할 수 없으므로 윤리도 아예 성립할 수 없다는 얘기다. 따라서 동물은 윤리적으로 고려할 대상이 되지 못한다.

그러나 계약론은 윤리에 관한 한 가지 견해일 뿐 많은 문제점을 안고 있다. 계약론적 견해에 따르면 윤리적 고려의 대상에서 제외되는 존재가 동물만이 아니기 때문이다. 앞에서 동물과 구분되는 인간의 특징을 찾을 때 갓난아이와 중증장애인이 항상 문제였던 것이 기억날 것이다. 계약론적 윤리에서도 마찬가지다. 갓난아이와 중증장애인과는 계약을 맺을 수가 없다. 법률적으로도 갓난아이는 미성년자에 해당하고 중증장애인은 금치산자에 해당하여 독자적으로 계약을 할 수 없다. 이처럼 계약론적 윤리에서는 동물과 함께 갓난아이와 중증장애인도 윤리적 고려 대상에서 제외될 수밖에 없는데, 이것은 우리의 상식과 전혀 맞지 않는다.

나아가 계약론에서는 노예제마저 옹호된다. 계약이 성립되려면 주고받는 것이 있어야 하는데 흑인은 우리에게 대항할 힘이나 마땅히 가진 것이 없기 때문이다. 그러니 그들과 계약을 맺을 이유가 없고, 윤리는 계약을 맺을 수 있는 백인들에게만 해당한다고 주장할 수 있다. 또 부자나라 사람들은 가난한 나라 사람들과 서로 혜택을 주고받는 방식의 교류를 할 이유가 없으므로 그들에 대해서 의무감을 가질 필요도 없다. 요즘 우리는 미래 세대에 대한 의무를 많이 이야기한다. 가령 핵폐기물은 우리 세대에게는 문제되지 않지만 후손들에게는 짐이 된다. 그러나 계약론에 따르면 우리는 아무런 책임도 느낄 필요가 없다. 우리가 미래의 후손들과 지금 상호작용을 할 수 있는 것은 아니므로, 그들에게 좋은 환경을 물려줘야 한다는 의무도 가질 필요가 없기 때문이다. 이처럼 계약론적 윤리에서는 인종차별도 옹호되고, 가난한 자에 대한 의무도 성립하지 않으며, 후손들에 대해서도 배려할 필요가 없게 된다. 사실 '조폭'이야말로 그러하다. 자기들과 대등하거나 힘센 집단하고만 타협하고 활동 영역을 나누지, 그렇지 않은 집단에게는 아무런 배려나 동정심도 베풀지 않는다.

이런 비판에 대해 계약론적 윤리를 옹호하는 쪽에서는 이렇게 대답할지 모른다. 백인이나 부자나라나 현세대 사람들처럼 지금 힘을 가진 쪽도 언제 힘이 약한 쪽이 될지 모르기 때문에 상대방과 계약을 할 것이라고 말이다. 자신도 힘이 약한 쪽에 속하게 될 수 있다는 일종의 역지사지를 해보는 것이다. 이것은 옳은 말이다. 상대방 입장에서 생각해보는 것, 그것이 바로 윤리의 시작이다. 그렇다면 동물에 대해서도 똑같이 해야 하지 않을까? 지금은 우리가 동물보다 힘이 세고 지능이 높은 것이 사실이다. 앞으로도 동물이 우리보다 힘이 세지거나 지능이 높아질 일은 거의 없을 것이다. 그러나 모를 일이다. 돌연변이가 나타날지도 모르고, 또 SF 영화에서처럼 동물처럼 생겼지만 우리보다 힘이 세고 지능이 높은 외계인이 등장할지도 모른다. 이런 상황에서 우리가 약자 쪽에 속할 가능성을 생각한다면 동물과도 얼마든지 윤리적 계약을 할 수 있다.

동물들도 서로를 잡아먹는데

채식주의자들이 흔히 받는 질문 중에 다음과 같은 것이 있다. "동물끼리는 서로 잡아먹는데, 왜 인간은 동물을 먹으면 안 되나요?" 이 질문에 대해 살펴보자.

서울시립대학교 차건희 교수는 '동물 윤리'라는 말에 대해서 윤리의 '윤倫' 자에 사람 '인人'이 들어 있으니 윤리는 사람에게만 적용되는 것 아닌가라는 말을 했다. 의미 있는 해석이다. 그러나 나는 윤리를 축자적으로 해석하는 것이 의미가 있다고 해도, '인'은 윤리의 주체를 말하는 것이지 대상을 말하는 것이 아니라고 생각한다. 다시 말해서 '사람에게만' 적용되기 때문이 아니라 '사람만이' 가질 수 있기 때문에 윤리에 '인' 자를 썼다고 생각한다. 윤리는 사람만이 가질 수 있는 것이지만, 그 대상은 사람일 수도 동물일 수도 있으며 자연일 수도 있다. 그러나 동물은 윤리를 가질 수 없다.

오랫동안 채식주의자로 지내왔던 벤저민 프랭클린은 어느 날 스스로 위와 같은 질문을 던지고는 고기를 다시 먹기 시작했다고 한다. 친구들이 낚시하는 것을 구경하는데, 낚시에 잡힌 물고기의 뱃속에 또 다른 물고기가 들어 있는 것을 보면서부터라고 한다. 예전에 어떤 구충제 광고에서는 구충제 한 알만으로 회충, 요충, 십이지장충까지 모두 박멸한다는 뜻으로, 가장 큰 물고기가 다른 물고기를 삼키고 그 물고기가 다시 작은 물고기를 삼킨 채 낚시에 걸려 올라오는 그림을 보여준 적이 있다. 바로 이런 식이다. 동물들도 서로를 잡아먹는데, 나는 왜 고기를 먹으면 안 되느냐고 생각한 것이다.

3장에서 윤리란 '우리가 할 수 있는 능력 안에서만 우리에게 의무를 부여한다'라고 한 것을 떠올려보자. 우리가 고기를 먹지 않으면 죽는다는 것이 확실하다면 고기를 먹지 말라고 주장하는 것은 말이 안 된다. 그러나 우리는 고기를 먹지 않아도 살 수 있을 뿐만 아니라 더 잘 살 수 있기까지 하다. 반면 동물에게는 채식의 의무를 부여할 수 없다. 호랑이나 늑대는 고기를 먹지 않으면 굶어죽을 수밖에 없기 때문이다. 즉 육식동물은 선택이 불가능하지만 인간은 충분히 그런 선택을 할 수 있다. 인간은 동물과 달리 반성적인 활동을 할 수 있고, 그것이 바로 윤리이기 때문이다. 따라서 동물들이 고기를 먹는다고 해서 우리도 먹을 수 있다는 주장은 올바른 추론이 아니다.

1950년대에 미국의 한 목장에 채식을 하는 사자가 있었다고 한다. 이 사자는 고기를 거부하고 채식만 했다는데 덕분에 다른 동물들과 '평화롭게' 지냈다고 한다. 이 사자의 이야기는 『채식하는 사자 리틀타이크』라는 책에 기록되어 있다. "늑대가 새끼 양과 함께 살고 표범이 새끼 염소와 함께 지내리라. 송아지가 새끼 사자와 더불어 살쪄 가고 어린아이가 그들을 몰고 다니리라."(이사야 11:6)라는 성경의 이야기가 실제로 구현된 것이다. 이 이야기가 사실이라 할지라도 리틀타이크는 돌연변이일 뿐 인간처럼 윤리적인 반성

채식하는 사자 리틀타이크.

에 의해 채식을 선택한 것이 아니다. 고기를 먹을 수 있는데도 안 먹은 것이 아니라는 얘기다. 그러니 다른 사자에게도 리틀타이크처럼 고기를 먹지 말라고 강요할 수 없다.

동물들도 서로를 잡아먹으니 인간 역시 동물을 먹어도 된다는 주장은 이중적인 기준을 가진 논리이기도 하다. 한편으로는 인간이 동물보다 우월하기 때문에 동물을 잡아먹어도 된다고 주장하는 것이면서, 다른 한편으로는 인간도 동물의 하나라고 주장하는 것이기 때문이다. 왜 지금까지는 인간이 동물보다 우월하다고 말하다가 이제 와서는 동물과 같다거나 동물에게 배워야 한다고 말하는가? 이런 이중적 기준은 흔히 볼 수 있다. 욕을 할 때는 '짐승 같은 놈'이라는 표현을 쓰면서 왜 동물한테 배우려고 할까? 개는 길거리 아무데서나 똥을 누고 흘레를 붙는데 왜 그런 것은 보고 배우지 않을까? 인간과 동물을 일관되게 취급하지 않고 자신에게 유리한 것만 취하기 때문이다.

동물은 윤리 또는 도덕을 배우고 지킬 능력이 없다. 그러므로 동물에게는 윤리적이니 아니니 하는 말 자체가 어불성설이다. 우리 조상들은 수달이 도덕을 아는 동물이라고 생각했다. 수달은 물고기를 잡으면 바위 위에 가지런히 늘어놓는 습성이 있는데, 그 모습이 마치 제사를 지내는 것처럼 보였기 때문이다. 이런 얘기를 지어낸 것은 미물도 예의범절을 안다고 가르치려는 목적 때문이다. 사실인즉 수달은 조심성이 많아 물고기의 생사 여부를 확인하려고 그러는 것이란다.

고기 먹는 것이 자연스럽다?

동물들이 서로를 잡아먹으니 인간 역시 동물을 먹어도 된다는 말은 인간도 동물의 하나라고 보는 입장이다. 맞는 말이다. 인간도 동물의 하나이다. 그리고 동물끼리 서로 잡아먹는 것이 자연스러운 일이라면 인간이 동물을 먹는 일도 자연스러운 일이다. 바로 이런 방식으로, 인간이 고기를 먹는 것은 자연스러운 전통이므로 윤리적으로도 문제가 없다고 말하는 사람들이 있다. 정말로 인간이 고기를 먹는 것은 자연스러운가? 나아가 자연스러운 일이니 윤리적으로도 문제가 안 될까?

일단 인간이 고기를 먹는 것이 자연스럽다고 할 때의 '자연스럽다'는 말이 무슨 뜻일까? '자연스럽다'라는 말은 전통이라는 뜻으로도 쓰이고 자연의 이치에 맞는다는 뜻으로도 쓰인다. 먼저, 전통적으로 해온 일이니 윤리적으로 옳다는 말은 절대로 납득할 수 없는 논리이다. 같은 인간을 노예로 삼거나 여자는 집에서 살림이나 해야 한다는 것이야말로 인간의 오랜 전통 아니었던가? 아프리카에서는 여성의 음핵을 제거하는 관습이 있고, 인도에서는 남편이 죽었을 때 화장하는 불길에 아내가 같이 뛰어들어 죽는 관습도 있다. 이런 악습을 전통이라는 이름으로 옹호할 수 있는가? 아무리 오래되고 널리 퍼져 있는 전통이라 해도 옳지 않다면 바꾸어야 한다. 전통이라는 명목으로 옳고 그름도 따지지 않고 옹호하는 것은 윤리적이지 못하다. 이 책 8장에서 개고기를 다룰 때 다시 거론하겠지만, 개고기를 먹는 것은 우리의 오랜 전통이니 옳다고 주장하는 것도 올바른 논증이라 할 수 없다. 여기서 개고기를 먹는 것이 옳지 않다고 말하려는 것이 아니라, 그 주장의 근거로 전통을 거론하는 것이 옳지 않다고 말하고 있는 것이다.

멜라니 조이Melanie Joy는 『우리는 왜 개는 사랑하고 돼지는 먹고 소는 신을까』에서 착취 시스템을 정당화하는 모든 생각에는 3N의 사고가 깔려 있다고 한다. 즉 정상적이고normal, 자연스러우며natural, 필요하기necessary 때문에 정당하다고 주장한다는 것이다. 흑인을 노예로 삼는 것, 나치의 유대인 학살, 한때 여성에게 투표권을 주지 않은 것 등이 모두 정상적이고 자연스러우며 필요하다는 이유로 옹호되었다.

'자연스럽다'라는 말은 전통이라는 뜻 외에도 자연의 이치에 맞는다는 뜻으로도 쓰인다. 과연 인간이 육식을 하는 것이 자연의 이치일까? 인간의 신체구조를 보면 오히려 채식을 하는 것이 자연의 이치에 맞는다고 주장하는 사람도 있다. 창자가 길다든지, 송곳니수가 적다든지 하는 것이 그 이유이다. 하워드 리먼은 『나는 왜 채식주의자가 되었는가?』에서 육식동물은 썩기 쉬운 살코기를 신속하게 처리할 수 있도록 소화계가 짧고, 타액과 위액에도 살과 뼈를 소화시키는 데 필요한 성분이 많으며, 긴 송곳니와 강한 턱까지 갖추었다고 말한다. 그러나 인간은 소화계가 길고, 긴 송곳니 대신 곡물을 빻아 소화를 잘 시킬 수 있도록 어금니가 발달해 있으며, 타액에도 곡물을 잘 소화시킬 수 있는 성분이 들어 있다. 그러나 이런 주장은 논란의 여지가 있다. 인간의 몸도 원래는 육식에 맞았지만 오래도록 잡식을 하는 바람에 변한 것이라고 할 수 있으니 말이다. 그렇다면 리먼의 주장과 반대로, 사람이 고기를 먹는 것이 자연의 이치라고 일단 인정해보자. 자연의 이치라고 해서 윤리적이라는 결론이 나오는 것은 아니다.

사실 우리말에서는 '자연스럽다'는 말이 '좋다'라는 가치를 함께 담고 있다. 회도 자연산이 더 비싸고, 논란이 되었던 말이지만 미인도 자연 미인을 더 높이 평가한다. 그렇다면 자연스러운 것이라면 다 옳은가? 장애를 가지고 태어난 사람은 장애가 자연스러운 것이므로 수술을 하지 않는 것이 옳은가? 피임은 자연스런 행동이 아니므로 해서는 안 되는가? 여자가 1년에 아이를 한 명 낳는 것은 자연스럽고 자연의 이치에도 맞는 일이므로, 모든 여자는 1년에 한 명씩 아이를 낳아야 하는가? 어떤 것이 자연스럽다는 것과 그것이 옳다는 것은 별개의 문제이다. 인간도 동물의 하나이므로 인간이 동물을 잡아먹는 것은 자연의 이치라고 할 수도 있다. 그러나 거기서 그 행동이 옳다는 결론이 나오는 것은 아니다.

사람들은 자신의 주장을 옹호하기 위해 서로 상반되는 자연의 이치를 각자의 근거로 내세운다. 예를 들어 동성애를 비윤리적이라고 주장하는 사람은 동성애가 자연의 이치에 어긋나기 때문이라고 말한다. 반대로 동성애를 옹호하는 쪽에서는 동성애 역시 선천적이고 자연스런 감정이기 때문에 비난해서는 안 된다고 주장한다. 육식 논쟁도 마찬가지이다. 육식을 옹호하는 쪽에서는 인간이 고기를 먹는 것이 자연스럽다는 것을 근거로 들고, 반대하는 쪽에서는 하워드 리먼처럼 인간이 고기를 먹는 것은 자연스럽지 않다는 것을 근거로 든다. 이런 식으로 동성애나 육식의 문제를 자연스러운가 아닌가의 문제로 돌리게 되면 윤리학자는 할 일이 없게 된다. 과학자들에게 모든 것을 맡기면 될 테니까. 그러나 유대인 학살에서 열등한 유전자를 근거로 내세운 것이야말로 과학이었다.

앞에서 우리는, 윤리를 계약론적으로 보는 입장에서는 인간과 동물의 계약이 불가능하므로 동물이 윤리적 고려의 대상이 되지 않는다는 점을 살펴보았다. 그러나 계약론적 윤리에서도 우리가 지금보다 힘이 약해지거나 우리보다 힘센 상대가 나타날 것을 가정한다면, 힘이 약한 상대와도 계약을 맺을 여지가 있다고 했다. 그렇다면 동물과의 관계에서도 그런 상상을 해볼 수 있지 않을까? 동물보다 힘이 센 우리가 동물과 윤리적 계약을 하는 것이 말이 안 된다고 생각한다면, 우리보다 힘이 센 어떤 종이 나타날 때는 어떻게 하겠냐는 것이다.

이런 가정은 여러 철학자들이 시도한 것인데, 이 가정에 적합한 종이 바로 외계인이다. 영화 「디스트릭트 9」(2009)에서처럼 인간에게 지배당하는 힘없는 외계인도 있지만, 영화 속의 외계인은 대체로 인간보다 월등히 힘이 세고 지능이 높은 존재로 그려진다. 그런 외계인이 우리를 지배하고 잡아먹으려 한다면 어떻게 그들을 설득할 수 있을까?

그 자신 계약론적 철학자인 마크 롤랜즈(내가 미국에 방문교수로 갔을 때 우연히 만났다는 그 롤랜즈 교수)도 『SF 철학』 7장에서 그런 상상을 스토리텔링으로 풀어나가고 있다. 나도 전작인 『벤담 & 싱어』의 들머리에서 그런 상상을 대화로 만들어본 적이 있다. 책이 많이 읽히지는 못했지만 여러 사람들이 이 부분을 재미있게 읽었고 도움이 되었다고 전해주었다. 지금 이 대목에 적절한 이야기이기에 다시 소개한다.

외계인이 지구를 침략한다는 내용은 SF 영화의 단골 소재다. 외계인 침공 영화 중 「에이리언」은 4편까지 제작되었을 정도로 가장 인기 있었던 영화다(1편 1979, 2편 1986, 3편 1992, 4편 1997). 4편이 나온 후 「에이리언」의 팬들은 5편이 언제 나오는지 무척 궁금해 하고 있는데, 제작사인 20세기폭스 사는 제작 여부에 대해 아직 공식적인 입장을 밝히지 않고 있다. 「에이리언 2020」을 보고 「에이리언」 5편이 나왔다고 생각하는 사람들이 있는데 「에이리언」 시리즈와는 전혀 상관없는 영화다.

영화 「에이리언」의 한 장면.

어찌어찌해서 「에이리언」 5편이 제작된다고 해보자. 바닷가재 같기도 하고 도마뱀 같기도 한 외계인들이 여전히 등장하고 그 외계인들이 결국 지구를 점령한다. 전편들을 보면 외계인들은 입 안에 입이 하나 더 들어 있다. 평소에는 숨기고 다니지만 누군가를 사냥할 때면 순간적으로 튀어나와 두개골을 뚫고 뇌를 파먹는 기관이다. 이제 지구를 점령하게 된 외계인들은 더 이상 지구인들을 사냥하지 않고 대량으로 사육하여 안정적으로 식량원을 공급받는다. 그들의 표현에 따르면 수렵시기에서 목축시기로 넘어간 것이다.

그러나 소수의 지구인들은 여전히 외계인에 맞서 저항을 한다. 「에이리언」 시리즈의 주인공을 줄곧 맡았던 리플리(시고니 위버)가 이번에도 빠지지 않는다. 리플리 일행은 게릴라처럼 도시의 폐허를 헤매고 다니면서 외계인들로부터 지구를 어떻게 구할지 회의를 거듭한다….

지구인1 너무 끔찍해요. 사람들을 소, 돼지처럼 길러서 잡아먹다니.

리플리 우리처럼 도망 다니는 사람들은 얼마나 되나요?

지구인2 얼마 되지 않아요. 이 에일리언 놈들이 사육되는 사람보다 야생 인간이 더 맛있다고 해서 계속 잡고 있습니다. 양식보다는 자연산이 낫다네요. 나 참!

리플리 현재 우리의 인원이나 무기 수준으로는 외계인들을 도저히 이길 수 없습니다. 어떻게 해야 좋지요?

지구인3 지금 에일리언 세계는 뉴본 에일리언이 패권을 잡고 있습니다. 생김새도 우리 사람들하고 가장 비슷하고 그리고 무엇보다 사람들과 대화가 가능하다고 합니다.

뉴본 에일리언은 「에이리언」 4편에서 처음 등장했다. 퀸 에일리언이 알이 아닌 자궁으로 직접 낳은 에일리언들이다. 이들은 원래 텔레파시로 대화를 하지만, 이제 사람과 대화할 수 있는 장치를 개발했다.

지구인3 지난번 인간목장에서 탈출한 사람들에게 들었는데 뉴본 에일리언은 에일리언들 중에서 가장 지능이 높다네요. 평균 아이큐가 900은 된답니다. 그리고 이놈들은 힘보다는 대화로 문제를 해결한다고 합니다. 그래서 합리적인 이야기라면 수긍을 한답니다.

리플리 정말인가요? 믿기지 않네요.

지구인2 밑져야 본전인데 한번 만나보죠. 타협을 할 수 있지 않을까요?

지구인1 그래요. 지금 당장 지구를 떠나라고 할 수는 없겠지만, 적어도 사람들을 잡아먹는 행위는 중단시킬 수 있을 거예요.

지구인3 그것이 얼마나 야만적인지를 안다면 아마 인육 먹는 행위를 멈출 겁니다.

그래서 리플리를 비롯한 인간 대표들은 뉴본 에일리언들을 만나게 되었다.

리플리 이렇게 만나 주셔서 고맙습니다.

지도자 에일리언 저도 만나서 반갑습니다. 저는 대화를 좋아합니다. 합당한 근거가 있으면 얼마든지 받아들이죠. 옳지 않은 일은 하지 않습니다.

리플리 이 지구의 주인은 우리 사람입니다. 에일리언은 지구를 떠나야 합니다.

지도자 에일리언 저도 태어났을 때부터 지구에 살았습니다. 그래서 지구의 원래 주인이 누군지 몰랐습니다. 우리가 남의 재산을 빼앗은 거라면 당연히 돌려줘야죠.

리플리는 문제가 너무 쉽게 풀린다고 생각했다. 지도자 에일리언은 역사학자 에일리언을 불러 어떻게 된 일인지 물어 보았다.

역사학자 에일리언 지구는 인간들이 지배하던 땅이 맞습니다. 152년 전에 사람들이 우주에서 타임캡슐을 타고 귀환할 때 리플리의 배에 우리 조상인 퀸 에일리언의 알이 들어 있었습니다. 그때부터 우리 뉴본 에일리언들이 지구에 살게 된 겁니다.

지도자 에일리언 그래요? 리플리가 숙주였다면 유충이 알을 깨고 태어날 때 죽었을 텐데 저기 살아있네요?

「에이리언」 3편 마지막에서 에일리언 알을 배에 품게 된 리플리는 용광로에 뛰어들어 장렬한 최후를 맞는다. 그러나 「에이리언」 4편에서 리플리는 유전공학의 기술로 복제되어 부활한다. 그런데 알도 함께 복제되어 다른 사람을 숙주로 삼아 유충이 태어나게 된 것이다.

지도자 에일리언 그렇게 된 거군요. 어쨌든 지구는 사람들이 원래 주인이었던 곳이 맞네요. 다른 에일리언들과 이 문제에 대해 의논해 보기로 하겠습니다. 사람들이 허락한다면 지구에서 함께 살면 좋겠네요. 지구는 참 아름다운 별이니까요.

리플리 고맙습니다. 저희도 그 문제에 대해 상의해 보겠습니다.

역사학자 에일리언 그런데 사람들도 지구가 생겼을 때부터 산 것은 아닙니다. 현재 지구에 있는 사람들의 조상은 지금으로부터 100만 년에서 400만 년 전에 지구에 처음 나타났습니다.

지도자 에일리언 그래요? 흠, 그러면 이야기가 달라지는데….

리플리 그렇지만 사람들은 몇 백만 년이나 지구에 살아왔다고요.

지도자 에일리언 지구의 역사가 얼마나 되지요?

역사학자 에일리언 50억 년 정도 됩니다.

지도자 에일리언 50억 년 중 몇 백만 년이라면 정말 새 발의 피네요. 그 정도 살았다고 주인이라고 할 수 있나요? 참, 사람들이 출현하기 이전에도 지구에 다른 생명체들이 있었을 거 아니에요?

역사학자 에일리언 그럼요. 바퀴벌레가 가장 오래된 생명체 중 하나입니다. 사람은 가장 늦게 나타난 생명체라고 할 수 있습니다.

지도자 에일리언 그러면서 지구의 주인 행세를 하네요?

리플리 우리 인간들은 만물의 영장입니다. 도구를 사용할 줄 알고 사회를 이루고 살며, 무엇보다도 모든 생명체 중에서 가장 지능이 높아요.

역사학자 에일리언 사람만이 도구를 사용하고 사회를 이루며 사는 것은 아닙니다. 다른 동물들 중에도 많이 있습니다. 그러나 지능이 가장 높다는 말은 맞습니다. 그래봐야 지능지수가 100 정도밖에는 안 되지만.

지도자 에일리언 지능이 높으니까 지구의 주인이 된다는 말씀인데, 그런 식으로 말하면 우리가 지구의 주인인 게 맞아요. 우리 뉴본 에일리언이 보기에는 당신들 지구인은 거의 닭대가리 수준이죠.

리플리를 비롯한 인간 일행들은 졸지에 닭대가리가 되었다. 뉴본 에일리언의 평균 지능지수가 900이니 그렇게 보는 것도 무리가 아니다. 리플리는 지구의 소유권 문제는 잠시 접어 두고 인간 식육 문제를 따지기로 했다.

리플리 좋습니다. 그 문제는 나중에 다시 이야기하기로 하고, 우선은 당신들이 사람을 잡아먹는 것에 대해 말씀을 드리겠습니다.

지도자 에일리언 당신들은 잡아먹지 않을 테니 걱정 마세요~!

지도자 에일리언은 농담처럼 말했지만 리플리와 일행은 흠칫 놀랐다. 하지만 기죽지 않고 물었다.

리플리 에일리언들은 사람들을 집단 사육하고 도살해서 고기로 먹고 있습니다. 당신들을 피해서 살고 있는 사람들도 잡히면 죽여서 고기로 먹습니다. 이런 잔인하고 비참한 일을 당장 중지해 주세요.

지도자 에일리언 그렇지만 사람들 뇌는 정말 맛있어요. 우리 에일리언들은 사람 뇌 요리를 아주 좋아합니다.

리플리 맙소사! 맛있다고 해서 사람들을 잡아먹는 행위는 옳지 않습니다.

지도자 에일리언 왜 옳지 않죠? 잘 모르겠는데요?

리플리 우리 사람들은 죽고 싶지 않습니다. 죽는다는 것은 아주 고통스럽습니다.

지도자 에일리언 아, 걱정 마세요. 우리는 고통을 전혀 주지 않는 도살 방법을 쓰고 있습니다.

리플리 도살 과정이 고통스럽지 않을지도 모르지만, 도살당할 것을 아는 것만으로도 사람들은 불안합니다. 그것은 굉장한 고통이지요. 이유 없이 고통을 주는 것은 옳지 못합니다.

지도자 에일리언 사람들이 도살당한다는 것을 아나요?

리플리 그럼요.

지도자 에일리언 그렇다면 고통스러울 것이라는 게 이해가 되네요. 도살당하리라는 것을 모르게 하는 방법을 찾아보죠. 행복하게 살게 두었다가 어느 날 갑자기 도살하는 겁니다.

리플리 헐! 어떤 방법으로든 사람을 죽이는 것 자체가 옳지 않습니다.

지도자 에일리언 왜 그렇죠?

리플리 사람들은 모두 자신만의 삶을 누리고 있고 미래에 대한 희망이 있습니다.

지도자 에일리언 그런데요?

리플리 죽임을 당하면 그런 삶과 희망이 꺾이게 됩니다. 생각해 보세요. 내일 아침에도 사랑하는 가족들과 함께 지낼 수 있다는 희망을 가지고 잠들었는데 갑자기 죽는다면 그 희망은 어떻게 되나요?

지도자 에일리언 듣고 보니 그러네요. 저는 저희 에일리언들만 그런 희망이 있는 줄 알았는데 사람들도 그렇군요. 미처 몰랐습니다. 죄송합니다. 살고자 하는 욕망이 있는 존재를 죽이는 것은 그 존재가 에일리언이든 사람이든 상관없이 옳지 않은 일이죠. 당장 사람 도살을 중지시키도록 하겠습니다.

리플리와 사람들은 일이 너무 쉽게 해결되어 놀랐다. 어쨌든 한 가지 목표라도 달성했으니 기분이 좋아졌다. 과연 듣던 대로 지도자 에일리언은 합당한 근거가 있으면 받아들이는 외계인이었다.

지도자 에일리언 먼 길 오셨는데 식사라도 하고 가시죠. 뭘 좋아하시죠?

리플리 사람 고기가 아니라면 아무거나 잘 먹습니다, 하하! 저희는 숨어 다니느라 잘 먹지 못했어요. 이제 좋아하던 소고기나 돼지고기를 맘껏 먹으려고 합니다.

지도자 에일리언 뭐라고요? 소나 돼지를 먹는다고요?

리플리 예. 뭐가 문제가 있나요?

지도자 에일리언 소나 돼지도 고통을 느끼지 않나요?

리플리 그래서 저희도 고통을 최대한 줄이려고 노력하고 있습니다.

역사학자 에일리언 사람들의 도살 기술로는 소, 돼지를 고통 없이 죽일 수 없습니다. 그리고 과거 기록을 보면 사람들은 아주 비참한 환경에서 소, 돼지를 사육했다고 합니다.

지도자 에일리언 그래요? 그러면 소, 돼지에게는 살고자 하는 욕망이 없습니까?

역사학자 에일리언 물론 있습니다. 소나 돼지도 죽지 않으면 누릴 수 있는 삶의 기대를 죽음으로써 빼앗기게 됩니다. 다른 구성원들도 그 죽음 때문에 슬퍼하고요.

지도자 에일리언 사람들도 소나 돼지를 잡아먹으면서 왜 우리가 사람을 잡아먹는 것은 못하게 하죠?

리플리 사람과 동물은 다릅니다. (고개를 15도 정도 기울이며) 우리는 소중하니까요.

지도자 에일리언 뭐가 소중하다는 거죠?

리플리 우리 인간들은 감정도 있고 사회를 이루며 살고 있고, 또….

지도자 에일리언 그거야 인간이 아닌 다른 동물도 마찬가지지요.

리플리 우리는 동물보다 지능지수가 아주 높습니다.

지도자 에일리언 지능지수가 낮은 동물은 잡아먹어도 된다는 말씀인가요? 그러면 우리 에일리언이 사람을 잡아먹는 것도 문제가 없겠네요.

리플리 아니, 그게 아니고요, 사람과 동물의 지능지수는 조금 차이나는 정도가 아니라 아주 큰 차이가 납니다.

지도자 에일리언 우리가 보기에 사람들도 지능지수 면에서는 우리들과 한참 차이가 납니다. 그러니 잡아먹어도 되겠네요.

역사학자 에일리언 침팬지 종류는 사람과 지능지수도 별로 차이가 안 나고 유전자도 거의 비슷합니다. 그런데도 사람들은 침팬지를 실험 대상으로 쓰고 골을 빼먹기도 합니다.

지도자 에일리언 저런… 끌끌. 그러면서 무슨 권리로 우리한테 잡아먹지 말라고 요구하죠?

리플리 우리는 언어를 사용합니다. 침팬지는 말을 할 줄 몰라요.

지도자 에일리언 하하하. 우리 에일리언은 텔레파시를 씁니다. 당신들은 텔레파시를 쓸 줄 모르잖아요? 텔레파시는 인간의 미개한 언어보다 훨씬 고차원의 커뮤니케이션 수단입니다.

리플리 (힘없는 목소리로) 사람과 동물은 아예 종이 다릅니다. 그러니 사람은 동물을 잡아먹어도 됩니다.

지도자 에일리언 우리 에일리언과 사람도 종이 아예 다릅니다. 그러니 우리는 사람을 잡아먹어도 됩니다.

리플리와 사람들은 더 이상 할 말이 없었다. 그날 그들은 지도자 에일리언의 식사 재료가 되어야 했다.

나는 외계인이 있는지 없는지 잘 모르겠다. 어쨌든 우리보다 지능을 비롯한 모든 면이 훨씬 뛰어난 외계인이 있다고 가정해 보자. 그들이 지구를 침략하여 우리를 지배하고 우리를 잡아먹으려고 할 때 그들을 어떻게 설득할 수 있을까? 우리들의 행동은 옳지만 당신들만은 우리처럼 행동하지 말아달라고 요구할 수 있을까? 우리는 공평한 걸까?

5장

고통의 해부학

잡아먹히고 싶은 동물

종차별주의가 옳지 않다고 하는 것은 아주 간단한 상식적인 이유 때문이다. 우리가 고통을 받으면 싫어하고 피하고 싶어 하는 것처럼 동물도 고통을 받으면 싫어하고 피하고 싶어 하기 때문이다. 우리말로 『유쾌한 딜레마 여행』이라는 제목으로 번역된 책의 원서 제목은 『잡아먹히고 싶은 돼지 *The Pig That Wants to Be Eaten*』이다. 영국 철학자 줄리언 바지니Julian Baggini가 쓴 이 책은 철학의 여러 사고 실험을 모아 놓았는데, 그 중 한 사고 실험을 원서의 제목으로 삼았다. 잡아먹히고 싶은 돼지 이야기는 원래 SF 소설인 더글러스 애덤스Douglas Adams의 『은하수를 여행하는 히치하이커를 위한 안내서 2: 우주 끝에 있는 레스토랑』에 나오는 에피소드이다. 유전자 조작에 의해 말을 할 수 있게 된 소 비슷한 동물의 평생소원이 사람에게 잡아먹히는 것이다. 아마도 순교를 하면 천국으로 간다고 믿는 신앙인과 같은 믿음을 가지고 있는 모양이다. 그 동물은 이렇게 말한다.

"안녕하세요? 제가 바로 오늘의 특별 요리예요. 제 몸에서 마음에 드는 부위가 있으신가요?"

BBC에서 이 소설을 바탕으로 만든 TV 드라마의 해당 장면을 보면(유튜브에서 볼 수 있다.) 식당에서 음식 카트에 실려 나온 동물이 자기는 잡아먹히고 싶다고 이야기하는데 아주 기괴스럽다. SF 소설이니까 이런 상상이 가능하지 실제로 이런 동물이 있겠는가? 우리 인간이 잡아먹히고 싶지 않은 것처럼 어떤 동물도 다른 존재에게 잡아먹히고 싶어 하지 않는다.

우주 끝에 있는 레스토랑에서 동물의 말을 들은 지구인 아서는 말한다.

"난 자기를 먹어달라고 청하는 짐승을 먹고 싶지 않다고. 냉혹한 짓이야."

그러자 머리가 둘 달린 은하계 대통령 자포드는 대꾸한다.

"먹히고 싶지 않은 짐승을 먹는 것보담 낫지."

마이클 샌델 Michael Sandel의 『정의란 무엇인가』에도 잡아먹히고 싶은 사람 이야기가 나온다. 독일의 어떤 사람이 인터넷에다 잡아먹힐 의향이 있는 사람을 찾는 광고를 올렸는데, 그 제안에 응한 사람이 나타났다고 한다. 그런 제안을 한 사람이나 제안에 응한 사람이나 시쳇말로 '또라이' 같은 사람들이다. 샌델은 잡아먹은 사람을 처벌하면 그것은 자유권을 침해하는 것 아니냐는 논의를 이끌어내려고 이 사례를 소개한다. 결국 다른 사람을 잡아먹은 사람은 종신형을 선고받았는데, 공장식 농장이 비인간적이라는 이유로 교도소에서 채식주의자가 되었다고 한다. 샌델은 이런 아이러니해 보이는 결말을 '기이하다'고 말하지만, 그 살인자는 나름 일관적인 것처럼 보인다. 사람이든 동물이든 잡아먹히고 싶은 존재만 먹으니 말이다.

동물이 공포를 느낄 때

우리는 상대가 꺼림칙해 하는 것을 권할 때 조금 불량스런 말투로 "누가 잡아먹냐?"라고 말하곤 한다. 이렇듯 잡아먹힌다는 것은 피하고 싶고 공포스러운 일이다. 옛날 중국에서 어떤 사람이 돼지를 나무상자에 넣어서 길렀는데, 나무상자에는 사방에 구멍이 뚫려 있었다고 한다. 돼지가 자라서 그 구멍으로 살이 삐져나오면 잘라 먹기 위해서였다고 한다. 돼지를 죽이지 않고 오래도록 먹기 위해서 그렇게 길렀다는 건데, 이 엽기적인 이야기는 어디까지나 설화에나 나오는 이야기이다. 우리는 동물을 죽이지 않고는 먹을 수가 없다. (아프리카의 마사이 족은 살아있는 소의 목 핏줄에서 피만 뽑아먹는다고 하는데, 그들이 먹는 것은 고기가 아니라 피다.) 그러므로 잡아먹히고 싶지 않다는 것은 정확히 말하면 죽음을 피하고 싶다는 뜻이다.

죽음에 대한 공포는 사람과 동물이 많이 다르다. 사람들이 죽음을 두려워하고 피하고 싶어 하는 중요한 이유는 죽는 순간이 고통스럽기 때문일 것이다. 그러나 그것만이 이유는 아니다. 사람들에게 한번 물어보자. 죽음의 순간에 전혀 고통을 느끼지 못한다면 죽어도 되지 않겠느냐고. 원래 자살을 계획했던 사람이 아니라면 누구라도 거절할 것이다. 죽음이란 우리의 삶을 송두리째 빼앗아 가고, 우리가 세운 미래의 모든 계획을 수포로 만들며, 사랑하는 사람들과 헤어지게 만드는 사건이기 때문이다. 그러나 동물에게는 이런 공포가 아예 없거나 아주 소수의 동물에게만 있다. 소의 경우 어린 송아지를 떼어놓으면 어미와 새끼가 다 같이 울고 스트레스를 받는다. 영장류와 같은 고등동물도 가족들과 헤어지는 슬픔을 느낀다. 이런 동물들이라면 반드시 죽음이 아니더라도 가족들과 헤어지는 고통이 죽음과 비슷한 공포를 안겨준다. 하지만 대부분의 동물들은 미래에 대한 개념이 없다. 다람쥐는 앞날을 위해 도토리를 자신만의 장소에 모아두는데, 죽음을 두려워하는 이유가 그 도토리를 못 먹게 된다는 안타까움 때문은 아니다. 그러므로 미래의 계획을 빼앗기는 것이 대부분의 동물들에게 죽음을 두려워하는 이유가 되지는 못한다.

또 인간은 당사자가 죽지 않더라도 주변 사람들이 죽는 것을 보면 내게도 죽음이 닥칠까봐 두려워 공포에 빠진다. 그러나 고등동물이 아니면 그런 죽음의 예감은 잘 느끼지 못한다. 주변에 함께 놀던 동물들이 사라졌다고 해서 공포에 휩싸이지는 않는다. 반면, 소나 돼지는 도살장에 끌려 들어갈 때 이미 죽음을 예감하고 끌려 들어가지 않으려고 한다. 허영만 화백의 만화 『식객』을 영화로 만든 것을 보면, 소가 도살장에 들어가기 전에 뒤를 돌아보며 눈물을 흘리는 장면이 나온다. 어떤 도살장에서는 가축이 죽음을 미리 알지 못하도록 도살장 입구를 지그재그로 만들어 어디로 끌려 들어가는지 모르게 하기도 한다.

한편, 사람에게는 죽음을 두려워할 이유가 되지 못하는데 동물에게는 두려워할 이유가 되는 경우도 있다. 가령 사람들은 위급상황에서 나를 도우려 하는 사람으로 확신이 되면 안심을 하지만, 동물들은 자기를 구하려고 하는데도 그것을 알지 못하고 여전히 두려움에 떤다. 이런 예외적인 경우를 빼면, 대부분의 동물들이 죽음을 피하고 싶어 하는 가장 큰 이유는 죽는 순간의 고통 때문이다.

도살장, 지옥보다 더한 곳

동물을 도살할 때 고통을 없앨 수 있는 방법은 없다. 전통적인 방식의 도축은 그 방법대로, 또 대규모 방식의 도축은 그 방법대로 동물에게 고통을 준다. 옛날에는 소나 돼지를 백정이 잡았다. 소를 잡을 때는 망치로 두 눈썹 사이의 급소를 단 한 방에 쳐서 기절시킨 다음 목을 땄다. 소는 농경문화에서 중요한 노동력이었기에 함부로 잡지도 않았고, 잡을 때도 신성하게 다루었던 것 같다. 그러나 그 큰 소가 단숨에 죽었을 것 같지는 않다. 돼지에게는 그렇게 기절시키는 배려도 하지 않은 것 같다. '돼지 멱따는 소리'라는 말이 있을 정도이니 말이다. 시골 마을에서 돼지 잡는 날은 돼지 멱을 딸 때 내는 소리가 온 동네를 꽉 채웠다고 한다. 죽음의 고통이 그만큼 크다는 얘기다. 이 돼지 멱따는 소리를 어릴 적 고향의 추억거리로 생각하는 사람도 가끔 있다.

가축 중 덩치가 가장 작은 닭은 목을 홱 비틀어서 죽였다. 내가 어릴 때만 해도 닭을 산다는 것은 살아있는 닭을 사는 것이었고, 동네에서 닭을 죽일 줄 아는 사람, 그러니까 닭 모가지를 잘 비틀 줄 아는 사람을 찾아가서 죽인 다음에 뜨거운 물에 삶아 털을 뽑고 요리를 해 먹었다. 외할머니가 동네 아저씨에게 "닭 잡을 줄 아세요?"라고 묻던 기억이 난다. 서툰 사람을 만나면 닭은 죽음의 고통을 배로 느낄 수밖에 없었다. 나중에 시장의 닭집(치킨집이 아니라 닭 잡아 주는 집)에 닭털 뽑는 기계가 들어왔는데, 원통형으로 생긴 기계에 닭을 집어넣으면 기계가 획획 돌면서 신기하게도 닭털을 다 뽑아주었다. 그러나 살아있는 닭을 기계에 넣는 잔인한 짓은 하지 않았던 것 같다. 목이 잘린 채로 도망 다니는 일이 벌어지지 않도록 먼저 닭의 머리와 목이 이어지는 부분의 소뇌를 칼로 찔러 운동신경을 죽이고, 그 다음에 빨간 고무대야('다라이'라고 부르는)에 담아서 피가 완전히 빠질 때까지 두었다. 이를테면 과다 출혈로 죽게 하는 것인데 산 채로 기계에 집어넣는 것 못지않게 잔인한 도살 방법이다. 요즘 사람들은 깨끗하게 손질을 해서 슈퍼에 진열해 놓은 닭고기만 본다. 게다가 목까지 붙은 채로 전체를 진열하지도 않고 부위별로 따로 포장해 판다. 그러니 닭 잡는 과정은 볼 일이 없고 그 과정의 잔인함도 알 수가 없다. 맹자는 이런 말을 했다.

"군자는 짐승을 대함에 있어, 그들이 살아있는 것을 보고 나서는 차마 그들이 죽어가는 것을 보지 못하며, 죽으면서 애처롭게 울부짖는 소리를 듣고는 차마 그 고기를 먹지 못합니다. 그래서 군자는 푸줏간을 멀리하는 것입니다."

현대의 도축 시스템은 어쩌면 소비자를 모두 군자로 만들고 있는 것인지도 모른다. 그러나 소비자가 과연 군자로 남을 수 있는지는 조금 있다 살펴볼 것이다.

개를 잡는 방법은 가장 잔인하다. 과거에는 "복날 개 패듯이 팬다."라는 말이 있을 정도로 잔인하게 개를 때려서 죽였다. 그렇게 때려죽여야 개고기가 부드러워진다는 속설 때문이다. 나는 개 잡는 장면은 직접 본 적이 없지만, 어릴 적 여름에 시골마을에서 친척들과 동네사람들이 개를 데리고 숲으로 들어가는 광경을 본 적이 있다. 물론 나올 때는 고기로 나왔다. 그 기억이 남아있는 것을 보니 약간 충격을 받았던 것도 같은데, 그래도 그날 개장국(보신탕의 다른 이름)을 먹기는 했던 것 같다.

가축을 도축하는 광경은 혐오스럽기도 하고 인도적인 논란도 많기 때문에 도축장들은 도축 현장을 일반인들에게 공개하기를 몹시 꺼린다. 허영만 화백의 『식객』 3권에도 도축장 장면이 나오는데, 대통령이 와도 안 보여 준다는 도축장에 허 화백은 허락을 받고 취재했다고 한다. 나 같은 사람이 도축장의 현실을 알기 위해서는 동물보호 운동가인 게일 A. 아이스니츠Gail A. Eisnitz가 쓴 『도살장』 같은 책에 의존할 수밖에 없다. 아이스니츠는 도축장에서 일하는 노동자의 편지를 받고 그들을 인터뷰하러 갔다가 결국에는 도축장까지 잠입하여 책을 쓰게 되었다.

'도살'과 '도축'은 거의 같은 뜻이지만 도살이 훨씬 잔인하게 들린다. 실제로 도살은 사람이나 짐승을 참혹하게 마구 죽인다는 뜻의 '도륙'과도 동일한 말로 쓴다. 아이스니츠의 책 제목도 그래서 『도축장』보다는 『도살장』이라고 해야 의미가 산다. 도축장에서 동물들을 얼마나 잔인하게 다루고 있는지를 고발하는 책이기 때문이다. 대규모 방식의 도축에서 소나 돼지는 전기 총으로 쏘아서 기절시키고 닭은 전기가 흐르는 물에 빠뜨려 기절시킨다. 소 도축의 경우를 더 자세하게 말해 보면, 우선 소의 두개골에 강철못을 순간적으로 발사했다가 뺀다. 그렇게 해서 소가 기절하면 뒷다리에 쇠사슬을 감아 거꾸로 매달아 놓고서, 목덜미의 경동맥과 경정맥을 잘라서 몸속의 피가 모두 빠져나오게 한다. 그러고 나서 가죽을 벗기고 창자를 빼낸 다음 몸통을 자른다. 몸통에서 소의 뼈를 발라내고 부위별로 분류하는 작업을 '정형整形'이라 부른다는 것은 『식객』 덕분에 널리 알려졌다. 『도살장』에는 이런 전 과정이 그림으로 그려져 있다. 사진으로 찍을 수가 없었기 때문이다. 궁금하다면 동물보호단체가 나중에 몰래카메라로 찍은 화면을 인터넷에서 찾아볼 수 있다.

지금까지 말한 도살 과정은 어디까지나 이상적으로 이루어졌을 때의 이야기다. 실제로는 그렇지 않다는 데 문제가 있다. 『도살장』의 내부 고발자들에 따르면, 그 기절이라는 것부터 제대로 이루어지지 않는다고 한다. 기절을 시키는 노동자에게 가장 중요한 미

도살당할 동물들이 지켜보는 가운데 태연히 도살이 시행될 정도로 도축장에는 윤리적 배려가 없다.

덕은 얼마나 잘 기절을 시키느냐가 아니라 얼마나 많이 기절을 시키느냐이다. 인건비를 아끼려고 한 사람에게 짧은 시간에 수많은 동물을 처리하도록 시키는데, 이 때문에 제대로 기절도 안했는데 의식이 붙어있는 채로 가죽을 벗기고 몸뚱어리를 절단하는 일이 비일비재하게 일어난다는 것이다. 특히 소의 내장을 제거하는 작업에는 숙련된 솜씨가 필요하다. 그런데 도축 작업은 대체로 갓 이민 온 비정규직 노동자에 의해 이루어지기 때문에 내장이 터져서 소고기가 세균에 오염되는 일도 많이 생긴다고 한다.

돼지의 경우에는 전기충격 장치로 충격을 가한 다음 쇠사슬에 묶어 끌어올린다. 그런 다음 목을 잘라 피를 뽑고 나서 뜨거운 물에 담그는데, 피를 쏟으면서도 계속 살아있는 돼지가 있고, 끓는 물이 가득 찬 탱크에 산 채로 삶아지는 돼지도 있다고 한다. 끔찍한 일이다. 닭은 전기가 충전된 물속에 머리를 담가 마비시킨 다음에 목을 자르고 끓는 물에 빠트린다. 그런데 피터 싱어와 짐 메이슨의 『죽음의 밥상』을 보면, 닭 도살 라인이 분당 90마리를 죽이게끔 되어 있다 보니 닭 세 마리 중 한 마리는 산 채로 끓는 물에 빠진다고 증언하고 있다. 노동자들 입장에서는 동물을 배려하고 싶어도 할 수 없는 구조인 것이다. 미국에서는 이런 닭 도살장을 '닭 공장'이라고 부른다. 닭 공장은 3D 업종 중에서도 근무환경이 너무나 열악하다 보니 노동자들을 구하기 힘들어 영주권 취득을 조건으로 이민자들을 많이 쓴다고 한다. 우리나라에서 이민을 간 중산층들도 영주권을 위해 닭 공장에 많이 취업을 하는데, 그 과정에서 사기를 당했다는 보도도 나오곤 한다.

또한 도축장에서는 동물들을 의도적으로 완벽하게 죽이지 않는다고도 한다. 피가 남아있으면 고기를 오래 보관할 수가 없는데, 동물이 완전히 죽어버리면 심장이 뛰지 않아 피가 충분히 빠질 수 없기 때문이란다. 그래서 일부러 기절을 덜 시키는 경우가 많다고 한다. 그러나 아이스니츠에 따르면 이런 논리는 완전히 '신화'라고 한다. 아무런 근거도 없는 이야기라는 소리다. 그럼에도 이런 신화를 믿은 나머지 닭을 기절시키는 데 필요한 전류량의 10분의 1로 전류 세기를 낮춘다.

소설가 조너선 사프란 포어Jonathan Safran Foer는 논픽션 저서 『동물을 먹는다는 것에 대하여』에서 템플 그랜딘Temple Grandin(자폐증을 극복한 감동실화 영화 「템플 그랜딘」의 주인공)이 도축장을 감사한 결과보고서를 인용한다. 그 보고서에 따르면 소 도축장 네 곳 중 한 곳은 첫 번째 타격으로 소의 의식을 제대로 없애지 못한다고 한다. 잡아먹으려고 털을 다 뽑아놓은 닭이나 목이 잘린 닭이 도망가는 모습은 만화에서나 보는 장면으로 우리는 알고 있다. 그런 모습을 실제로 보는 것만으로도 치가 떨릴 텐데, 하물며 닭과는 비교할 수 없을 만큼 큰 동물인 소가 의식을 가진 채로 또는 의식이 깨어난 채로 껍질이 벗겨지고 몸뚱어리가 부위별로 잘리는 광경은 상상만 해도 끔찍하다. 아이스니츠의 『도살장』에서는 그밖에도 노동자들이 이 참혹한 환경에서 얼마나 정신적, 육체적 스트레스를 받는지를 인터뷰로 보여주고 있다. 가학증 정신병자가 아닌 이상 그런 잔인함을 즐길 사람이 어디 있겠는가? 게다가 아직 의식이 있는 소들의 발길질에 노동자가 걷어차이기도 하고, 떨어지는 소에게 깔리는 일도 많다고 한다.

『도살장』은 핏물, 배설물, 소 부산물로 뒤범벅된 도축장의 비위생적 환경을 고발하고 있다. 심지어 노동자들이 작업장 안에서 용변을 보기도 한다! 이런 비위생적인 도축장 환경과 열악한 노동조건은 일찍이 1906년에 나온 업턴 싱클레어Upton Sinclair의 소설 『정글』을 통해 폭로된 바 있다. 이 소설은 연방 식육검사법을 만드는 계기가 되었는데, 그로부터 100년이 지났음에도 같은 일이 반복되고 있다. 우리가 먹는 소고기가 이렇게 비위생적인 식품이라는 사실이 곧 윤리적 채식주의자가 되어야 할 직접적인 이유인 것은 아니다. 그것은 소비자들을 속이는 차원의 문제이지 동물에게 고통을 주는 것과는 다른 문제이기 때문이다. 그러나 고기를 먹지 말아야 할 추가적인 이유, 어쩌면 더 중요한 이유일지도 모른다.

고기를 찍어내는 공장들

동물이 느끼는 고통 중 가장 큰 고통은 죽음의 순간에 겪는 고통이라고 했다. 그러나 거꾸로 생각해볼 수도 있다. 동물들은 자연 상태에서도 잔인하게 죽는 일이 많다. 「동물의 왕국」 같은 동물 다큐멘터리를 보면 사자나 호랑이 등의 맹수가 초식 동물들을 잔인하게 잡아먹는 장면을 쉽게 볼 수 있다. 그렇다면 인간이 동물을 죽일 때 최대한 고통을 줄여준다면, 자연 상태에서 잔인하게 죽는 것보다 낫지 않을까? 그러나 반드시 그렇지는 않다. 어차피 동물들끼리도 잔인하게 죽는 고통을 주고 있으니 인간이 그보다 약한 고통을 주면서 죽이는 것이 낫지 않느냐는 질문은 앞 장에서 이미 대답이 되었다. 즉 인간과 동물은 능력이 다르고, 따라서 윤리적 의무도 다르다는 말로 충분히 대답이 된다. 더 중요한 문제점은 다음에 있다. 인간이 식용으로 먹는 소, 돼지, 닭은 자연 상태의 동물들처럼 죽을 때만 고통을 받는 것이 아니라, 사육 당할 때도 고통을 받는다는 사실이다. 그것도 엄청나게 큰 고통을.

수많은 동물들 가운데 인간이 먹는 동물이 몇 가지 안 되는 이유는 사육을 할 수 있는 동물이 많지 않기 때문이다. 재레드 다이아몬드Jared Diamond의 『총, 균, 쇠』에 따르면, 인간이 가축으로 키운 대형 젖먹이동물은 14종밖에 없다고 한다. 그는 야생 동물의 가축화가 문명의 차이를 낳았다는 주장을 하기 위해서 이런 사실을 근거로 들고 있다. 유라시아 대륙은 이 가운데 소, 개, 양, 말, 돼지, 낙타 등 13종을 가축화했는데, 신대륙은 유일하게 라마만을 가축화했고 아프리카는 전혀 가축화하지 못했다고 한다. 가축은 인간에게 고기를 줄 뿐만 아니라 전염병에 대한 면역력도 주기 때문에 문명의 차이가 생겼다는 것이 다이아몬드의 주장이다. (물론 가축은 전염병에 대한 면역력뿐만 아니라 전염병 자체도 준다. 7장에서 설명한다.) 가축의 사전적 의미는 '집에서 기르는 동물'이지만 법적인 정의는 다양하다. 우리나라의 「축산법」은 가축을 '야생 습성이 순화돼 농가에서 사육이 적합하고 농가 소득증대에 기여하는 동물'로 정의하고 있는데, 소, 돼지, 닭 말고도 사슴, 개, 꿀벌, 오소리, 뉴트리아, 타조, 공작, 지렁이 등이 포함된다. 가축이라고 해서 모두 먹을 수 있는 것은 아니다. 공작이나 지렁이가 포함되어 있지 않은가? 식용을 목적으로 하는 가축은 「축산물위생관리법」에서 정의하고 있는데, 소, 말, 양(염소 등 산양을 포함), 돼지(사육하는 멧돼지를 포함), 닭, 오리, 사슴, 토끼, 칠면조, 거위, 메추리, 꿩이 포함된다. 법적으로는 「축산물위생관리법」에 규정된 가축만 도축하여 유통할 수 있는데, 개는 여기에 포함되지 않는다. 그러니까 개고기 유통은 현행법상 불법이다. (불법이기 때문에 옳지 않다고 말하려는 것이 아니다. 개고기 문제는 나중에 이야기한다.)

야생 동물이 가축이 됨으로써 동물 입장에서는 얻은 것도 있고 잃은 것도 있다. 얻은 것은 천적으로부터 보호를 받는 것이고, 잃은 것은 자유다. 물론 언젠가는 사람에게 잡아먹히겠지만 자연 상태에서 언제 잡아먹힐지 몰라 항상 불안해하는 것보다 나을지 모른다. 불교의 윤회관이 사실이라 가정하고, 내가 죽어서 돼지로 다시 태어날 운명이라고 해보자. 그리고 야생 멧돼지와 집돼지 중 선택할 자유가 있다고 해보자. 어느 쪽을 고를까? 집돼지가 되는 쪽을 선택할지도 모른다. 죽을 때의 고통은 자연 상태에서도 어차피 당하는 일이니 살아있을 때 편히 살 수 있다면 그것만으로도 괜찮은 일 아닌가? 먹이를 찾으러 밤낮 돌아다녀야 하고, 그러다가 맹수에게 잡아먹힐 것을 걱정하기보다는 포동포동 살을 찌우며 맘 편하게 살다가 죽을 때만 눈 딱 감고 조금 고통을 참으면 되지 않는가? 그렇게 보면 사육을 당하는 것도 괜찮은 거래 같다. 그러나 곧바로 선택을 후회할 것이다. 살아있을 때도 결코 고통을 피할 수 없기 때문이다. 바로 공장식 사육 때문이다.

이제 동물의 사육은 대규모 농장에서 기업적으로 이루어진다. 정확히 말하면 농장이 아니라 공장이다. 현대식 축산을 공장식 농장이라 부르는 이유는 대규모로 사육이 이루어지기 때문이기도 하지만, 원자재를 투입하면 생산품을 산출하는 기계처럼 동물이 생산되기 때문이다. 이 공장에서 원자재는 사료이고 생산품은 달걀, 우유 그리고 도살장에 납품되는 살아있는 동물이다. 이 동물은 다시 도살장에서 원자재가 되어 고기라는 생산품으로 제조된다. 동물은 단백질 생산기계이고 고기는 단백질 생산품인 것이다. 철학자 데카르트는 동물은 기계라고 생각했고 그들이 아플 때 내는 소리는 기계가 돌아갈 때 내는 소리나 다름없다고 말했다. '동물 공장'을 경영하면서 양심에서 일말의 가책이라도 느꼈던 사람이라면 데카르트의 주장을 듣고 가슴을 쓸어내릴지도 모른다. 그러나 동물을 소리 내는 기계로 본다면 갓난아이도 그와 다를 바 없다는 것을 우리는 이미 살펴보았다.

'동물을 윤리적으로 대우하는 사람들People for the Ethical Treatment of Animals'이라는 말의 약자인 PETA는 세계에서 가장 유명한 비영리 동물권리 단체이다. 2003년 PETA는 '당신 그릇 위의 홀로코스트holocaust on your plate'라는 포스터들을 전시한 적이 있다. 홀로코스트란 나치의 유대인 대학살을 일컫는 말인데, PETA가 만든 포스터들은 강제수용소에 갇힌 유대인 사진들과 공장식 농장에서 사육되고 도살되는 동물들의 사진을 나란히 비교한 것들이었다. 이 전시회는 폴란드 출신의 노벨문학상 수상 작가 아이작 싱어Isaac Singer의 "동물들에게 모든 사람은 나치다."라는 말을 슬로건으로 내세웠는데, 아이작 싱어는 예전부터 동물 학대와 유대인 학살을 자주 비교한 작가로 잘 알려져 있다. PETA의 잉그리드 뉴커크

아이작 싱어는 유대인 학살이 가장 극심했던 폴란드 출신이자 그 자신이 유대인이기도 하다.

Ingrid Newkirk 회장도 "홀로코스트에서 600만 명의 유대인이 강제 수용소에서 죽임을 당했지만 올해에만 60억 마리의 닭들이 도살장에서 죽임을 당할 것이다."라면서 동물 학대를 대놓고 홀로코스트에 빗대어 말한 바 있다. 이 전시회는 의도와 달리 사회적으로 적지 않은 논란을 일으켰다. 동물들을 어디 감히 유대인과 비교하느냐는 유대인 단체들의 감정적인 반응에서부터 사람들이 동물을 미워하거나 종교적으로 반대하기 때문에 죽이는 것이 아니라는 이성적인 대응까지 다양한 반박이 나왔다. 2006년 PETA는 또다시 동물 학대를 흑인 노예제에 비유하는 포스터를 만들어 논란을 일으켰다. 백인들이 흑인들을 폭행한 후 목을 매단 사진과 사람들이 소를 도살한 후 매단 사진을 나란히 비교한 포스터를 전시한 것이다. 이때의 슬로건은 "동물은 새로운 노예인가?"였는데, 이 전시 역시 흑인들의 분노를 샀다.

"동물들에게 모든 인간은 나치다." 가축 도살을 홀로코스트에 빗댄 PETA의 포스터들.

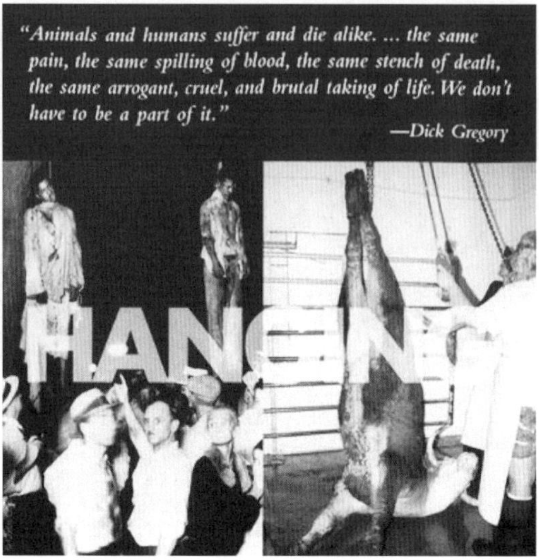

흑인과 동물을 비교한 이 PETA 포스터에는 '목매달기'라는 제목이 붙어 있다.

앞 장에서 우리는 종차별주의의 비윤리성을 인종차별이나 성차별의 비윤리성에 빗대어 논증한 바 있는데, 이 경우에도 똑같은 논란이 일어날 것 같다. 이 논증 역시 동물을 흑인이나 여성에 비유하고 있기 때문이다. 그러나 별다른 논란이 일어나지 않는 것은, 아무래도 말로 하는 논증이 이미지로 만든 포스터보다는 덜 와 닿기 때문일 것이다. PETA 전시회가 뜻하지 않은 논란을 일으키긴 했지만, 반발을 한 유대인들이나 흑인들도 인정하는 바는 있었다. 즉 동물이 고통을 받는다는 사실이다.

전통적인 방법으로 가축을 사육할 때는 그래도 지금의 공장식 사육보다는 훨씬 인도적인 면이 있었다. 예전에 가축을 기를 때는 농가에서 가족들끼리 몇 마리씩 기르는 게 전부였다. 우리 할아버지, 아버지 세대에는 모두가 가족농이었다. 그때는 가축을 마치 자식을 기르듯 길렀고, 정이 많은 어린아이들은 가축에 이름을 붙여 부르기도 했다. 그러나 가축 사육이 대규모 공장식으로 바뀌면서 동물들은 과거와는 비할 바 없는 고통을 받게 되었다. 그것은 소, 돼지, 닭을 막론하고 공통적으로 벌어지고 있는 현실이다. 그렇다면 동물들은 과거에 비해 어떤 고통에 시달리고 있을까?

6장

지옥에 갇힌 동물들

소들의 지옥

다큐멘터리 영화「워낭소리」(2008)를 기억할 것이다. 할아버지는 농사일 때문에 하는 수 없이 늙은 소에게 일을 시키기는 하지만, 할머니에게 갖은 핀잔을 들어가면서도 마치 식구처럼, 아니 식구보다 더한 마음으로 소를 대한다. 소가 더 늙었는지 할아버지가 더 늙었는지 가늠이 안 될 만큼 함께 늙어가며 평생을 지내는 모습이 보는 이를 뭉클하게 만들었다.

정도는 다르지만 예전에는 다들 그랬던 것 같다. 소는 한 집에 겨우 한 마리쯤 키울 수 있었기에 집안의 재산으로 대접 받았고「워낭소리」만큼이나 정성어린 손길을 받았다. 소 우리도 집안에 두었다. 소가 먹는 풀을 '꼴'이라고 부르는데, 소를 들판에 데리고 나와 꼴을 먹이고 또 가마솥에 꼴을 넣어 정성껏 쇠죽을 끓여 먹이기도 했다. 풀이 귀한 겨울에는 짚을 작두로 잘라 쇠죽을 만들어 먹였다. 가끔 벼를 도정한 뒤에 나온 등겨를 섞어 끓이면 소에게는 별미가 되었다. 바쁜 농사일 때문에 꼴 베고 쇠죽 끓이는 일은 주로 집안의 아이들 차지였다. 어릴 때 시골 큰집에 가면 큰아버지가 사촌형들에게 “꼴 베어 와라!”, “쇠죽 끓여라!” 하시는 말을 자주 들을 수 있었다. 사촌형들이 큰 가마솥에 쇠죽 끓이는 것을 부뚜막 옆에 앉아 구경하던 기억이 난다.

그러나 농가의 소가 늘 저 푸른 초원 위에서 자유롭게 꼴만 뜯어먹으며 산 것은 아니었다. 힘든 농사일을 해야 했기 때문이다. 논밭을 갈고 수레를 끄는 데는 늘 소가 이용되었다. 게다가 몇 백 킬로그램이나 되는 소에게 일을 시키고 말을 잘 듣게 하기 위해서는 코뚜레를 뀔 수밖에 없었다. 그러니까 두 콧구멍 사이의 얇은 막을 뚫어서 코뚜레를 꿰고 거기에 고삐를 매어 잡아당겨서 말을 듣게 하는 방식이었다. 소는 코가 아파서라도 주인이 시키는 대로 할 수밖에 없다. 나도 어릴 적에 시골에서 소의 코청을 뚫어 코뚜레를 꿰는 광경을 본 적이 있다. 그게 얼마나 아팠던지 소는 그만 똥을 싸고 말았다. 우리도 아주 힘들 때 ‘피똥 싼다’라는 표현을 쓰는데, 코청이 뚫리는 소에게 딱 맞는 표현이겠다. 코청을 뚫을 때만이 아니다. 코뚜레를 하고 나서도 고삐를 잡아당길 때마다 연한 콧속 살이 얼마나 아플까? 내 코에 피어싱을 했는데 누군가가 주기적으로 잡아당긴다고 생각해 보자. 이 고삐가 얼마나 중요했는지 ‘고삐가 풀리다’, ‘고삐를 늦추다’, ‘고삐를 조이다’ 같은 관용어가 많은 것만 봐도 알 수 있다. 그러나 우리는 이런 말을 일상적으로 쓰면서도 고삐를 잡아당기면 얼마나 아플지 생각해본 적이 없다. 그러나 이처럼 코뚜레를 꿰는 일도 이제는 거의 사라지고 없다. 잔인하다는 것을 깨달아서가 아니라 소에게 더 이상 일을 시킬 필요가 없어서이다. 농사일은 이제 농기계가 한다.

농사일과 고삐에서 해방되었으니 이제 소가 행복해졌을까? 그렇지 않다는 것은 누구나 안다. 하지만 닭이나 돼지에 비해서 소는 그나마 공장식 사육의 고통이 덜한 편이다. 아마 닭이나 돼지는 '단가'가 낮으므로 공장식으로 사육하다가 몇 마리쯤 죽어도 상관없지만, 상대적으로 비싼 소는 그럴 수 없기 때문일 것이다. 실제로 소는 사람처럼 임신 기간과 성장 기간이 길어서 공장식 사육을 하는데 적합하지가 않다. 니콜렛 한 니먼Nicolette Hahn Niman도 『돼지가 사는 공장』에서 소는 상대적으로 행복하게 사육된다고 주장한다. 공장식 축산업의 문제를 지적하는 이 책에서 그는 이렇게 말하고 있다.

"미국 소의 대부분이 윤리적으로 크게 문제가 되지 않는 방식으로 사육되고 있다는 사실을 알 수 있었다. 소 사육은 전반적으로 수천 년간 인간이 소를 키워 온 방식에서 크게 벗어나 있지 않았다."

니먼은 닭이나 돼지의 공장식 사육 방식에 대해서는 상당히 비판적인 시각을 보이지만, 소의 사육에 대해서는 관대할 뿐만 아니라 오히려 제레미 리프킨Jeremy Rifkin의 『육식의 종말』이나 마이클 폴란Michael Pollan의 『잡식 동물의 딜레마』와 같은 베스트셀러 때문에 부정적인 인식이 생겼다고까지 말한다. 니먼 스스로는 채식주의자지만 남편은 소목장을 경영하고 있기 때문에 그런 주장을 한다고 말하면 부당한 인신공격일까? (정확한 논리학 용어로는 '우물에 독 풀기 논증'이라고 한다.) 리프킨이나 폴란 입장에서 변명하자면, 아마도 서양 사람들이 가장 좋아하는 고기가 소고기이므로 그들도 의도적으로 소고기에 대해 비판을 집중한 것일 수 있다. 어쨌든 니먼은 "식용 소는 일반적으로 좋은 환경에서 자라며 소고기는 육류 중에서 가장 인도적으로 생산되는 고기"라고 주장한다. 그의 말이 맞는다면 채식을 처음 실천할 때 고기를 끊는 순서를 바꾸어야 할 것이다. 나 역시 그랬지만 사람들이 채식을 처음 시도할 때는 먼저 소고기와 돼지고기를 안 먹다가 결국 닭고기까지 끊게 된다. 그러나 니먼이 맞는다면, 닭고기와 돼지고기는 안 먹고 소고기만 먹는 게 나을지도 모른다. 나아가 달걀을 먹는 것보다 소고기를 먹는 게 더 윤리적일지도 모른다. 닭이 얼마나 고통스러운 환경에서 달걀을 낳는지 안다면 말이다.

그러나 이것은 어디까지나 풀밭에서 방목하는 소에 해당하는 이야기이다. 풀밭이 아니라 커다란 사육시설에서 옥수수와 같은 곡물 사료를 먹여 가며 대량으로 사육되는 소에는 해당하지 않는다. 우리나라도 예전에 소를 한두 마리씩만 키울 때는 들에서 꼴을 먹이곤 했지만(이것도 명실상부한 방목은 아니다), 지금은 웬만한 축산농가도 수십 마리의 소를 키울뿐더러 풀밭이 없으니 사육장 밖으로 데리고 나가지도 않는다. 미국은 우리가 고등학교 지리 시간에 배운 프레리prairie 같은 넓은 초지가 있으니 방목을 하긴 한다.

그러나 송아지 때 잠시뿐이다. 6개월에서 12개월 정도 지나면 사육장으로 옮겨서 사료를 먹이는데, 그 사료는 풀이 아니라 옥수수를 주성분으로 만든 것이다. 이 사육장을 영어로 피드로트feedlot라 부르는데, 살을 찌우는 사육장이란 뜻으로 우리말로는 '비육장肥肉場'이라고 한다. 그러니까 드넓은 초지가 있는데도 사육장에서 소를 키우는 것은 순전히 살을 찌우기 위해서인 것이다. 다만 송아지 때 방목을 하는 이유는 송아지가 아직 옥수수 사료를 소화시키지 못하기 때문이다.

소를 사육장에서 기르는 까닭은 살만 찌우려는 것이 아니라 질 높은 고기를 생산하려는 이유도 있다. 계속해서 돌아다니며 풀을 뜯어먹는 소는 지방이 적어 고기가 퍽퍽하고 야생 동물들에게서 나는 노린내도 난다. 반면에 곡물을 먹여 키운 소는 근육 사이에 지방이 적당히 섞여 고기가 훨씬 부드럽고 고소해지며 육즙도 풍부해진다. 이런 소고기를 '마블링이 좋다'고 하는데 전문용어로는 '근내 지방도'가 높다고 한다. 우리가 꽃등심 또는 눈꽃등심이라고 해서 최상급으로 치는 소고기가 바로 이것이다. (최상급 소고기의 정확한 용어는 한우는 1++ 등급, 미국산은 프라임 등급으로 부른다.) 그래서 방목을 한 소도 도축을 할 때는 미리 사육장에서 살을 찌운다. 호주의 소들이 이런 경우인데, 호주는 거의 방목으로 소를 기르지만 수출용일 때는 마블링을 좋아하는 우리나라나 일본 사람들 입맛에 맞추어 사육장에서 더 오래 지내게 한다(『죽음의 밥상』 참고). 또 방목을 하면 풀이 잘 자라지 않는 겨울철에는 건초로 키워야 하므로 고기 상태를 최상으로 유지할 수가 없지만, 곡물을 먹여 키우면 계절에 상관없이 최상의 소고기를 공급할 수 있다. 한우는 원래 농사 목적으로 키웠기에 살이 그렇게 많이 찌지 않았는데 식용으로 사육하기 시작하면서, 특히 곡물 사료를 먹이기 시작하면서 엄청나게 비대해졌다. 1974년에 18개월령 한우의 평균 체중은 289.6킬로그램이었는데, 2004년에는 무려 542.2킬로그램으로 늘었다(박상표, 『가축이 행복해야 인간이 건강하다』).

우리나라에서는 풀이나 짚과 같은 먹이를 조사료라 하고, 옥수수나 보리, 콩과 같은 사료는 농후 사료라고 부른다. 여기서 '조粗'는 거칠다는 뜻인데, 조사료는 농후 사료에 비해 지방, 단백질, 전분 따위의 함유량이 적다. 예전에도 소에게 등겨나 콩깻묵과 같은 농후 사료를 주지 않은 것은 아니나, 주식이 아닌 별식으로 주곤 했다. 그런데 최근에 와서 좋은 고기를 찾는 수요가 점점 늘면서 일찍부터 사육장에서 곡물 사료로 소를 키우는 경우가 늘고 있다.

SBS가 2010년에 제작한 다큐멘터리 「SBS 스페셜: 옥수수의 습격」 편은 나중에 책으로도 나왔는데, 소꼴의 종류가 아주 자세히 나온다. 연출을 한 유진규 PD가 소꼴에 대해 잘 알고 있기 때문인데, 꼴에도 여러 종류가 있다고 한다. 논두렁에서 베면 두렁꼴, 강가에서 베면 갈꼴, 산에서 베면 산꼴이라고 한단다. 이런 꼴들을 먹이려고 하는 소 농가도 없지만 먹이려고 해도 먹일 수가 없다고 한다. 두렁꼴은 농약 때문에 먹일 수 없고, 산에서는 무성해진 나무 때문에 풀이 자라지 않는다. 대신에 농가에서는 옥수수, 정확히 말하면 미국산 산업용 옥수수가 주성분인 사료를 사서 먹인다. 유 PD에 따르면 우리나라에는 아직도 소를 가족처럼 기르던 전통이 남아있어서 미국의 사육장 소보다 섬유질 먹이를 많이 먹인다고 한다. 풀은 이제 구하기 힘드니 볏짚을 먹여야 하는데 쌀농사를 직접 짓지 않는 이상 그것도 구하기가 힘들다. 그래서 중국산 건초더미를 수입해 먹이는데 비싸서 많이 먹이지 못한다고 한다. 마이클 폴란이 『잡식 동물의 딜레마』에서 자세히 설명하고 있듯이, 미국에서 소에게 풀을 먹이지 않고 옥수수를 먹이는 까닭은 과잉 생산되는 옥수수를 사료로 활용하기 위해서다. 폴란은 이것을 '옥수수로 고기 만들기'라고 표현한다.

'옥수수로 고기를 만들고 있는' 소들.

소고기 광고에서는 곡물만을 먹여서 마블링이 좋다는 것을 자랑스럽게 내세운다. 그러나 소가 곡물을 먹는 것이 얼마나 문제가 많은 일인지 안다면 결코 자랑하지 못할 것이다. 사육장에서 사육되는 소는 풀밭에서 마음대로 돌아다니지 못하는 고통뿐 아니라, 옥수수를 먹어서 생기는 질병으로 인해 더 큰 고통을 받는다. 잘 알다시피 소는 위가 네 개인 되새김질(반추) 동물이다. 우리 인간과 달리 소가 풀에 들어 있는 셀룰로오스 성분을 소화할 수 있는 까닭은 되새김질하는 위가 있기 때문이다. 그런데 소의 먹이에 섬유질(풀)보다 전분(옥수수)이 많게 되면 되새김질을 제대로 하지 못하고 위에 가스가 차게 된다. 또 옥수수는 되새김질하는 위를 산성화시켜 소가 속쓰림으로 고통을 받게 하며, 각종 질병에 취약하게 만든다. (옥수수는 소뿐만 아니라 인간에게도 큰 문제를 낳는다. 옥수수 재배가 환경에 끼치는 영향은 다음 장에서 설명한다.)

『죽음의 밥상』에서는 소에게 옥수수를 먹이는 것이 얼마나 해로운지 비유를 들어 설명하는데, 소에게 옥수수만 먹이는 것은 사람에게 사탕만 먹이는 것과 똑같다고 말한다. 적절한 비유가 아닐 수 없다. 아이에게 사탕을 주면 당장은 좋아하겠지만 밥을 안 먹고 이빨도 썩게 되듯이, 소도 옥수수를 잘 먹기는 하지만 결국 큰 탈이 나기 때문이다. 이 문제를 어떻게 해결할까? 사육자들은 근본 원인을 제거하기보다는 사료에 각종 항생제를 첨가하여 문제를 해결하려고 한다. 항생제 소고기를 꺼림칙해 하는 소비자들을 위해 마트는 오히려 '풀 먹인 소'의 고기나 우유라는 것을 강조한 상품을 판다. 예전이라면 그런 표현을 보고 고개를 갸웃했을 것이다. "풀 먹인 소라니, 풀을 먹지 않은 소도 있단 말인가?"라고 말이다. 당연한 게 당연하지 못한 세상이 되었다.

항생제만이 아니다. 소의 성장을 빠르게 하기 위해서 성장 호르몬을 투여하기도 한다. 유럽연합에서는 암을 유발할 수 있다는 이유로 이 호르몬을 금지하고 있는데, 미국산 소고기는 여전히 성장 호르몬을 투여하고 있어 수입이 금지되기도 했다. 1990년대에는 이 문제로 유럽과 미국 사이에 무역 분쟁이 벌어져서 세계무역기구가 미국 쪽의 손을 들어준 일이 있다. 하지만 여전히 유럽이 미국산 소고기를 수입하지 않자 미국은 할 수 없이 유럽연합에 수출하는 소고기에 대해서만 호르몬을 투여하지 않고 따로 사육한다고 한다(김기흥, 『광우병 논쟁』).

영어에서 소고기를 가리키는 낱말은 'beef'인데, 송아지고기를 가리키는 낱말은 'veal'이라고 따로 쓴다. 그 정도로 서양 사람들은 송아지고기를 좋아하는데, 특히 연하고 선홍빛을 띤 송아지고기를 최고로 친다. 그런데 이런 고기는 철분이 부족해서 빈혈에 걸린 송아지에게서 많이 나오는데, 풀을 먹기 시작해서 철분을 많이 섭취하면 고기가 검붉은 색을 띠게 된다. 그래서 축산업자는 송아지가 태어나자마자 어미에게서 떼어 암퇘지를 가두는 스톨 비슷한 우리에 가두어 기른다. 먹이는 대체 우유만 주는데, 어미의 젖이 아니라 가루우유에 각종 첨가물과 항생제를 넣어 만든 우유이다.

어미젖을 주지 않는 이유는 젖을 우유로 팔기 위해서이기도 하고, 대체 우유에 고의적으로 철분이 제거되어 있기 때문이다. 이렇게 해서 송아지가 빈혈에 걸리면 선홍빛의 최고급 송아지고기가 만들어진다. 철분 부족으로 빈혈에 걸린 송아지는 본능적으로 자꾸 무언가를 핥으려 하는데, 특히 철제 기둥이나 자신의 털 또는 배설물을 핥곤 한다. 그러나 사람들은 잔인하게도 이것마저 할 수 없도록 송아지 목에 밧줄을 매어 고개를 돌리지 못하게 한다. 어린 짐승을 어미에게서 떼어놓은 것도 모자라 꼼짝도 할 수 없게 매어두니 그 고통이 얼마나 클까? 빈혈에 걸린 송아지는 오래 살지 못하지만 상관없다. 어차피 송아지 때 도살될 테니.

우리나라에서는 아직 이런 송아지고기를 팔지 않는다. 서양 사람들처럼 송아지고기를 특별히 좋아하지도 않고 어떻게 어린 송아지를 먹을 수 있느냐는 공감이 퍼져 있기 때문이다. 그런데 2012년 1월 소 값이 떨어져 소 사육농가의 피해가 커지자 정부에서 송아지고기를 산업화하여 대대적으로 판매하겠다는 대책을 내놓았다. 세계적으로 고급 음식 대우를 받는다는 친절한 설명까지 곁들여서 말이다. 세계적으로 고급 음식인 동시에 세계적으로 그 잔혹성을 비판받고 있다는 사실은 모르거나 애써 무시하는 모양이다.

고기소(육우)는 그래도 젖소보다 형편이 낫다. 암퇘지가 끊임없이 새끼를 배야 하듯이, 끊임없이 젖을 생산해야 하는 암컷 젖소의 고통은 이루 말할 수 없을 정도이기 때문이다. 요즘 젖소는 젖을 많이 생산하기 위해 인위적으로 개량한 품종이다. 과거 품종보

공장식 농장의 젖소는 단지 젖을 만드는 기계일 뿐이다.

다 우유를 세 배나 많이 생산해 내는 품종으로 젖통이가 아주 크다. 가슴 큰 여자들이 남들의 부러움을 받는다지만 사실은 어깨가 결리고 허리에 무리가 가는 남모르는 고통이 있다고 한다. (여성을 젖소와 비교한다고 분개하는 사람이 있을지 모르는데, 고통을 느낀다는 점에서는 사람이나 동물이나 마찬가지임을 상기했으면 한다.) 개량된 젖소는 땅에 닿을 정도로 크고 무거운 젖통이 때문에 절뚝거리는 증상을 보인다. 더구나 젖소들이 사는 우리는 대부분 콘크리트 바닥으로 되어 있고 거의 운동을 하지 못할 만큼 비좁아서 증상이 더욱 악화될 수밖에 없다. 일이나 계획 따위가 순조롭게 진행되지 못하고 엇나갈 때 우리는 '파행跛行'이라는 말을 쓰는데, 글자 그대로 '절뚝거리며 걷는다'는 뜻이다. 젖소가 걷는 것이 바로 파행이다. 젖은 당연히 새끼를 낳았을 때만 분비되므로 암컷 젖소는 인공수정으로 항상 임신 상태로 지내게 만든다. 우유도 기계로 짜는데 자연 상태에서 새끼에게 주는 양보다 열 배를 더 짜낸다. 결국 젖소들은 젖통이가 세균에 감염되어 쉽게 유선염에 걸리곤 한다. 젖소의 자연수명은 20년이 넘는다고 한다. 그러나 젖을 짜내느라 쇠약할 대로 쇠약해진 젖소는 4~5년밖에 살지 못한다.

동물은 도살과 사육 과정에서만이 아니라 운송 과정에서도 고통을 받는다. 살아있는 동물을 판매하거나 도살하기 위해서는 운송을 해야 하는데, 트럭이나 배에 짐짝처럼 실어서 먹을 것이나 마실 것도 주지 않고 몇 시간씩 이동하는 경우가 대부분이다. 원래 살던 환경에서 격리되는 탓에 공포에 휩싸이기도 하고(설령 더 좋은 환경으로 옮기기 위해서라고 해도 동물은 그것을 이해하지 못한다), 미끄러운 철제 바닥에 제대로 서 있지 못해 고통을 겪는다. 우리나라의 경우에는 땅이 좁아 그리 큰 문제가 되지 않지만, 미국이나 유럽에서는 동물들이 고통을 받는 큰 요인의 하나로 작용하고 있다. 유럽이나 호주에서는 양들도 많이 운송하는데, 남반구에서 북반구까지 배로 운송하는 경우가 많다. 그래서 유럽연합에서는 2007년부터 동물을 운송할 때 8시간을 넘기지 말아야 하고, 그 시간을 넘길 때는 먹이나 잠자리 등의 환경을 엄격하게 갖추어야 한다는 규정을 만들기도 했다.

만화 『식객』의 영화 버전을 보면 주인공 성찬과 경쟁자 오봉주가 최고의 한우를 찾는 경쟁을 벌이는 이야기가 나온다. 처음에는 오봉주가 고른 한우가 성찬의 한우보다 더 높은 등급을 받는데, 만화답게 곧 극적인 반전이 이어진다. 오봉주의 소가 운송 과정에서 스트레스를 받아 근출혈을 일으키는 바람에 결국 성찬이 우승하게 되는 것이다. 실제로 성찬은 운송 과정에서 소를 극진하게 대우하고, 오봉주는 신경질적으로 함부로 대하는 장면이 나온다. 혹시 이 장면을 보고 소를 운송할 때 스트레스를 주지 말아야 하는 이유가 질 좋은 고기를 위해서라고 생각한다면 씁쓸하다. 만일 소가 스트레스를 받아야 좋은 고기가 나온다면, 그렇게 해도 된다고 보는 생각이기 때문이다. 빈혈 걸린 송아지가 바로 그런 경우 아니던가? 소가 고통을 느끼든 말든 사람들에게는 좋은 고기를 얻을 수 있느냐가 가장 중요한 기준이다. 그러나 동물을 윤리적으로 대우하자는 주장은, 그것을 통해 우리가 어떤 좋은 이득을 얻을 수 있기 때문이 아니다. 그것은 전적으로 동물이 고통을 느끼느냐 아니냐의 문제이다.

돼지들의 지옥

돼지는 옛날에도 고통스럽게 사육되었고, 요즘에는 더더욱 고통스럽게 사육되고 있다. 농사일을 하거나 코뚜레를 꿰었다는 점에서 소는 오늘날보다 과거에 더 고통을 받았던 측면이 있다. 돼지는 농사일도 코뚜레도 없었으니 소보다 나았을 거라 생각할 수 있지만 소보다 더 '짐승처럼' 다루어진 면이 있다. 우선 돼지의 선천적인 습성을 무시하고 키워온 것이 그렇다. 우리는 돼지를 지저분한 동물로 알고 있다. 아주 더럽고 지저분한 곳을 비유적으로 말할 때 '돼지우리'라는 말을 쓰니까. 게다가 게으르고 욕심 많은 사람을 가리킬 때도 돼지와 같다고 말한다. 돼지는 정말 그토록 지저분하고 게으르며 욕심 많은 동물일까?

자연 상태에서는 돼지만큼 깨끗한 동물이 없다. 돼지는 정해진 장소에 똥오줌을 누고 잠자리도 깨끗하게 유지한다. 소나 닭은 아무리 훈련을 시켜도 절대로 정해진 장소에서 똥오줌을 해결하지 못하지만 돼지는 이것만큼은 선천적으로 배워서 태어난다. 돼지우리만 해도 그렇다. 우리가 크면 한 귀퉁이에 똥오줌을 해결할 텐데, 늘 좁은 우리에 가둬서 키우다보니 똥오줌과 섞여서 살 수밖에 없다. 예전 농가에서는 우리에 짚단을 깔아 똥오줌과 섞이면 두엄으로 쓰곤 했다. 그런데 주인이 짚을 자주 갈아 치워주지 않으니 지저분하게 사는 것처럼 보였던 것이다. 즉 돼지가 더러워서가 아니라 사람이 더럽게 키웠을 뿐이다. 다만 돼지는 체질이 워낙 건강해서 그런 환경에서도 병에 잘 안 걸리는 것이 다행이라면 다행이랄까. 나의 어릴 적 기억으로는 소도 엉덩이에 늘 똥 딱지가 덕지덕지 붙어 있곤 했다. 돼지우리처럼 소 외양간도 자주 치우지 않았기 때문이다. 더럽게 키우면 소나 돼지나 더러워지기는 마찬가지다.

소는 그래도 농사일 때문에 자주 외출이라도 할 수 있었다. 그러나 돼지는 평생 동안 바깥 구경을 못하고 돼지우리 안에서 살 수밖에 없었다. 일 시킬 것이 없으니 밖에 데리고 나갈 필요도 없었던 것이다. 햇볕도 안 드는 우리에서 사는 돼지라면 평생 햇볕 쬐는 일은 죽으러 나갈 때가 유일했다. MBC 「시사매거진 2580」이 2011년 동물 복지를 주제로 다뤘을 때 그 꼭지 제목이 "돼지에게 햇빛을"이었던 게 생각난다. 자연 상태에서 돼지는 숲을 돌아다니며 코로 땅을 파는 습관이 있다. 식물의 뿌리나 벌레를 먹기 위해서이기도 하고, 원래 호기심이 많아서 그렇기도 하다. 이런 습성을 가진 채 진화가 되어서인지 돼지는 수평 이상으로는 고개를 들지 못하고 하늘을 올려다보지도 못한다. 그러므로 돼지에게 하늘을 보여줄 필요는 없지만 땅을 파게 해줄 필요는 있다. 하지만 우리 바닥이 흙으로 되어 있지 않은 한 그런 욕구를 충족시키기란 불가능하다. 또한 돼지는 진흙탕이나 물에 몸을 비비는 습성이 있다. 피부에 붙은 기생충을 떼어내기 위해서이기도 하고, 체온을 식히기 위해서이기도 하다. 그러나 우리 속에서는 그럴 수가 없으니 똥오줌에 몸을 비빌 수밖에!

끼니때마다 이를 닦고 매일 샤워를 하는 사람은 이닦기나 샤워를 한 번만 걸러도 답답하고 불쾌할 것이다. 그러나 평생 이닦기나 샤워 한 번 하지 않는 원시 부족이라면 그런 불편함을 전혀 느끼지 않을 것이다. 돼지는 어떠할까? 천성적으로 깨끗하고 활동성이 많은 돼지인 만큼 좁고 지저분한 우리에서 산다면 당연히 큰 고통을 느낄 것이다. 발터 크래머 등이 지은 『상식의 오류 사전 747』을 보면, 동물학자 에드워드 윌슨Edward O. Wilson의 연구를 인용하여 돼지가 영장류와 돌고래, 코끼리에 뒤이어 지능 지수가 높다고 밝히고 있다. 영리한 동물로 알고 있는 개보다도 높다. 어렵게 생각할 것도 없이 「꼬마돼지 베이브」(1995)라는 영화를 보라. 개 대신에 양을 치는 돼지가 나오지 않는가? 영화 속 이야기가 아니라 현실에서도 훈련만 시키면 양치기 일은 돼지에게 일도 아니라고 한다(『죽음의 밥상』). 어렵지 않게 걸어둔 빗장 정도는 쉽게 풀 수 있다. 실제로 이 영화에서 베이브의 주인집 할아버지 역을 맡은 제임스 크롬웰은 돼지들의 똑똑함에 감명을 받아 더 이상 육식을 하지 않기로 결심했다고 한다. 나는 지금 돼지가 영리하므로 지저분한 데서 살면 안 된다는 말을 하려는 것이 아니다. 지능이 높을수록 지루함을 못 참는다. 그러니 좁은 우리에 갇혀 바깥에 나가지도 못하고 평생을 살아야 하는 돼지는 얼마나 지겹겠는가?

수퇘지는 불알을 까이는 고통도 겪어야 한다. 고기를 연하게 하기 위해, 그리고 수퇘지 고기를 구울 때 나는 노린내인 웅취를 없애기 위해 불을 깐다. 요즘은 반려동물에 대해 번식을 막을 목적으로 거세를 많이 하는데, 물론 그에 대한 논란도 많다. 그러나 이런 수술은 마취라도 하지만, 돼지의 거세는 그조차 없이 행한다는 데 문제가 있다. 남자들은 고환을 툭 치기만 해도 엄청나게 아프다는 걸 잘 알 것이다. 그런데 마취도 없이 생살을 찢고 불알을 꺼낸다면, 그 고통이야말로 상상만 해도 아악 소리가 날 지경이다.

그런 돼지도 이제는 대부분 공장식 농장에서 사육된다. 적은 인원으로 많은 돼지를 기를 수 있는 가장 효율적인 방법이기 때문

공장식 축산에서 돼지들은 더 이상 흙을 파고 햇볕을 쬐는 즐거움을 누릴 수 없다.

이다. 미국의 돼지농장, 아니 돼지공장 중에는 십만 마리가 넘는 돼지를 키우는 곳도 있다고 한다. 공장식 농장의 돼지우리는 콘크리트와 강철로 지어진다. 그러니 땅을 파고 흙과 물웅덩이에 몸을 비비는 선천적 습성은 돼지에게 평생 누려볼 수 없는 호사가 되어 버렸다. 공장식 농장에서는 돼지도 옛날처럼 똥구덩이 속에서 뒹굴지 않는다. 현대식 축사는 축사 아래에 똥오줌이 따로 모이게끔 짓기 때문이다. 그렇다고 형편이 좋아진 것은 아니다. 수백 마리가 한데 모여 배설한 똥오줌에서 풍겨나는 유독가스가 돼지의 건강을 심각하게 해치기 때문이다. 사람이 그렇듯 돼지도 신선한 공기를 쐬고 햇볕을 쬐며 운동을 해야 건강을 유지할 수 있다. 옛날식 돼지우리에서도 햇볕을 쬐기는 어려웠지만 신선한 공기는 통했고 조금이나마 돌아다니는 것도 가능했다. 시골집 돼지우리가 꽉 막힌 공간은 아니었고, 기르는 마릿수도 많지 않았으니까. 워낙 건강 체질인 돼지는 그 정도라면 아프지 않고 잘 자랄 수 있었다. 그러나 지금은 환기도 되지 않는 공간에 수백 마리 돼지가 빽빽하게 들어차 유독가스를 마시며 살다보니 각종 질병이 만연하게 되었다. 특히 돼지는 콧속에 털이 나지 않아 폐질환에 잘 걸린다. 그러나 이런 상황에서도 농장주는 환경 개선보다는 몇 마리쯤 죽게 두는 것이 비용 대비 손해가 적다고 생각한다. 또 사료에 항생제를 넣는 방법도 있다.

우리나라는 사람들에게도 항생제를 많이 처방해서 문제인데 동물들에게도 마찬가지로 많이 먹이는 모양이다. KBS「환경 스페셜」은 2007년 동물 공장의 문제를 다루면서 돼지 편을 방송한 적이 있다. 프로그램에서는 한국동물복지협회와 참여연대의 조사를 인용해서 우리나라의 육류 1톤당 항생제 사용량이 스웨덴의 24배, 노르웨이의 18배, 미국의 3배에 이른다고 고발했다. 이렇게 항생제 범벅이 된 고기를 먹는 것이 인간에게 해로운 것은 말할 필요도 없고, 또한 항생제를 그토록 많이 써야만 하는 환경이 돼지에게 얼마나 고통을 주는지도 생각해 보아야 한다. 아마 인간에게 해롭지 않았다면 그런 환경에 관심조차 안 가졌을지 모른다. 이런 열악한 환경에서 자라다 보니 쓰러져 죽는 비율인 폐사율이 높게 된다.

통계청의 가축동향 조사를 보면 2009년의 돼지 폐사율은 11.4퍼센트였다. 특히 새끼돼지들의 폐사율이 월등히 높은데, 대한양돈협회 자료에 따르면 그 비율이 24.7퍼센트로 유럽 국가들(이탈리아 15퍼센트, 영국 16.5퍼센트, 네덜란드 17.2퍼센트)에 비해 얼마나 높은지 알 수 있다.

열악하고 밀집된 공간에서 자라다 보니 돼지도 스트레스를 받아 서로를 공격하는 일이 많다. 동료 돼지의 꼬리를 물다가 등짝까지 물어뜯고, 죽은 다음에도 계속 파먹는다. 스트레스라기보다는 광기라고 하는 게 더 정확한 표현일 것이다. 그토록 똑똑하다는 돼지가 미치지 않고서야 다른 돼지를 물어뜯고 먹기까지 하겠는가? 스트레스가 없는 자연 상태에서는 다른 돼지의 꼬리를 물 일도 없지만 물려도 저항을 할 것이다. 그러나 돼지들은 생을 포기한 듯 무기력하게 물어뜯으라고 내버려 둔다. 이런 일을 막으려면 스트레스를 주는 환경을 먼저 바꿔야 할 텐데, 더 심한 처방을 동원한다. 즉 돼지가 태어나자마자 생니 8개를 뽑고 꼬리를 잘라버리는 것이다. 철사를 끊을 때 쓰는 펜치로 마취도 하지 않고 생니를 뽑고 꼬리도 자른다. 더 잔인한 것은 꼬리를 몽땅 자르지 않고 밑동만 남겨둔다는 점이다. 마이클 폴란의 『잡식동물의 딜레마』에 보면 그 이유가 나온다. 꼬리의 밑동을 물리면 너무나 고통스럽기 때문에 돼지로 하여금 물어뜯기지 않도록 도망가게 할 수 있다는 것이다. 꼬리를 물려도 가만히 있을 만큼 무기력해지고 의기소침해진 돼지들이 참지 못하고 저항할 정도라면, 그 밑동을 물리는 고통이 얼마나 크겠는가? 돼지에게 공간만이라도 조금 더 넓게 제공한다면 꼬리를 무는 행동 따위는 하지 않을 것이다. 그러나 사람들은 그렇게 하지 않는다. 비용 때문이기도 하고, 무엇보다 다른 종의 고통에 무감각하기 때문이다.

새끼를 낳는 암퇘지들은 스트레스로 서로 싸우게 해서는 안 되니 한 마리씩 따로 키운다. 임산부를 우대하듯 암퇘지를 배려해서 그러는 것이 아님은 짐작할 것이다. 한 마리씩 따로 키운다면 독방을 주는 걸까? 독방이기는 하다. 번식용 암퇘지는 철제 구조물로 분리된 공간에서 한 마리씩 사육하는데 그 공간이란 게 길이 1.8미터, 폭 65센티미터에 지나지 않는다. 넓이로 계산하면 1.1제곱미터여서 KBS 「환경 스페셜」의 돼지 편 부제는 "1.1제곱미터의 자유"였다. 이것을 '스톨stall'이라고 부른다. 스톨에 가두어 키우는 까닭은 싸움을 막기 위해서이기도 하고, 암퇘지가 덜 움직이도록 해야 뱃속의 새끼도 잘 자라기 때문이다. 독방이긴 하지만 몸을 앞뒤로도 옆으로도 돌릴 수 없는 정신병동 구속복 같은 독방인 것이다. 번식용 암퇘지는 거기서 평생 새끼만 낳으며 살아야 한다. 하루 종일 할 수 있는 일이라고는 사료를 먹으며 서 있거나 드러눕는 것밖에 없다. 머리가 나쁜데다가 꼼짝하는 것조차 싫어하는 동물이라면 먹고 자고 멍하니 있는 것으로 만족하겠지만, 돼지는 활발하고 사교성 있는 동물이다. 그러니 그런 지겨움이 얼마나 큰 고통일까.

암퇘지는 새끼를 낳고 먹이는 일 외에는 돌아누울 수조차 없다.

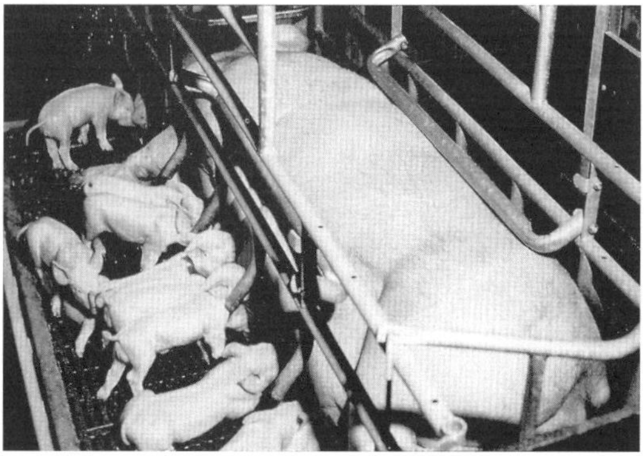

앞에서 나는 구제역 사태로 가축들을 살처분하던 당시 돼지들을 산 채로 구덩이에 묻는 생지옥이 벌어졌던 사실을 언급한 바 있다. 살처분이 꼭 필요했다면 동물들을 충분히 기절시킨 후 도살을 했어야 할 텐데, 그런 생지옥 같은 일이 벌어진 것은 긴급성과 비용이 핑계가 되었기 때문이다. 그러나 현재의 공장식 사육 방식과 비교하면 그런 생매장조차 비난하기가 힘들다. 공장식 사육이 지금처럼 계속되는 한 동물의 삶에는 고통만 가득할 것이고, 살처분은 그런 삶을 끝낸다는 점에서 오히려 인도적(?)이라 해야 할지도 모르겠다. 기절을 시킨 후 살처분하는 것이 조금 더 낫겠지만, 설령 생매장을 한다 해도 현재의 삶보다는 나을 것이다. 돼지 입장이 되어 생각해보자. 평생을 아무런 즐거움도 없이 좁아터진 공간에서 살만 찌우면서 사는 삶과, 잠시 동안 고통을 겪은 후 죽는 것 중 어느 쪽을 택하겠는가?

암퇘지는 새끼를 낳으면 발정 주사를 놓아 다시 강제 임신을 시킨다. 이 때문에 번식용 암퇘지는 평생의 3분의 2를 임신 상태로 살아가야 한다. 새끼 낳는 기계인 것이다. 싸구려 대중 미술을 '이발소 그림'이라고 한다. '키치kitsch'라고 하는 독일어 단어가 바로 그것인데, 키치라고 하면 괜스레 어렵게 느껴진다. 이발소 그림 하면 누구에게나 떠오르는 그림 가운데 10여 마리 돼지새끼들이 오순도순 평화롭게 어미젖을 빨고 있는 그림이 있다. 목가적이고 풍요로운 행복을 상징하는 그런 장면은 이제 현실에서는 찾아볼 수 없다. 공장식 돼지 농장에서는 철제 구조물을 친 차가운 콘크리트 바닥에서 새끼에게 젖을 먹이기 때문이다. 더 불쌍한 것은 어미가 돌아누울 수가 없어 같은 쪽으로만 누워서 새끼에게 젖을 먹여야 한다는 점이다. 어미가 돌아눕다가 새끼를 깔아죽일까 봐 그렇게 한다. 공간이 널찍하다면 애초부터 깔아죽이는 일은 일어나지 않을 것이다. 암퇘지를 스톨에 가두어 키우는 것은 영국에서 1998년부터 금지되었고, 유럽연합 전체에서는 2013년부터 금지된다.

또 돼지는 발굽이 갈라져 있다. 예전의 돼지우리 바닥은 더럽긴 해도 부드러운 흙으로 되어 있어서 갈라진 발굽으로 서는 데 아무런 문제가 없었다. 원래 자연 상태에서는 그렇게 문제가 없어야 한다. 그러나 콘크리트나 쇠로 된 바닥 때문에 돼지는 갈라진 발굽 사이가 더 벌어져서 발이 감염이 되는 경우가 흔해졌다. 돼지는 감염으로 인한 고통을 피하기 위해 기우뚱하게 서거나 절뚝거리게 되어 자연히 여러 관절과 근육에도 이상이 생기곤 한다. 짚이라도 깔아 주면 좀 나을 텐데 그런 것도 없다.

라디오에서 나오는 미국산 돼지고기 광고를 들으면 "자연이 키우고 과학이 관리합니다."라고 말한다. 그러나 지금까지 말한 사실을 알면 자연이 키우는 것이 전혀 아니라는 것을 알 것이다. 과학이 관리하는 것은 맞겠지만.

닭들의 지옥

닭은 전통 방식의 사육에서는 소나 돼지에 비해 가장 자연 상태에 가깝게 길러졌다. 소나 돼지는 우리에서 길렀지만 닭은 적어도 마당에서 놓아길렀으니까. 닭은 새무리이지만 날지 않은 지 오래 돼서 땅과 더 친숙하다. 그래서 흙속을 헤치며 먹이를 찾는 습성이 있다. 닭은 이가 없기 때문에 소화를 위해 흙이나 모래를 먹는데, 어릴 때 닭 잡는 것을 보면 닭 모래집에서 모래뿐 아니라 심지어 유리조각 같은 것도 나오는 걸 볼 수 있었다. 더구나 닭은 모래 목욕을 즐기기도 한다. 흙이나 모래를 깃털 속에 들어가게 한 다음에 털면 거기 붙어 있던 기생충이나 더러운 것들이 함께 털어지기 때문이다.

옛날에는 닭을 마당에 놓아기르다가 잘 때만 닭장에 가둬놓곤 했다. 다른 짐승으로부터 닭을 지키기 위해서였다. 시골집 마당은 대개 흙으로 되어 있으니 닭들 스스로 마당의 흙을 헤집으면서 지렁이나 지네 같은 먹이를 찾아먹기도 하고, 주인이 구구 부르며 모이를 주면 쪼아 먹곤 했다. 닭은 대문을 열어놓아도 나가는 법이 별로 없었는데, 겁이 많아서 그랬던 것 같다. 실제로 닭은 깜짝 깜짝 잘 놀라는 습성이 있는데, 그 때문인지 영어에서 '치킨'이라는 말은 겁쟁이라는 뜻으로 잘 쓰인다. 그러나 우리나라에서 동화와 애니메이션으로 모두 큰 성공을 거둔 황선미의 『마당을 나온 암탉』에서는 소심하기는커녕 진취적이고 모험심 많은 암탉 '잎싹'이 나와 큰 인기를 모았다.

닭은 날지는 못하지만 새무리에 속해서 그런지 높은 곳에 올라가는 습성이 있다. "닭 쫓던 개 지붕 쳐다본다."라는 속담이 있지 않은가? 집 밖에서 닭을 놓아기르면 나무 위에 올라가 있는 닭들을 발견할 때도 있고, 가끔은 거기서 자는 닭들도 있었다. 그래서 닭장 속에는 닭들이 높은 곳에 앉을 수 있도록 나무막대를 가로질러 놓는데 그것을 '홰'라고 한다. 새벽에 닭이 그 홰를 치면서 우는 것을 '홰를 친다'라고 표현하는데, 이 표현은 『마당을 나온 암탉』에서도 만날 수 있다. 하지만 요즘 아이들은 그저 책으로만 그 표현을 알 것이다.

이렇듯 닭은 예전부터 대체로 선천적인 습성을 발휘할 수 있게 키웠다. 시골에 있는 집이 아닐 때는 꼭 그렇게 하지는 못했다. 어릴 적 우리 집은 도회지에 있었지만 옥상에서 한두 마리 닭을 키우곤 했다. 옥상에서 갓 낳은 따뜻한 달걀을 가져오는 일은 내 몫이었다. 이런 환경에서는 좁은 닭장에서 닭을 키울 수밖에 없었으니, 땅을 헤집거나 높은 곳에 올라가는 닭의 습성은 철저히 무시될 수밖에 없었다. 반면에 시골에 사는 닭들은 죽을 때 목이 비틀리는 고통만 빼면 대체로 고통을 느끼지 않으며 살았다고 할 수 있다.

그러나 이야기는 달라진다. 소나 돼지도 그러하지만, 이제는 전통적인 방식으로 닭을 기르는 집들은 거의 없다. 소일거리가 아니고서야 그렇게 사육을 해서는 수지타산을 맞출 수 없기 때문이다. 닭은 예전의 사육 방식에서는 소나 돼지에 비해 가장 고통을 덜 받았지만, 공장식 사육에서는 거꾸로다. 소, 돼지 역시 공장식 사육이라 부를 수 있지만, 닭의 경우만큼 '공장'이라는 표현이 적절해 보이는 것은 없다. 닭 사육은 그만큼 대규모로 기업화되어 있고, 또 그런 만큼 고통을 받는 정도도 가장 심하다. 그렇게 된 까닭은 닭고기의 수요가 가장 많기도 하거니와 대량 사육이 가장 쉬워서일 것이다. 더 나아가서는 사육자가 소나 돼지에 비해 닭의 고통을 가장 경시하기 때문에 그런지도 모르겠다.

이제 닭을 사육하는 곳은 더 이상 시골집 앞마당이 아니라 기업화된 양계장이다. '토종닭'이라는 말은 한국 토종이라는 본래 뜻을 넘어서 지금은 방목해서 기르는 닭의 뜻으로 쓰이는데, 그런 닭은 이제 드물다. 토종닭 식당을 하는 사람의 증언에 따르면, 양계장에서 자란 중닭을 사다가 한두 주 풀어놓고 기르고 나서 '토종닭'을 판다고 써 붙인 경우가 대부분이라고 한다. 닭 하면 떠오르는 이미지는 이제 마당에서 모이를 쪼는 몇 마리의 닭이 아니라, 양계장에서 수천 마리, 수만 마리 넘게 대량으로 사육되는 닭이다.

너른 실내에서 닭을 놓아기르는 양계장이 없는 것은 아니지만, 양계장에서 닭을 대량 사육한다고 할 때는 대부분 '배터리 양계장'을 말한다. 배터리battery는 건전지를 뜻하지만 양계 산업에서는

배터리 양계장의 닭들에게 주어지는 공간은 A4 용지 한 장에도 못 미친다.

닭들을 가두어 놓는 상자 모양의 닭장을 가리킨다. 배터리는 대개 철망으로 만들어져 있고, 앞부분에 모이통과 물통이 놓여 있으며, 달걀을 낳으면 배터리 아래로 또르르 굴러서 모이게 되어 있다. 이런 상자 모양의 닭장이 양 옆으로 이어져 있고 위아래로도 쌓여 있다. 그래서 배터리 닭장을 우리말로는 '다단식 닭장'이라고도 한다.

배터리 양계장에서 가장 문제가 되는 것은 닭 한 마리가 차지하는 공간이다. 최소한의 투자로 최대한의 산출을 얻기 위해 닭장 안에 닭들을 빽빽하게 밀어 넣는다. 현재 미국에서 업계 표준의 닭장 하나에 권장하는 사육 마릿수는 일곱 마리인데, 이 정도면 닭 한 마리 당 대충 500제곱센티미터에도 미치지 못한다. 과거의 300제곱센티미터에서 나아졌다는 게 이 정도다. 감이 잘 오지 않는가? A4 사이즈의 종이가 바로 625제곱센티미터이다. 즉 닭들은 과거에는 A4 용지 반 장 크기의 닭장에 살다가, 지금도 A4보다 못한 넓이에서 살고 있는 것이다. 500제곱센티미터라면 닭 한 마리가 겨우 앉거나 설 수 있는 넓이이다. 그러나 어찌 그렇게만 살 수 있겠는가? 날개라도 펴려면 그 두 배 넓이의 공간이 필요하다. 결국 닭의 원래 습성대로 흙을 파면서 돌아다니는 것은 언감생심이요, 날개조차 펴지 못하면서 평생을 살아야 하는 것이다.

MBC 「시사매거진 2580」의 "돼지에게 햇빛을" 편을 보면, 양계 농민이 나와 배터리 양계장의 닭들에 대해서 이렇게 말하는 것을 들을 수 있다.

"좁은 공간같이 생겼어도 닭 마음대로 움직여요. 움직이기가 불편하지 않을까 그런 생각이 드는데 그런 것이 전혀 없어요."

그러자 기자가 이렇게 말한다.

"닭들한테 한 번 물어보고 싶어요. 닭들 생각은 어떤지."

닭들한테 정말로 물어볼 수는 없다. 그러나 비유를 통해 충분히 닭의 생각을 읽어낼 수 있다. 어린이들에게 동물의 복지에 대해 알려주는 책인 애니타 개너리Anita Ganeri의 『동물의 수난시대』를 읽어보면, 닭이 이토록 좁은 공간에서 평생을 사는 것을 공중전화 부스 한 칸에 세 사람을 밀어 넣는 것과 똑같다고 비유하고 있다. 그냥 잠깐 들어가 있는 것이 아니라 그 안에서 평생을 살아야 한다! 요즘은 공중전화 부스를 보기 힘드니 엘리베이터로 비유하는 것이 더 실감나겠다. 엘리베이터에 사람들이 정원만큼 가득 찬 채 평생을 살아가야 한다고 생각해 보자. 그 안에서 밥도 먹고 용변도

봐야 한다. 먹고 싸는 것 외에 다른 일은 꿈도 못 꾼다. 팔조차 들어 올릴 수 없다. 삶의 질을 말하는 것은 사치이고, 사는 것 자체가 고통일 것이다. 닭은 머리가 나쁘다고 알려져 있다. 영어뿐 아니라 우리말에서도 머리 나쁜 사람을 가리킬 때 '닭대가리'나 '새대가리'라는 말을 쓴다. 『표준국어대사전』에까지 올라 있으니 엄연한 표준말이다. 그러나 닭이 머리가 나쁘다는 것은 여기서 전혀 중요하지가 않다. 엘리베이터에 빽빽이 들어차 평생을 살아야 하는 사람들이 지적 장애인들이라고 해보자. 그런 사람들은 고통을 느껴도 좋다는 말인가?

닭들이 빽빽하게 사는 모습은 '닭장 같다'는 표현이 있을 만큼 닭들의 전형적 이미지로 굳어버렸다. 철망에 가둔 모습 때문에 심지어 경찰 버스까지 '닭장 차'라고 부르니 말이다. A4 사이즈로 말해야만 실감이 되는 배터리 닭장의 열악한 환경은 이미 악명이 높을 대로 높아서 비판도 많이 가해지고 있다. 그래서 유럽연합의 회원국들은 2012년부터 닭 한 마리 당 750제곱센티미터의 공간을 확보해주는 것이 의무가 되었다. 우리나라에는 그런 강제 규정이 아직 없지만, 대신 '동물복지 축산농장 인증제'(일명 '프리덤 푸드')를 시행하고 있다. 우선 2012년부터 닭을 배터리 닭장에서 키우지 않고 한 마리 당 최소 1,100제곱센티미터 이상 되는 사육 면적에서 키워 달걀을 생산했을 때에 한해 인증을 해주고 있다. 그러나 이렇게 개선되었다고 해봐야 공중전화 부스 한 칸에서 세 명이 살던 것을 두 명 또는 한 명만 살게 하라고 선심 쓴 것에 불과하다. 고통은 여전할 것이다. 서양에서는 '인도적으로 사육되고 도축됨humanely raised and handled'이나 '동물보호인증animal care certified' 같은 딱지를 붙이지만 그게 그거다.

신영복 교수는『감옥으로부터의 사색』에서 적어도 감옥살이에서는 겨울이 여름보다 낫다고 말하고 있다. 좁은 공간에서 죄수들이 모로 누워 칼잠을 자야 하니 더운 여름에는 옆 사람을 증오하게 되기 때문이다. 엘리베이터에 가득 탄 채 평생은커녕 10분만이라도 견뎌보라. 아무리 도덕군자라도 옆 사람에게 짜증이 날 것이다. 닭도 똑같다. 좁은 공간에서 빽빽하게 살다 보면 닭도 사람처럼 스트레스를 받고 옆 닭을 증오하여 부리로 쪼고 잡아먹는 행동을 한다. 상처가 난 닭들은 결국 병에 걸리게 되고, 환기도 되지 않는 양계장에서는 쉽게 전염병이 돌기도 한다. 이렇게 되면 결국 양계업자에게 손실이 되므로 원인 제거를 위해 쾌적한 환경을 만들게 될까? 돼지의 경우 꼬리를 잘라서 해결하는 것을 보면, 닭들에 대해서도 그럴 리 없다는 것을 짐작할 것이다. 부리로 쪼는 짓의 근본 원인은 과밀 환경이지만, 직접적인 이유는 날카로운 부리이므로 부리를 잘라버린다! 누구인지는 모르지만 이런 아이디어를 낸 사람은 아마도 양계업계에서 천재로 대접받았을 것이다. 부리는 칼을 불에 달궈 자르는데, 손톱을 깎는 것처럼 고통이 없으리라 생각하면 오산이다. 굳이 손톱에 비유하면 손톱을 뽑는 고통과도 같다. 부리에는 민감한 신경들이 많이 모여 있어 그 고통은 이루 말할 수 없다고 한다.

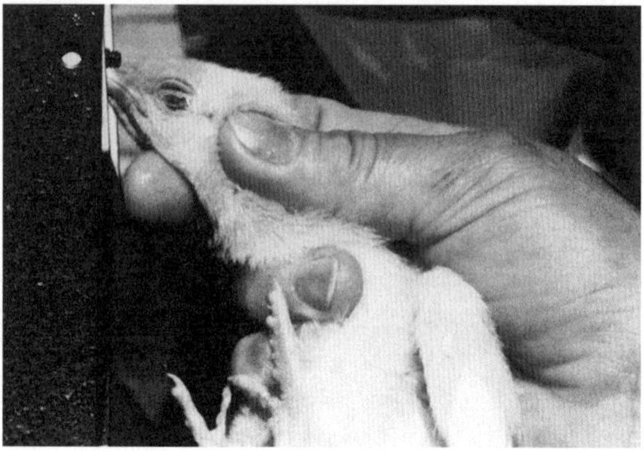

닭 부리는 병아리 때 이미 잘린다.

공장식 사육은 '관행 축산'이라는 교묘하게 합리화한 말로 부르기도 하고, '밀식 사육' 또는 '밀집 사육'이라고도 부른다. '밀식密植'은 빽빽하게 심는다는 뜻이다. A4 한 장보다 못한 공간에서 빽빽하게 사육하는 것이 바로 밀식 사육이다. 영어로 된 동물복지 관련 문헌에서는 CAFO라는 약자가 자주 쓰이는데 미국 환경부가 만든 이 말은 '밀집 동물사육시설Concentrated Animal Feeding Operation'을 뜻한다. 닭 사육이야말로 이런 표현이 가장 적절한 경우라 하겠다.

밀식 사육을 하는 것은 두말할 것도 없이 경제적인 이유 때문이다. 자본가들에게는 "최소 비용으로 최대 이윤을 얻기 위해서 최소 공간 안에 얼마나 많은 동물들을 밀어 넣을 수 있는가?"라는 효율성만이 관심거리이다(반다나 시바, 『누가 세계를 약탈하는가』). 배터리 닭장에는 경제성과 효율성을 높이기 위한 여러 가지 장치가 되어 있다. 예컨대 닭장의 옆면뿐 아니라 바닥도 촘촘한 철망으로 되어 있다. 철망 아래의 홈통으로 닭똥이 떨어지게 하기 위해서이다. 그렇게 하면 깔짚을 깔고 닭똥을 치우는 고된 노동을 하지 않아도 되기에 닭 15만 마리당 노동자 한 사람만 있어도 된다(피터 싱어 외, 『동물과 인간이 공존해야 하는 합당한 이유들』). 경제적으로는 대단한 혁신이겠지만 닭에게는 또 하나의 고통이다. 땅을 팔 수 없는 욕구 불만은 둘째 치고 철망 위에서 평생을 살아야 하기 때문이다. 사람더러 평생은 고사하고 잠깐이라도 맨발로 철망 위에 서 있으라고 하면 어떨까?

닭은 달걀을 낳는 목적의 산란계와 고기 제공을 목적으로 하는 육계로 나뉜다. KBS 「환경 스페셜」의 닭 편 부제는 '산란 기계'였다. 맞는 말이다. 닭은 알 낳는 기계로 취급된다. 산란계는 달걀을 낳을 수 있을 때까지 최대한 많이 낳게 만든다. 그 방법 중 하나가 대낮처럼 불을 밝히는 것이다. 빛의 양이 달걀 생산과 관련이 있기 때문에 닭은 낮이 긴 여름에 달걀을 더 많이 낳는다. 그래서 1년 내내 인위적으로 불을 비춰서 달걀을 끊임없이 낳게 만든다. 닭의 생체 시계를 속이는 것이다. 그러다가 달걀을 더 이상 낳지 못하면 강제로 털갈이를 시킨다. 닭은 깃털이 빠지고 새로 나면 달걀을 많이 낳는데 그 시기를 강제로 앞당기는 것이다. 그것을 위해 이번에는 거꾸로 닭장을 어둡게 하고 2주 정도를 굶겨서 깃털을 차츰 빠지게 한다. 털갈이를 한두 번 하면 달걀을 더 이상 못 낳게 되고 이 과정에서 닭이 죽는 경우도 많지만, 양계업자 입장에서는 수

익과 손실을 계산해 볼 때 그래도 수익이 훨씬 높다. 닭은 고통을 느끼는 생명체가 아니라 생산성 향상을 위한 기계인 것이다. 산란계의 경우 수컷으로 태어나면 어떻게 할까? 인정사정 볼 것 없다. 수평아리를 산 채로 쓰레기통에 던져 놓으면 차곡차곡 쌓여서 질식사한다.

육계는 그래도 잠 안 재우는 고문이나 강제 털갈이도 안 시키고 수컷으로 태어나도 죽이지 않는다. 그러나 육계로 사는 것 역시 또 다른 고통이 따른다. 고기를 목적으로 하는 닭은 인위적으로 빨리 자라도록 수 세대 동안 교배를 했기 때문에 엄청나게 뚱뚱하다. 그러다 보니 뚱뚱한 사람이 잘 걸리는 병을 평생 안고 산다. 뚱뚱한 몸무게를 지탱하지 못해 다리를 절거나 웅크리고 앉아있을 때가 많다. 몸무게 때문에 관절염이 온 사람처럼 말이다. 호흡기, 순환기 질병도 쉽게 걸린다. 관절에다 심장도 안 좋지, 비좁은 데다 환기도 안 되는 닭장에서 먼지와 닭똥 냄새를 마시다보니 자연스럽게 각종 전염병에 걸리기 쉽다. 그렇다고 해서 주인이 양계장 환경을 바꿔주려 할까? 주인의 관심은 오로지 비용밖에 없다. 각종 병에 걸려 죽더라도 몸집이 큰 닭을 빨리 키우는 게 나은가, 아니면 질병은 없지만 더 느리고 작게 키우는 것이 나은가? 계산기를 두드리면 금방 답이 나온다. 또 병에 걸리더라도 해결책이 있다. 각종 항생제를 섞은 모이를 주면 된다. 항생제는 문제가 많아 인간에게는 아파도 잘 안 주려고 하면서, 동물은 아프기도 전에 항생제를 준다.

소고기, 돼지고기에 비해 닭고기는 전 세계적으로 고르게 인기를 끄는 육류이다. 통계적으로는 돼지고기 소비량이 가장 많지만(2012년 FAO 통계), 닭고기는 상대적으로 가격이 싸고, 소고기나 돼지고기처럼 종교를 이유로 금기시하는 사람도 없기 때문에 찾는 사람이 갈수록 늘고 있다. 우리나라도 마찬가지이다. 과거에는 소고기가 닭고기보다 앞섰는데 2005년에 역전되었다(2006년 농림수산식품부 자료). 한국 사람들의 영원한 삼겹살 사랑으로 부동의 1위를 지키고 있는 돼지고기를 논외로 하면, 2, 3위에서는 소고기와 닭고기가 자리바꿈을 한 것이다. 치맥(치킨과 맥주 세트를 일컫는 말) 열풍에다가 건강을 위해 닭 가슴살만을 찾는 사람들까지 한 몫한 탓이라 추측된다. 미국인들은 80년 전과 비교했을 때 닭고기를 150배나 더 많이 먹는다고 한다. 그리고 공장식 농장에서 기르는 닭은 전 세계적으로 500억 마리나 된다고 한다(조너선 사프란 포어, 『동물을 먹는다는 것에 대하여』). 앞으로 중국이나 인도 사람들이 지금의 미국 사람들처럼 닭고기를 먹어댄다고 생각해 보라! 전 세계에서 엄청나게 닭이 키워질 것이고 엄청나게 고통을 당하다 죽어갈 것이다. 불행히도 KFC를 찾는 중국인이 갈수록 늘어난다고 한다(빌프리트 봄머트, 『식량은 왜! 사라지는가』). 소나 돼지와 같은 젖먹이동물에 비해 닭은 덩치가 작고 인간과 종적 거리도 먼 새무리이기 때문에 죄책감도 덜 느끼는 것 같다. 데카르트가 말한 '기계'로 생각하기가 용이한 것이다. 그러나 닭도 엄연히 고통을 느끼는 생명체이다.

고기를 먹기 위해서는 동물에게 필연적으로 고통을 줄 수밖에 없다. 사냥을 하지 않는 이상 고기를 먹기 위해서는 동물을 길러야 한다. 전통적 사육이나 공장식 사육이나 정도의 차이만 있을 뿐 동물에게 고통을 준다는 점에서는 다르지 않다. 그러나 공장식 사육의 잔혹성은 고기를 먹지 말아야 할 이유를 더욱 절실하게 보여준다. 동물을 죽이는 과정에서의 고통도 마찬가지이다. 기계화된 방식으로 고통을 느낄 수 없게끔 동물을 죽인다고 하지만, 대량생산 시스템에서는 그런 과정이 제대로 작동하지 않아 동물들이 예전보다 더 심한 고통을 받는 경우가 다반사이다. 사람들이 고기를 찾으면 찾을수록, 더 좋은 고기를 원하면 원할수록, 동물들에게는 더 큰 고통을 줄 수밖에 없다.

구제역 사태를 생각한다

공장식 밀식 사육이 만들어낸 가장 비극적인 사례를 들어보라면, 나는 제일 먼저 구제역 사태를 들고 싶다. 도살당해 쌓인 소, 떼죽음당하는 돼지들의 비명소리, 가축들의 시체 구덩이…. 물론 구제역은 공장식 축산이 생겨나기 이전에도 동물들에게 종종 발생했던 전염병이다. 하지만 동물 전염병이란 것 자체가 사실은 동물들을 한 군데 모아 사육함으로써 생겨난 질병이고, 더 정확하게는 인간과 동물의 전염병 모두가 가축 사육의 역사와 함께 생겨난 일종의 '문명병'이라 할 수 있다(재레드 다이아몬드, 『총, 균, 쇠』). 인간이 가축을 사육하는 한 이런 질병은 피할 수 없는 숙명일 것이다.

구제역은 소와 돼지, 또는 양과 사슴처럼 발굽이 두 개로 갈라진 동물에서 발병하는 전염병이다. 한자로는 '口蹄疫'이라고 쓰는데, 여기서 '제蹄'는 발굽이라는 뜻이다. 그래서 구제역은 입굽병 또는 입발굽병이라고도 하며, 영어에서도 'foot-and-mouth disease'라는 단어를 쓴다. 구제역이 전염성이 매우 강하고 치사율이 높다는 점은 잘 알려져 있다. 오래 전인 15세기 이탈리아에서 처음으로 발병이 기록된 후, 19세기 말 영국의 세균학자 프리드리히 뢰플러Friedrich Loeffler가 바이러스의 존재를 처음 확인하였고, 2차 세계대전 이후 전 세계로 확대되었다고 한다. 그러나 과거의 구제역은 발병이 되더라도 자연 소멸하거나 피해가 소규모에 그친 경우가 대부분이었다. 그렇게 보면 오늘날 구제역이 이토록 문제가 된 이유는 역시 가축의 대규모 밀식 사육 때문임을 짐작할 수 있다. 2000년에 한 번, 그리고 2010~11년에 걸쳐 또 한 번 우리나라를 휩쓸었던 구제역 사태를 통해, 우리는 인간을 위해 사육되던 동물들이 더 이상 소용에 닿지 않을 때 인간들이 얼마나 가차 없는 태도를 취하는지 확인해볼 수 있다.

2010년을 한 달쯤 남겨 둔 때에 경북 안동에서 구제역 신고가 들어왔다. 그 후 구제역은 전국에 급속도로 퍼져 호남과 제주를 제외하고 온 나라를 휩쓸게 된다. 구제역이 발생한 지 126일이 되던 2011년 4월 3일 정부는 구제역이 종식되었다고 공식 발표했는데,

그 동안 소 15여만 마리와 돼지 330여만 마리가 살처분 후 매몰되었다. 가축 이외의 경제적 피해도 엄청났는데 사람들이 고기를 덜 찾는 바람에 음식점 · 도축장 · 사료업계 등 모든 관련 산업이 타격을 받을 수밖에 없었고, 죽은 가축을 땅에 파묻다 보니 매몰지의 토양과 지하수 오염 등 환경 피해도 상당했다.

'살처분'은 구제역뿐만 아니라 조류독감, 광우병 등의 가축 전염병이 걷잡을 수 없이 퍼질 때 자주 듣는 말이다. 전염병이 더 이상 퍼지지 않도록 가축들을 죽여서 묻거나 태우는 것을 말한다. '살처분'보다는 '도살처분'이라고 말하는 것이 더 우리말다울 텐데, '도살'이라고 하면 고기를 먹기 위해 도살장에서 가축을 죽이는 경우와 분간이 되지 않으니 그렇게 쓰는 것 같다. 또한 전염병 걸린 가축을 죽인 다음에 고기로 유통시키지 않을까 하는 우려 때문에 그렇게 구분을 하는 모양이다. '살처분'보다는 '도살 매립'이나 '도살 소각'이라는 용어를 권하는 이도 있고, 정부에서도 '강제 폐기'라는 명칭을 고려하고 있단다(『중앙일보』, 2006년 12월 20일자). 그러나 살처분이 이제는 드물지 않은 일이 된 만큼 이 말도 어느새 익숙해져 버렸다. 지금 '살처분'이라는 말을 가지고 무슨 이야기를 하려는 것은 아니다. 여기서 살펴보고자 하는 것은 살처분을 대하는 여러 사람들의 반응에서 이해할 수 없거나 앞뒤가 안 맞는 점이 자주 보인다는 사실이다. 세 가지 정도를 살펴보자.

첫째는 정부의 정책이다. 전염병에 걸린 동물은 왜 꼭 죽여야 하는가? 인간 사회에 그런 전염병이 유행한다면 최대한 치료를 하살(殺)처분이 아니라 생(生)처분이라 불러야 한다.

거나 안 되면 격리수용이라도 할 것이다. 흑사병(페스트)이나 콜레라가 창궐하던 과거에도 병에 걸린 사람을 산 채로 묻거나 태우는 일은 없었다. 신종 플루가 유행했을 때도 국가가 전 의료기관과 행정력을 동원해 환자들을 구하려고 하지 않았던가? 그런데 왜 소나 돼지는 그만한 병에 걸렸다고 죽여야 하는가?

구제역 사태가 거의 끝나가던 2011년 3월 24일, 정부는 뒤늦

게나마 '가축질병 방역체계 개선 및 축산업 선진화 방안'이라는 것을 발표한다. 내용인즉 축산업 허가제를 도입하여 축산업에 필요한 시설을 확보하고, 축산 경영과 방역 등에 대한 교육을 받도록 하겠다는 것이다. 그러나 그 대책이란 게 철저히 인간중심적인 것으로서 동물의 권리와 복지에 대한 고려는 눈 씻고 찾아볼 수가 없었다. 동물을 우리 인간처럼 즐거움과 고통을 느끼는 생명체가 아니라 고기를 생산하는 기계로만 간주하는 태도로서, 구제역 대비책 역시 그 생산성을 저해하는 요소들을 바로잡는 데에 집중되어 있었다.

두 번째는 살처분 뉴스를 접한 사람들의 반응이다. 살처분이란 분명히 동물을 죽여서 처분한다는 뜻인데, 돼지의 경우에는 긴급하고 비용이 많이 든다는 이유로 산 채로 구덩이에 묻어버리는 일이 다반사로 행해졌다. 수백 마리의 살아있는 돼지들이 굴삭기에 떠밀려 꽥꽥 비명을 지르며 구덩이 속으로 빠지는 장면은 글자 그대로 아비규환이자 생지옥이었다. 이 장면을 TV 화면 등으로 본 사람들은 치를 떨기도 하고 눈물을 흘리기도 했다. 그러나 현재 소, 돼지, 닭을 기르는 농장들의 사육 환경을 떠올려보자. 그런 생매장 환경이나 그리 다를 바가 없고, 어찌 보면 살처분보다 더 잔인한 환경이라고 할 수 있다. 살처분의 경우에는 아무리 생지옥과 같은 상황이라 해도 짧은 죽음의 순간에만 동물이 고통을 당하지만, 현재의 농장 환경은 사육 과정에서나 도축 과정에서나 생지옥의 고통이 매일같이 이어진다 해도 과장이 아니기 때문이다. 사실

구제역이 그토록 창궐한 것도 밀집된 사육 환경 때문인데, 이런 원인에 대한 관심은 사람들에게서 전혀 찾아볼 수가 없다.

살처분 광경은 영상으로 보았지만 사육 환경에 대해서는 미처 알지 못했다고 변명하는 사람도 있을 것이다. 그러나 공장식 사육의 열악한 환경이나 도축장의 끔찍한 환경은 이미 책이나 방송 등을 통해 여러 번 알려진 사실이다. 그런데 살처분에 대해서는 경악을 금치 못하면서, 그와 다를 바 없거나 오히려 더 잔인한 사육 환경에 대해서는 모른 체하는 이유가 뭘까? 혹시 그런 공장식 농장에서 나온 생산품, 즉 고기를 죄책감 없이 즐기고 있기 때문이 아닐까?

마지막으로 살처분당하는 가축들을 키운 축산농들의 반응을 보자. 우리는 뉴스 인터뷰 등에서 자식과 같은 가축을 죽여야 하는 아픔을 토로하는 농장 주인들을 볼 수 있었다. 단지 힘들게 이뤄놓은 재산이 하루아침에 사라졌기 때문에 그들이 그런 안타까움과 슬픔을 느낀 건 아니었을 것이다. 살처분되는 가축들에 대해 분명 가족을 대하는 듯한 감정을 가졌을 것이고, 진심으로 아픔을 느꼈을 것이다. 그러나 구제역이 아니라 해도 어차피 그 가축들은 도살될 처지 아니었던가? 살처분과 도축장에서의 도살이 다른 게 무엇인가? 도축장에 보내는 가축 역시 기대 수명을 다해서 보낸 것이 아니다. 그러나 살처분되는 가축에 대해서만 슬퍼할 뿐 도축장에서 죽는 가축에 대해서는 그런 반응을 보이지 않는다. 물론 축산농들에게 도살장에 보내는 가축을 보며 기쁨을 느끼느냐고 묻는다면 큰 모욕일 것이다. 그러나 적어도 살처분되는 가축들에 대해 느끼는 아픔 같은 것은 느끼지 않았을 것이다.

구제역 사태에서 발견되는 다양한 반응들에는 이 책에서 다루는 주제들이 대체로 담겨 있다. 사람과 동물은 어떤 점에서 다르기에 별개로 대우하는 것일까? 동물을 잔인하게 살처분하는 것에 대해서는 분노하면서 잔인하게 키우는 것에 대해서는 왜 분노하지 않는 것일까? 잔인하게 처분하는 경우나 잔인하게 키우는 경우나 고통의 정도는 마찬가지일 텐데, 왜 한쪽은 슬퍼하면서 다른 한 쪽은 아무렇지도 않게 생각할까? 잔인하게 키운 동물을 먹는 것이 과연 윤리적으로 나쁜 일인가? 잔인하게 키우지 않는다면 동물을 먹는 것을 윤리적으로 허용할 수 있지 않을까?

전염병에 걸린 소나 돼지를 사람과 다르게 처분한다 해도 그것을 꼭 종차별적인 행동이라고 할 수는 없다. 다음과 같은 조건이 만족되는 경우라면 말이다. 첫째는 그 병이 걷잡을 수 없이 퍼질 때이다. 둘째는 살처분 외에는 별다른 대처 방법이 없을 때이다. 셋째는 감염된 동물과 감염되지 않은 동물을 구분할 방법이 없을 때이다. 인간의 경우에는 위의 조건이 만족되지 않는다. 첫째로, 걷잡을 수 없이 퍼지는 인간 전염병이란 없다. 과거에는 페스트, 콜레라, 결핵 등 치명적 전염성을 가진 질병들이 많았지만, 이제는 위생상태의 개선과 백신 개발로 손쓸 새 없이 번지는 전염병은 사라졌다. (물론 신종 플루와 같이 앞으로 더 심한 전염병이 나올 가능성은 있다.) 둘째, 방금 말한 것처럼 살처분 이외에 대처 방법이 없는 것이 아니다. 예방과 치료 백신으로 충분히 치료가 가능하다. 셋째, 병에 걸린 인간과 걸리지 않은 인간을 구분할 방법은 많다. 따라서 인간의 경우에는 살처분의 전제조건이 하나도 만족되지 않으므로 전염병이 창궐한다 해도 살처분 방법을 이용하지 않는다.

그렇다면 동물의 경우에는 위 세 가지 조건이 다 만족될까? 이 질문에 대해서는 전문가들도 확실하게 대답하지 못하지만, 일단 다 만족된다고 가정해보자. 첫째, 구제역이 걷잡을 수 없이 빠르게 퍼지고 있고, 둘째, 살처분 외에 특별한 치료 방법도 없다면, 구제역은 재앙의 수준으로 번질 수 있으므로 다른 동물의 감염을 막는다는—인수人獸 공동 전염병의 경우는 인간의 감염을 막는다는—관점에서 살처분할 수밖에 없다. 셋째로, 구제역에 걸린 동물과 걸리지 않은 동물을 구분할 효과적인 방법이 없다면, 구제역 창궐 지역의 동물들을 한꺼번에 모두 살처분하는 것이 이익이다. 당국은 예방적 살처분이라는 이름으로 감염이 확인되지는 않았지만 감염된 동물과 접촉했다고 생각되는 동물까지 살처분한다. 일종의 방화벽을 쳐서 확산을 차단하는 것이다.

그러나 구제역이 아무리 살처분의 조건을 만족시킨다 해도, 여기에는 빠진 것이 한 가지 있다. 아무리 살처분이 합리적이라고 해도 살처분에 따르는 고통까지 합리화되는 것은 아니라는 점이다. 살처분의 조건들은 살처분 자체만을 정당화할 뿐이지 동물이 당하는 고통까지 정당화하는 것이 아니다. 살처분이 필요하다면 동물들을 충분히 기절시킨 후 도살해야지, 긴급성과 비용을 이유로 산 채로 죽여서는 안 된다는 얘기다. 그러나 우리는 돼지들을 산 채로 구덩이에 묻어버리는 생지옥 같은 일이 구제역을 핑계로 엄연히 벌어진 것을 알고 있다. 인간과 마찬가지로 고통을 충분히 느낄 수 있는 돼지들을 살처분을 핑계 삼아 생매장하는 것은 어떤 주장으로도 합리화할 수 없는 종차별주의적 행위이다. 아무리 긴급하고 비용이 많이 든다 해도 인간을 그런 식으로 생매장하지는 않을 것이기 때문이다. 따라서 현재와 같은 살처분 방식은 옹호될 수 없다.

지금까지는 살처분 조건이 만족된다는 가정 아래 살처분 행위가 어느 정도까지 옹호될 수 있는지 살펴보았다. 그렇다면 이제는 동물의 살처분 조건이 실제로 만족되는지 살펴볼 차례이다.

일단 구제역이 걷잡을 수 없이 퍼지는 전염병인 것은 분명하다. 우리나라의 사례도 있고, 2001년 영국에서도 구제역이 번져 700만 마리의 가축을 살처분한 사례가 있다. 문제는 구제역에 걸린 경우 살처분 외에는 대처 방법이 없는가 하는 점이다. 구제역의 경우, 성체가 된 동물에서는 감염 사망률이 5퍼센트 이하로 매우 낮고, 대부분 2주 내에 항체가 생겨 자연 치유가 된다는 주장이 있다. 동물 개체가 가지고 있는 자연 면역력이 바이러스로부터 감염을 막아주기 때문이다. 게다가 동물 이동을 제한하거나 살처분하는 방식의 구제역 대처법은 19세기에 구제역이 발병했을 때 영국 당국이 취했던 방식이다. 그렇다고 해서 이 방식이 비합리적이라고 할 수는 없고 확실히 성공을 거두었지만, 구제역에 대한 유일한 대처법이라고 말할 수는 없다. 아비가일 우즈Abigail Woods의 『인간이 만든 질병 구제역』에 따르면 살처분 방식은 19세기 영국의 특별한 정치적·경제적 상황에서 비롯된 것이지, 확실한 수의학적인 근거가 있는 것이 아니기 때문이다.

우리는 아직 살처분과 자연 치료 중 어떤 것이 구제역에 대해 더 효과적인 대처법인지 알 수가 없다. 그러나 그것을 논의하는 데도 항상 인간중심적인 이익 계산이 개입된다. 예컨대 치료는 둘째 치고 예방 목적의 백신 접종을 주저하는 태도에서도 그 점을 읽을 수 있다. 백신 접종을 할 경우 구제역 청정국 지위가 훼손되어 육류 수출에 막대한 지장이 초래된다는 이유에서다. 이 논의에서 동물 복지와 권리는 전혀 고려사항이 되지 못한다. 현재와 같은 밀식 사육 환경에서는 동물의 자연 면역력조차 기대하기 힘들 것이다. 더럽고 비좁은 사육 환경에서는 일단 한 마리가 감염되면 전체에 전염되는 것은 순식간이다. 또한 다량의 항생제에 의존하여 가축의 면역력을 유지시키는 환경에서는 그 항생제에 내성을 갖는 병원균이 나올 수밖에 없고, 그때마다 동물들은 자연 면역력을 갖지 못해 떼죽음당할 수밖에 없다. 그리하여 구제역뿐만 아니라 광우병, 조류독감이 유행할 때마다 살처분은 손쉬운 수단으로 등장하게 된다. 이런 원인들을 무시하는 구제역 대비책은 동물을 아무렇게나 대해도 된다는 종차별주의적 편견에 근거한 대비책일 뿐이다.

7장

육식이 인간을 망친다

고기를 먹으면 안 되는 윤리적 이유는 사육 과정에서, 그리고 도살 과정에서 동물들에게 말할 수 없는 고통을 주기 때문이라고 했다. 그렇다면 데카르트가 말한 대로 동물이 전혀 고통을 느끼지 못한다고 한 번 가정해 보자. 이렇게 가정하면 고기를 먹는 것은 윤리적으로 전혀 문제가 안 될까?

그렇지 않다. 육식은 동물뿐 아니라 우리 인간들에게도 여러 가지 피해를 주기 때문이다. 나의 어떤 행동으로 인해 다른 사람이 피해를 입는다면, 그 행동은 옳지 못하다는 것이 윤리의 기본이다. 특히 공장식 축산으로 생산된 고기를 먹으면 다음과 같은 문제를 일으킨다.

육식 때문에 기아가 발생한다.
육식 때문에 환경이 파괴된다.
육식 때문에 건강을 해친다.

세 가지 문제는 서로 얽혀 있는 것들이지만 차례대로 살펴보도록 하자.

나의 고기는 당신의 굶주림

동물들이 그토록 고통을 받는데도 사람들이 공장식 밀식 사육을 포기하지 않는 이유는 무엇일까? 당연히 최소 비용으로 최대의 이윤을 낼 수 있기 때문이다. 자본가 입장에서는 그것이 옳은 일일 것이다. 그러나 인간 모두의 입장에서 보았을 때도, 지구 전체로 보았을 때도 과연 최대의 효율을 낼 수 있을까? 공장식 축산을 옹호하는 쪽에서는 이렇게 말할 것이다. 계속 늘어만 가는 세계 인구를 생각할 때 과거의 가족농으로는 필요한 고기나 달걀, 우유를 공급할 수 없다. 공장식으로 단백질을 대량 생산해야만 그 많은 사람들을 먹여 살릴 수 있지 않는가? 그렇다. 공장식 축산으로 고기 생산량이 늘어난 것은 분명한 사실이다. 그러나 식량의 총량이 늘어난 것은 아니다.

소는 풀을 먹고 산다. 사람은 풀 속에 있는 셀룰로오스 성분을 소화하지 못하지만, 되새김질을 하는 소는 풀을 소화하는 데 아무런 문제가 없다. 이렇게 소와 사람은 각기 모자란 부분을 서로 보충하며 조화롭게 살아왔다. 그러나 현대의 공장식 사육에서는 소와 사람이 먹이를 놓고 서로 경쟁을 해야 한다. 소가 더 이상 풀을 먹지 않고 사람이 먹는 곡물(주로 옥수수나 콩)을 먹기 때문이다. 빌프리트 봄머트Wilfried Bommert는 『식량은 왜! 사라지는가』에서 이것을 '여물통과 접시 사이의 경쟁'이라고 표현한다. 우스운 것은 소는 곡물을 먹으면 각종 탈이 나는데, 원하지도 않는 것을 억지로 먹으면서 인간과 경쟁관계가 되었다는 점이다.

소에게 풀이 아닌 곡물을 먹였을 때의 비효율성과 낭비를 처음 지적한 이는 프랜시스 무어 라페Frances Moore Lappe이다. 27살 때인 1971년에 쓴 『작은 행성을 위한 식단*Diet for a Small Planet*』에서 그는 우리가 곡물을 직접 먹지 않고 그 곡물을 소에게 먹인 다음 소의 고기를 먹는 시스템이 얼마나 낭비인지 말했다. (이 책은 우리말로 번역되어 있지 않다. 육식의 비효율성을 다룬 짧은 글 "국제적 기아 문제"가 17인 공저인 『고기, 먹을수록 죽는다』에 실려 있다.) 1킬로그램의 소고기를 만드는 데 21킬로그램의 곡물이 필요하다. 지금은 그때보다 축산업의 효율성이 증대되긴 했지만 그래도 1킬로그램의 소고기를 만드는 데 14킬로그램의 곡물이 필요하다. 곡물은 소의 고기를 만드는 데만 쓰이는 것이 아니라 소의 가죽, 뼈, 피와 내장 등을 만드는 데도 쓰이고 소가 활동하는 데도 쓰이기 때문이다. 그러니까 우리가 곡물을 바로 먹으면 14킬로그램이나 되는 식량을 먹을 수 있지만, 그것을 소고기로 바꾸어서 먹으면 1킬로그램밖에 못 먹게 되는 것이다. 그래도 우리나라 사람들은 소의 뼈도 고아먹고 소의 내장도 먹고 소꼬리도 먹고 선지도 먹으니 조금이나마 덜 낭비를 하는 셈이다. 살코기만 먹는 서양 사람들은 낭비가 훨씬 심하다.

꼭 양으로만 따질 것이 아니라 질도 감안해야 하지 않느냐, 그만큼 소고기가 맛있고 영양가가 높지 않느냐, 하고 반문하는 사람이 있을 것이다. 그러나 고기가 각종 성인병을 일으킨다는 것은 정설이 되었고 고기에서 얻는 단백질은 콩으로도 얻을 수 있으므로 고기가 반드시 영양가가 있다고 말할 수는 없다. 더구나 채식을 옹호하는 사람 중에는 채소가 고기보다 맛있다고 말하는 사람도 있다. 그러나 적어도 나는 고기가 채소보다 훨씬 맛있음을 인정한다. 하지만 그렇더라도 고기를 먹는 것은 옳지 않다고 생각한다. 고기가 채소보다 우리의 혀를 더 즐겁게 하는 것은 부인할 수 없지만, 그 고기를 만들기 위해서 동물에게 가하는 고통의 양과 환경 훼손을 생각해보면 혀의 즐거움은 극히 이기적인 부분이기 때문이다.

가장 심각한 것은 내가 고기 1킬로그램을 먹어버림으로써 최소 14킬로그램이나 되는 곡물을 먹을 수 있었던 사람들이 못 먹게 된다는 사실이다. 「시크릿 가든」이라는 인기 TV 드라마에서 주인공이 읽는 바람에 더 유명해진 장 지글러Jean Ziegler의 『세계의 절반은 왜 굶주리는가?』에 따르면, 현재 세계에는 세계 인구의 두 배가 넘는 120억 명이 먹을 수 있을 만큼의 식량이 생산된다고 한다. 그런데도 여전히 '세계의 절반이 굶주리는' 까닭은 다국적 기업의 장난질이나 식민지 정책의 잔재 탓도 있지만 과도한 육식 문화도 한몫 하고 있기 때문이다. 전 세계에서 생산되는 곡물의 3분의 1이 가축의 사료로 쓰인다. 라페에 따르면 특히 콩은 생산량의 90퍼센트를 동물이 먹는다고 한다. 우리나라에서는 전체 곡물의 41.3퍼센트를 가축들이 먹는데 그 75.3퍼센트가 수입 곡물이다. 2005년에 사료용 곡물 수입량이 818만 톤이었는데 우리나라 쌀 소비량이 523만 톤이었음을 생각하면 얼마나 어마어마한 양인지 알 수 있다(『이코노미 21』, 2006년 11월호).

닭이나 돼지는 그나마 소보다 효율성이 나은 편이다. 닭고기 1킬로그램을 만드는 데는 곡물 2킬로그램이, 돼지고기 1킬로그램을 만드는 데는 곡물 4킬로그램이 든다(『누가 세계를 약탈하는가』). 돼지도 예전에는 곡물로 된 먹이를 먹지 않았다. 집안에서 먹다 남은 음식찌꺼기를 줘도 잘 먹었다. 돼지를 많이 치던 사람들은 리어카에 잔반 수거통을 싣고 식당들을 돌아다니면서 음식찌꺼기를 수거해 돼지를 먹였다. 그런 사료를 잔반 사료라고 한다. 요즘에는 트럭으로 식당이나 군부대 등에서 음식찌꺼기를 수거하여 끓이거나 고체 형태로 가공해서 먹이로 준다. 그러나 잔반 사료로 키운 돼지는 냄새가 나거나 고기질이 나빠서 낮은 등급을 받는 경우가 많으므로, 곡물로 만든 배합 사료를 먹이는 축산농이 는다고 한다.

마이클 폴란은 『잡식 동물의 딜레마』에서 지적하기를, 음식 사슬에서 한 단계가 올라갈 때마다 에너지의 양이 10분의 1로 감소한다고 말한다. 즉 음식 사슬에서 가장 높은 단계의 음식을 먹으면 90퍼센트의 에너지를 잃는다는 것이다. 내가 곡물을 먹지 않고 고기를 먹으면 그 고기 열량의 9배에 해당하는 곡물을 다른 사람이 못 먹게 되는 셈이다. 나의 입맛을 만족시키기 위해 다른 사람들을 굶게 한다는 것은 도저히 윤리적으로 용납될 수 없다. 고기를 먹지 말아야 하는 또 하나의 윤리적인 이유가 이것이다. 내가 고기를 안 먹는다고 해서 동물에게 줄 곡물이 굶주리는 사람에게 돌아가겠느냐고 반문하는 사람도 있을 것이다. 그러나 곡물을 동물의 먹이로 주는 바람에 국제 곡물가격이 더 오른다는 얘기를 뉴스에서 들었을 것이다. 고기 소비량이 줄면 곡물가격이 그만큼 낮아져서 가난한 사람들도 곡물을 더 많이 먹을 수 있게 된다. 좀 더 과격하게 표현해보자. 내가 지금 고기를 먹는 일은 가난한 사람의 곡물을 빼앗아먹는 일인지도 모른다. 더 심하게 말하면 가난한 이들의 살을 먹는 일인지도 모른다.

공장식 축산의 비효율성은 화석연료가 과다하게 낭비된다는 점에서도 확인될 수 있다. 가축들을 풀밭에 방목해서 키우는 축산이라면 필요한 에너지는 햇빛뿐이다. 그러나 공장식 축산에는 옥수수로 만든 사료가 대량 소모되는데, 이 옥수수를 생산하는 데는 화학비료가 사용되고 화학비료는 석유와 같은 화석 연료로 만든다. 또 과거의 가족농이 생산한 고기들은 지역에서만 소비가 되었다. 그러나 대규모 공장식 축산으로 생산된 고기는 전 세계로 운송이 되는데, 거기에 들어가는 화석 연료도 만만치 않다.

똥과 트림으로 바꾼 밀림

"맥도날드, 아마존을 삼키다."

라는 제목의 기사가 신문에 떴다. 무슨 뜻일까? 맥도날드 회사가 아마존닷컴을 인수했다는 뉴스일까? 그게 아니다. 아마존이란 남

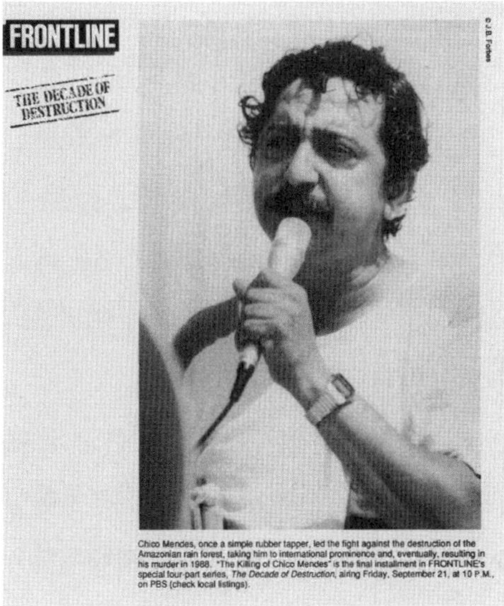

치코 멘데스의 피살은 세계 여론에 큰 파장을 일으켰다. 그가 지키려고 한 것은 단지 아마존 생태계만이 아니라 그곳에 사는 원주민들의 생존권이었다.

아메리카에 있는 진짜 아마존을 말하며, 맥도날드 햄버거나 맥너겟 때문에 아마존이 황폐화되고 있다는 뉴스이다.

꼭 아마존뿐만이 아니라 중앙아메리카나 남아메리카의 많은 열대우림들이 미국의 다국적 기업들에 의해 목초지로 바뀌거나 소 사료를 위한 옥수수나 콩 경작지로 바뀌고 있다. MBC 다큐멘터리 「아마존의 눈물」(2009~10)로도 널리 알려졌지만, 아마존 밀림은 수많은 원주민들이 살고 있는 삶의 터전이기도 하다. 목초지와 경작지를 위해 열대우림을 밀어버리는 것은 원주민들을 숲 밖으로 내모는 일이기도 하다. 1988년에는 고무나무 수액 채취업자이자 환경운동가인 치코 멘데스Chico Mendes가 벌목꾼들에게 살해되는 사건이 일어나 전 세계적으로 논란이 일어났다. (가수 폴 메카트니의 곡 "How Many People"은 멘데스에게 바치는 노래이다.) 문제는 벌목꾼이나 살인 청부업자에게 죽은 원주민이나 아마존 보호운동가가 멘데스가 처음이 아니라는 사실이다. 아마존은 지구의 허파 또는 산소탱크라 불리는 곳인데, 알다시피 산림이 파괴되면 탄소를 더 이상 저장하지 못해 온실가스 효과가 확산된다. 또한 아마존은 태고의 생태계를 보존하고 있는 곳으로, 지구상 모든 종들의 50퍼센트가 살고 있을 만큼 생물다양성의 보고이기도 하다.

제레미 리프킨은 『육식의 종말』에서 고기를 먹고 싶은 욕망 때문에 이 세상에서 가장 풍요로운 생물군의 영토가 얼마나 무참히 파괴되고 있는지 고발하고 있다. 그에 따르면 우리가 열대우림을 개간해서 생산한 소고기로 햄버거를 하나 만들어 먹으면 75킬로그램에 이르는 생명체가 파괴된다고 한다. 그 결과 2000년 한 해에만 포르투갈의 2배에 해당하는 열대우림이 사라지고 말았다(『고기, 먹을수록 죽는다』, 5장 "기후변화 문제"). 이런 속도로 벌목이 진행되면 앞으로 20년 이내로 남아있는 열대우림이 모두 사라져버릴 것으로 내다보고 있다. 더 웃지 못할 사실은, 열대우림을 밀고 개간한 땅들은 땅의 무기질이 빈약해 목축에 그리 적합하지 않다는 점이다. 3~5년 목축을 하고 나면 그 땅을 더 이상 쓸 수 없다고 한다. 그러다 보니 그 땅을 버리고 또 새로운 천연림을 파괴하는 악순환을 되풀이한다(『육식의 종말』). 꼭 열대우림이 아니더라도 공장식 축산은 모든 지역의 숲을 파괴한다. 존 라빈스의 『육식, 건강을 망치고 세상을 망친다』에 따르면, 미국 사람들이 땅을 가축사료 경

지구의 허파가 병들고 있다! WWF(세계자연보호기금) **포스터.**

작지로 사용하는 대신에 사람들이 먹을 식량 재배에만 이용한다면 농지로 바뀐 미국의 숲 가운데 4분의 3이 다시 숲으로 회복될 수 있다고 한다.

열대우림 파괴에 대한 비난이 거세다 보니 맥도날드는 1989년에 열대우림을 개간해 기른 소고기는 구입하지 않겠다는 정책을 발표했다. 외국의 맥도날드 홈페이지에 가보면 맥도날드가 환경에 얼마나 관심이 많은지 알려주기 위해 이 사실을 홍보하고 있는 것을 볼 수 있다. 맥도날드 햄버거가 소고기의 전형이 된 탓에 맥도날드의 조치가 상징적으로 보이지만, 아마존 산 소고기는 여전히 다른 곳에 수출되고 있고 그 속도도 빠르게 늘고 있다. 그리고 열대우림을 밀어버리고 만든 농경지에서 경작한 콩을 유럽에서는 여전히 가축사료로 쓰고 있으며, 맥도날드도 그렇게 키운 고기를 여전히 구매하고 있다. 우리나라에서는 2012년 5월 18일 환경단체 회원들이 한국 맥도날드 본사 앞에서 이러한 환경 파괴에 항의하는 시위를 벌이기도 했다.

숲을 베어내고 사료로 쓰일 곡물을 심는 것도 문제이지만 풀밭이던 곳에 곡물을 심는 것도 환경에는 문제가 된다. 풀밭은 화학비료와 제초제를 뿌리지 않아도 알아서 잘 자란다. 그런데 그 풀밭에 소 사료로 쓰이는 옥수수를 심으면 화학비료와 제초제를 쓰지 않을 수 없다. 옥수수는 지력 즉 토지 영양분을 약탈적으로 빨아들이기 때문에 비옥한 토양을 금세 망치게 된다(「SBS 스페셜: 옥수수의 습격」).

가축을 대량으로 사육하는 데는 물도 엄청나게 소비된다. 예전의 가족농에서 가축을 키우는 데 필요한 물은 가축이 마시는 물이 전부였다. 공장식 사육에서는 가축사료를 경작하기 위해, 그리고 가축의 똥오줌을 씻어내기 위해 엄청난 양의 물을 쓴다. 알기 쉽게 비교해 보면 햄버거에 들어가는 소고기를 만드는 데 필요한 물은 같은 크기의 빵을 만드는 데 필요한 물의 양의 15배, 감자와 비교하면 64배, 토마토와 비교하면 86배가 든다(『죽음의 밥상』). 더 알기 쉽게 비유하자면 무게 450킬로그램짜리 소 한 마리를 키우는 데 들어가는 물의 양은 해군 구축함 한 척을 띄울 수 있는 양이다

(존 라빈스, 『음식혁명』)! 이게 과장으로 보인다면 이런 비유는 어떨까? 소 한 마리를 키우는 데 들어가는 물의 양은 도살자를 떠내려가게 할 수 있다.

논리학을 배운 사람이라면 이런 질문을 대한 적이 있을 것이다. "버스가 소비하는 연료는 승용차가 소비하는 연료보다 많다." 이 말이 맞을까 틀릴까? '버스'를 개별적인 의미로 보느냐 집합적인 의미로 보느냐에 따라 달라진다. 곧 버스 한 대와 승용차 한 대를 비교하면 위 진술은 맞는 말이지만, 버스 전체와 승용차 전체를 비교하면 틀린 말이 된다. 승용차 대수가 버스 대수보다 훨씬 많으니까. 그렇다면 소와 닭 중에 더 심하게 환경을 오염시키는 쪽은 어느 쪽일까? 이 질문도 한 마리씩만 비교하느냐 전체를 비교하느냐에 따라 답이 달라진다. 한 마리씩 비교하면 당연히 소가 닭이나 돼지보다 훨씬 심하게 환경을 오염시킨다. 그러나 닭은 워낙에 대량 사육을 하기 때문에 전체적으로 보면 환경을 더 심하게 오염시킨다. 미국에서 2010년 소비된 닭고기를 생산하느라 배출한 이산화탄소량을 자동차가 달린 거리로 환산해보면 약 898억 100만 킬로미터에 이른다고 한다(『고기, 먹을수록 죽는다』, "기후변화 문제"). 감이 안 잡히면 지구에서 태양까지 300번을 왕복하는 거리라고 보면 된다.

사람이든 동물이든 똥을 싼다. 도시에서는 사람의 분변 처리만으로도 큰 고민거리인데, 시골에서는 전혀 문제가 되지 않았다. 거름으로 썼기 때문이다. 예전에 시골 사람들은 집 밖에 나갔다가도 용변이 마려우면 참았다가 집에 와서 해결했다. 똥오줌은 모두 거름을 만들기 위한 귀중한 자원이었기 때문이다. 가축도 마찬가지였다. 가축의 '축畜' 자 역시 밭[田]을 거뭇하게[玄] 한다는 뜻으로 풀 수 있는데, 소가 논밭을 갈아 작물을 잘 자라게 하기도 하지만 가축의 똥으로 논밭을 기름지고 풍부하게 만든다는 뜻으로 이해할 수 있다. 소나 돼지나 닭을 우리에서 키울 때는 그 똥을 짚단과 섞어 거름으로 만들었고, 그것으로 작물을 키웠다. 방목을 할 때는 똥이 자연스럽게 식물의 거름이 되었다. 가축이 식물을 먹고 배설을 하면 그 배설물이 다시 식물을 기르는 과정이 수천 년 동안 이어져 온 것이다. 이것을 생태계 순환이라고도 하고 가축과 식물의 공진화라고도 한다.

그러나 공장식 축산이 시작되면서 이런 생태계는 깨지고 말았다. 무엇보다 한 곳에서 기르는 가축의 마릿수가 어마어마하기 때문에 거기서 나오는 배설물의 양도 엄청나게 많다. 공장식 농장에서 기르는 가축의 총 마릿수는 닭, 돼지, 소의 순서이지만 싸지르는 똥의 양은 거꾸로다. 소 한 마리가 싸는 똥의 양은 사람 16명이 싸는 똥의 양과 같은데, 10만 마리의 소를 기르는 사육장은 뉴욕과 똑같은 양의 배설물을 내놓는다(『육식, 건강을 망치고 세상을 망친다』). 미국의 대규모 농장들에서 나오는 배설물은 거름으로 자연스럽게 처리할 수준을 넘기 때문에 쌓이고 쌓인 나머지 작은 호수 또는 저수지 크기의 못을 이룬다. 포어의 『동물을 먹는다는 것에 대하여』를 보면, 어떤 일꾼이 그 '인공 못'의 유독가스에 의식을 잃고 빠지는 사고가 생기는데 그를 구하려 한 친척들까지 빠져죽는 이야기가 나온다. 소나 돼지의 배설물은 그 양도 양이지만 질도 문제가 된다. 질소와 인의 농도가 너무 높아서 거름으로 쓰면 작물을 죽일 수가 있다. 그런 유독 물질이 땅으로 스며들고 강으로 흘러 들어간다고 생각해 보라. 이것은 우리나라에서도 종종 문제가 되는 사안이다.

또 문제가 되는 것은 소의 트림이다. 장난 같은 말로 들리겠지만 틀림없는 사실이다. 소는 트림을 할 때 메탄가스를 내뿜는데, 소 4.2마리가 자동차 한 대에 해당하는 온실가스를 내뿜는다. 옛날부터 인류와 함께 살아온 소가 이제 와서 지구온난화의 주범으로 몰리게 되었으니 소로서는 참으로 억울한 일일 텐데, 사실은 소 탓이라고 할 수 없다. 소의 트림이 새삼 문제되는 것은 먹이와 마릿수 때문이다. 풀을 먹지 못하고 곡물만 먹으니 소화가 안 돼서 트림을 더 많이 하게 된 것이다. 또 소가 적었을 때는 문제가 없었지만, 전 세계에서 10억 마리가 넘는 소가 사육되는 시스템이 되면서 소의 트림도 걱정거리가 된 것이다. 소 탓이 아니라 소고기를 먹고 싶은 사람의 욕심이 스스로 지구온난화를 재촉하고 있는 것이다.

고기, 먹을수록 해롭다

이 책의 목적은 윤리적 채식주의를 설명하는 데 있기 때문에, 건강을 위해 채식을 하는 경우는 관심사가 아니라고 했다. 그러나 건강 역시 윤리적 관심 대상이 되는 경우가 있다. 담배를 피우는 것 자체는 비윤리적이라고 할 수 없지만, 담배 연기가 주변 사람에게 피해를 주면 윤리적으로 문제되는 것과 마찬가지이다. 건강에 나쁘기 때문에 육식을 하지 말라는 말은 윤리적인 주장이 될 수 없지만, 동물을 사육하고 도살하는 과정에서 고기가 수많은 사람의 목숨을 위협하는 전염성 질병의 원인이 된다면 육식은 건강의 측면에서도 윤리적인 문제를 일으킨다. 특히나 그런 질병은 공장식 사육 방식에서 비롯되는데, 이 경우 공장식 축산은 동물에게만 고통을 주는 것이 아니라 인간에게도 고통을 주는 원인이 된다. 그래서 '국민건강을 위한 수의사연대'의 정책국장을 맡고 있는 수의사 박상표 씨가 쓴 책 제목은『가축이 행복해야 인간이 건강하다』이다.

공장식 축산으로 기르는 동물들은 좁고 빽빽한 환경에서 자라다 보니 스트레스에 시달리고 각종 전염병에 걸리기가 쉬워 항생제 범벅이 된 먹이를 예방 차원에서 먹인다. 스트레스를 많이 받은 고기를 먹으면 우리 몸도 스트레스를 받지 않을까 생각하는 사람도 많은데, 이것은 과학적 근거를 가진 생각이라기보다 기분의 문제일 것이다. 그러나 단순히 기분 문제를 떠나 그런 고기가 우리 몸에 좋지 않다는 것은 과학적으로 추측 가능하다. 공장식 농장에서 폐쇄되어 자란 가축은 스트레스에 대한 저항력이나 면역력이 떨어져 질병에 쉽게 노출될 수밖에 없다. 특히나 그런 가축들은 고기나 우유 같은 특정 목적을 위해 개량된 종들이어서 매우 비대하다. 이것을 '개량'이라 해야 하는지 의문스러운 것이, 관절이 약해지거나 젖에 염증이 생기는 등의 병에 자주 걸리기 때문이다. 대량 생산을 위해 특정 품종으로 유전적 다양성을 없애버린 점도 한 번 병에 걸리면 쉽게 전염이 되는 이유이다. 사육자들은 이런 질병을 예방하기 위해 항생제를 쓰는데, 각종 항생제와 호르몬으로 길러진 가축 몸속의 유해물질들이 그 고기와 부산물(우유, 달걀)을 먹는 사람의 몸속으로 고스란히 옮겨진다는 것은 기분 문제가 아니라 과학적 사실이다. 공장식 농장은 결국 화학 공장이나 다름없는 곳이다. 먼저 가축의 먹이로 쓰는 풀과 곡물에도 살충제, 제초제가 뿌려지며, 그것들로 만든 사료에는 항생제가, 가축 자신에게는 호르몬제, 성장촉진제, 식욕촉진제, 구충제가 주입된다. 자연 상태에서라면 가축들이 절대 먹었을 리 없는 화학물질들이다.

물론 자연 상태에서도 동물은 인간에게 여러 질병을 옮겨왔다. 그러나 대부분의 인간 전염병은 가축을 사육하면서 탄생했다는 것이 유력한 가설이다. 몇 가지 예를 들면, 홍역은 양과 염소에서, 천연두는 낙타에서, 백일해는 돼지에서, 감기는 소에서 온 것으로 추정된다(『고기, 먹을수록 죽는다』, 9장 "동물에서 비롯되는 병"). 이런 이야기를 처음 들은 사람이라 해도 에이즈가 원숭이에서, 사스가 사향고양이에서, 조류독감이 닭에서 비롯되었다는 얘기는 들어보았을 것이다. (원숭이는 가축이 아니지만 사냥으로 잡은 원숭이에서 에이즈가 전염되었다고 한다.) 이와 달리 식물의 병은 인간에게 전염되지 않는다. 벼의 잎마름병이 사람에게 전염된다는 말을 들어본 적이 있는가? 물론 잘 씻지 않은 채소를 먹고 병에 걸리기는 하지만 그것은 식물 자체가 가지고 있는 병 때문이 아니라 식물에 묻어있는 성분 때문이다. 병을 떠나서 식물과 동물이 썩어가는 냄새를 서로 비교해 보라. 채소는 싱크대 수채에 버려진 채 며칠씩 있어도 냄새가 나지 않는데, 먹다 남은 고기는 한 나절만 지나도 고약한 냄새를 풍긴다.

동물에서 비롯된 질병이 인체에 감염되어 사회적으로 큰 문제를 일으킨 사례는 많다. 몇 가지만 살펴보면, 먼저 O157 대장균을 들 수 있다. 매년 미국에서 수만 명이 햄버거를 먹고 걸린다는 이 병원성 대장균은, 햄버거에 넣는 패티나 미트볼 같은 다진 고기(분쇄육)가 원인이 되어 생긴다. 도축장과 고기가공 공장이 비위생적으로 운영되다 보니 가축의 장에 살고 있던 대장균이나 살모넬라균이 고기를 오염시키는 것이다. 2008년 미국에서는 O157에 오염된 것으로 의심되는 분쇄육이 대량 리콜되는 사태가 벌어졌고, 이후에도 다진 고기의 안전성은 계속 의심받고 있다. O157에 감염되면 복통과 설사를 유발하지만 환자의 5~10퍼센트는 사망하고 많은 환자들이 장애인이 된다. 특히나 햄버거의 패티는 소의 여러 부위에서, 심지어는 서로 다른 도살장에서 나온 고기를 섞어서 만들기 때문에 더 위험하다고 한다. 그래서 햄버거 먹는 것은 목숨을 건 도박이라고 말하는 기사도 있다(『뉴욕타임스』, 2009년 10월 4일자). 에릭 슐로서Eric Schlosser는 『패스트푸드의 제국』에서 엄청난 양의 균일한 고기가 전국(아니 전 세계)의 패스트푸드 체인점을 통해 공급되니 병균을 퍼트리는 데는 더할 나위 없이 효율적인 시스템이라고 지적한다. 『도살장』을 쓴 아이스니츠는 햄버거 패티를 먹고 이 병에 걸려 중환자가 된 아이의 부모를 인터뷰한 후 도살장의 심각성을 취재하기로 다짐했다고 한다.

2009년에는 신종 인플루엔자 A(H1N1, 보통 '신종 플루'라고 부른다)가 전 세계를 공포에 떨게 했다. 과학자들은 공장식 농장의 돼지들이 인간의 독감이나 조류독감에 감염된 후 다시 인간에게 전염시킨 것으로 본다. 현재의 공장식 축산은 수많은 가축들을 밀집 사육한 다음에 다시 그 가축들을 전 세계 가공 공장으로 운반하여 처리하는 과정으로 이루어지는데, 이 과정에서 저임금 노동자들을 신종 질병에 감염시키는 구조이기도 하다. 퓰리처상을 수상한 과학저술가 로리 개럿Laurie Garrett은 밀식 사육이 인플루엔자의 온상이며 바이러스의 진화를 촉진한다고 말한다. 그리고 "하루빨리 이런 생태계를 되돌리는 데 손을 쓰지 않으면 언젠가 진짜 심각한 플루 대유행을 부를 게 뻔하다."라고 경고한다(『뉴스위크』, 880호 2009년 5월 13일).

광우병은 몇 년 동안 그리고 지금도 우리나라를 패닉에 빠뜨리고 있는 병이다. 흔히 광우병이라고 말하지만 정확한 명칭은 소해면상뇌증(Bovine Spongiform Encephalopathy, 줄여서 BSE)이다. 소의 뇌세포가 스펀지(해면) 모습(상)처럼 변형되는 질병을 뜻한다. 뇌세포가 스폰지 모습처럼 변하는 질병을 통틀어 전염성 해면상뇌증Transmissible Spongiform Encephalopathies이라고 부르는데, 그런 질

소가 주저앉는 것은 광우병의 전형적인 증상이다.

병으로는 양이 걸리는 스크래피scrapie가 아주 오랜 역사를 가지고 있다. 스크래피는 양이 이 병에 걸리면 몸을 긁는다고 해서 생긴 이름인데, 우리말로는 진전병震顫病이라고 부른다. 보통의 질병은 박테리아나 바이러스 감염으로 생기는데 광우병이나 스크래피 같은 전염성 해면상뇌증은 변형 단백질 프리온prion에 의해 전염된다고 한다. BSE에 걸린 소가 처음으로 발견된 것은 1986년 영국이었는데, 1990년대에는 매년 2~3만 마리의 소가 이 병에 전염되기에 이르렀다. 이 무렵 영국의 젊은이들 중에 일종의 치매인 크로이츠펠트-야콥병에 걸려 죽는 사람들이 생겼는데, 기존의 크로이츠펠트-야콥병과 증세가 달라서 변형 크로이츠펠트-야콥병이라고 불렀다. 그러다 과학자들은 이 병이 소의 광우병이 인간에게 전이되어 생긴 게 아니냐는 의심을 품게 되었고, 그래서 이 병을 인간

광우병이라 부르게 된 것이다.

광우병 소고기의 수입 문제나, 그 병에 걸린 고기를 먹는다고 해서 인간광우병에 걸릴 확률이 얼마나 되느냐의 문제는 아직도 논란이 되고 있지만, 광우병이 풀이 아닌 다른 동물의 사체나 뼛가루를 소에게 먹여서 생겼다는 데는 이론이 없는 듯하다. 광우병과 비슷한 쿠루병은 식인 풍습이 있는 인간에서 발견된다. 죽은 사람의 시신을 나누어 먹는 풍습이 있는 부족이 파푸아뉴기니에 사는데, 시신을 먹을 때 힘센 남자들은 살코기를 먹고 여자나 어린이는 뇌, 내장 등의 이른바 '부속물'을 주로 먹는다고 한다. 그런데 이런 부속물을 먹은 사람 중에 쿠루병이 발병한다는 것이다. 진화생물학자들에 따르면 모든 동물들이 동족을 잡아먹지 않는 이유는 이러한 질병을 예방하기 위해서라고 한다. 그러나 소의 경우에는 먹이에 단백질 비중을 높여 더 질 좋은 고기를 생산할 목적으로 곡물뿐 아니라 소의 고기와 뼈를 건조, 분쇄한 육골분 사료를 먹인다. 광우병을 일으키는 프리온 단백질은 그 과정에서 소에게 옮겨졌을 것이라고 전문가들은 추측한다. 지금은 그 심각성이 알려져서 소고기로 만든 사료는 금지하고 있지만, 소의 피나 지방은 여전히 들어가고 돼지고기, 닭고기, 물고기, 뼛가루, 심지어 동물 배설물이나 동물 우리의 바닥에 깔았던 짚, 톱밥까지 사료에 들어가곤 한다. 이렇게 소 사료의 원료가 되는 동물들이 광우병에 걸린 소로 만든 사료를 먹고 컸다면 광우병 전염은 여전히 우려할 수밖에 없다.

공장식 축산은 거기서 생산된 고기를 먹는 사람의 건강을 해칠 뿐만 아니라 생산 라인에서 일하는 사람의 건강도 심각하게 해친다. 대규모 축산 농장의 악취는 근처 주민들을 불쾌하게 할 뿐만 아니라 두통 등을 유발한다. 대규모 도살장의 열악한 근무 환경은 5장에서 말했듯이 1906년의 소설 『정글』에서 이미 폭로되었지만 여전히 개선되지 않고 있다. 『도살장』과 『패스트푸드의 제국』은 도살장에서 일하는 노동자들이 칼에 찔리고 오염 물질에 중독되는 모습을 더욱 생생하게 고발하고 있다.

먹을거리의 안전은 우리 사회의 초미의 관심사이고, O157이나 광우병은 먹을거리에서 오는 대표적인 질병이다. 고기 자체에서 생긴 질병이라기보다 공장식 농장에서 비롯된 질병이지만, 역시 인간이 고기를 탐해온 탓에 생긴 것이다. 고기를 상당 수준 포기하지 않는 이상 인간은 스스로 만든 이런 질병들에 계속 노출될 수밖에 없다.

8장

아직도 남은 문제들

고통 없이 기른 고기

이 책 5장과 6장을 통해 우리는 동물들이 사육과 도살 과정에서 얼마나 참혹한 고통을 당하는지 살펴본 바 있다. 동물을 죽일 때 완전히 기절하지도 않은 상태에서 산 채로 피를 뽑고 껍질을 벗기는 일이 다반사라니 실로 끔찍한 일이다. 또한 공장식 농장의 밀식 사육 역시 동물들에게 평생 계속되는 지루함과 함께 각종 질병과 비정상적인 체형 등 온갖 괴로움을 준다는 점에서 도살 과정과 다를 바 없음을 알 수 있었다. 그렇다면 이런 생각을 해볼 수 있겠다. 동물을 고통 없이 기르고 죽일 수만 있다면 그런 고기는 먹어도 되지 않을까? 고기 때문에 생기는 질병이야 먹는 사람이 감당할 몫이고, 윤리적인 문젯거리는 동물에게 고통을 주는 데서 비롯되는 것이므로, 기르고 도살할 때 고통을 주지 않을 수만 있다면 그 동물을 먹어도 되지 않을까? 맞는 말이다. 자연스러운 환경에서 기르고 자비로운 방법으로 도살한, 그래서 고통을 받은 적이 없는 고기만 먹는다면 윤리적으로 문제될 게 없을 것이다. 이른바 '윤리적 육식'이다.

이런 윤리적 육식을 옹호한 이가 마이클 폴란이다. 그는 『잡식동물의 딜레마』에서 동물들이 행복하게 사는 농장을 방문한 경험을 들려준다. 그 농장에서 암탉들은 소 방목지로 몰려나와 만족스럽게 소똥과 풀을 쪼아 먹고, 돼지들은 옥수수를 찾아 두꺼운 퇴비층에 코를 파묻는다. 폴란의 말마따나 동물의 권리를 옹호하는 사람들로서는 그런 농장마저도 "죽을 운명의 피조물이 처형 일자를 기다리는 일종의 중간역에 지나지 않는다."고 말할지 모른다. 홀로코스트가 벌어지는 '죽음의 수용소'라고 말이다. 그러나 이런 비유는 적절하지 않다. 수용소에 갇힌 사람들은 죽음을 예지하고 그로 인해 불안을 느끼지만 동물들은 그런 예지 능력이나 불안감이 없기 때문이다. 또 그 사람들은 '부자연스럽게' 살지만 그런 농장의 동물들은 '자연스럽게' 산다.

그러나 고통 없이 기르고 죽인 고기를 먹는 데는 여전히 복잡한 문제가 따른다. 하나는 현실적인 문제이고 다른 하나는 이론적인 문제이다. 먼저 현실적인 문제를 이야기해보자.

현실적으로 가장 큰 문제는 인도적인 사육 과정과 도살 과정을 거친 고기를 찾기가 매우 어렵다는 점이다. 가축을 식구처럼 기르던 과거의 가족농은 거의 없어졌고, 우리가 사먹는 고기는 대부분 공장식 농장에서 나온 것들이다. 외식을 할 때 먹는 고기가 바로 그런 고기들이다. 공장에서 나온 고기가 값도 싸고 맛도 훨씬 좋기 때문이다. 여기서 문제가 되는 것은 내가 먹는 이 고기가 어떻게 사육이 되고 도살이 되었는지 확인할 방법이 전혀 없다는 점이다. 고기를 요리한 요리사도, 고기를 사온 식당 주인도, 고기를 파는 정육점 주인도 모른다. 이처럼 확신이 서지 않을 때는 3장에서 설명한 '의심의 이득' 원칙에 따라, 고통을 받고 자란 동물의 고기라고 생각하는 것이 옳다. 실제로도 그럴 가능성이 매우 높다.

우리나라 케이블 방송 중에 낚시 채널이 있는 것처럼 외국의 케이블 방송에는 사냥 채널이 있다. 커다란 눈망울을 한 사슴이 사냥꾼의 총에 쓰러지는 장면을 보면 잔인하기도 하고 섬뜩하기도 하다. 생각해보면 낚싯줄에 걸려 버둥대는 물고기나 총에 맞아 괴로워하는 사슴이나 큰 차이가 없을 것 같은데, 동물 사냥은 특히 비난하는 사람들이 많다. 하지만 총에 맞아 죽는 동물이 공장에서 사육되어 죽는 동물보다 훨씬 행복하다는 것을 아는 데는 그리 많은 생각을 필요로 하지 않는다. 사냥 당하는 동물은 태어나면서부터 들과 산에서 천성대로 살다가 죽는 그 순간에만 고통을 당하지만, 사육되는 동물은 열악한 환경에서 평생토록 괴롭게 지내다가 죽기 때문이다. 재수가 없으면 죽을 때도 멀쩡하게 의식이 남은 채로 껍질이 벗겨지거나 뜨거운 물에 튀겨져야 한다. 그렇다고 해서 고기를 먹기 위해 사냥을 할 수는 없는 노릇 아닌가? 고기가 정 먹고 싶다면 시골에 가서 아직도 옛날식으로 소나 닭을 기르고 있는 사람을 찾으면 될 것이다. 돼지는 옛날에도 그리 자비롭게 기른 것 같지 않으니 제외하자. 아니면 소나 돼지나 닭을 자연 상태에서 최

대한 편안하게 손수 기르면 될 것이다.

그래도 여전히 곤란한 점이 있다. 자비롭게 도살할 도축장이 없다는 사실이다. 우리나라에서도 윤리적 소비를 실천하는 조합(생협)들에서 방목까지는 아니더라도 항생제 없이 기르는 유기농 고기를 시판하고 있다. 그러나 이 조합들도 유기농 가축을 인도적으로 도축할 곳을 찾지 못해 어려움을 호소하고 있다. 닭 정도는 옛날 방식대로 모가지를 비틀어 직접 잡을 수 있지만, 소나 돼지는 그럴 수도 없다.

마이클 폴란은 자비로운 도축장, 그의 표현에 따르면 '깨끗한 살해'를 하는 도축장에 대해 이야기한다. 그도 직접 방문한 것은 아니고 남에게서 들은 이야기인데, 동물 전문가로서 도축장의 경사로와 도살 장치를 직접 설계한 템플 그랜딘(5장에서 말한 바로 그 템플 그랜딘)이 전한 이야기이다. 홀로코스트를 당하는 사람들과 달리 동물들은 농장에서만큼은 자기들이 죽을 운명이라는 것을 모른다. 그러나 소나 돼지처럼 지능이 있는 동물들은 도살장에 끌려 들어갈 때 자신의 죽음을 금세 알아차린다고 한다. 오죽하면 남이 시키는 일을 마지못해 할 때 '도살장에 끌려가듯'이란 표현을 쓰겠는가? 그래서 자비로운 도축장은 소들이 일렬로 도살장으로 따라 들어갈 때 앞 소의 엉덩이밖에 볼 수 없게 하고, 마지막 순간에 소가 미처 알아차리기도 전에 발이 땅에서 떨어지게끔 설계되어 있다. 이때 소가 피 냄새를 맡거나 두려워하는 소리를 듣지 않을까 궁금해 하는 사람들을 위해 그랜딘은 자신이 직접 관찰한 것을 증언한다.

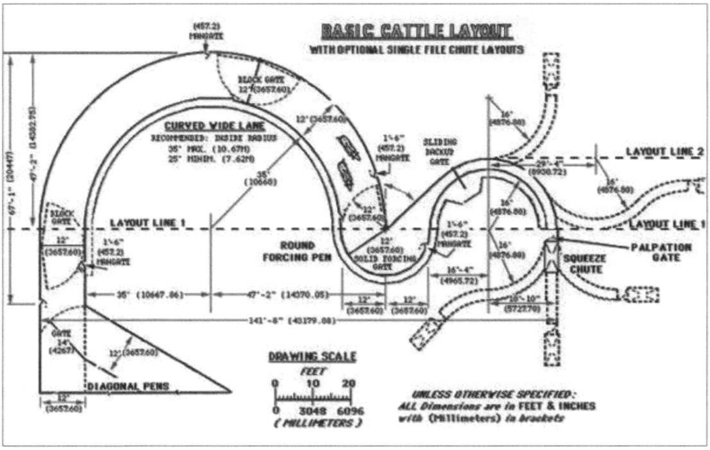

템플 그랜딘의 제안에 따라 '자비롭게' 지어진 도축장과 그 설계도.

"송아지가 자신이 도살되리라는 것을 미리 알 수 있을까요? 나도 그게 궁금했어요. 그래서 송아지들이 통로를 따라가 마침내 도살당하고 방혈 구역으로 옮겨지는 광경을 끝까지 지켜본 적이 있죠. 송아지들은 아무런 차이가 없었어요. 자신이 죽으리라는 걸 알았다면, 송아지들은 크게 동요하는 모습을 보였을 거예요."

이렇게 도살장에 들어간 다음에는, 공기 압력으로 발사하는 총을 소머리의 정중앙에 발사하여 소를 죽인다. 5장에서는 이 과정에서 가끔 총이 제대로 맞지 않아 의식이 살아있는 소가 나온다고 했는데, 이것은 도살 인부에게 너무 많은 소를 처리하도록 시키지 말고, 또 옛날 제사장처럼 신성한 일을 수행한다는 직업의식을 갖게 하면 해결될 문제이다.

이제 이론적인 문제를 거론해 보자. 문제는 '가장자리 인간' 즉 갓난아이와 중증장애인에게서 생긴다. 우리는 이 책 3장에서 동물과 구별되는 인간만의 특징을 찾으려 할 때 늘 갓난아이와 중증장애인이 문제가 된다는 점을 확인했다. 이들 가장자리 인간들은 인간보다는 오히려 동물에 가까운 특징을 갖고 있기에 인간과 동물의 차별성을 찾으려는 시도를 무산시킨다고 했다. 여기서도 마찬가지다. 고통 없이 기르고 죽인 동물의 고기는 먹어도 윤리적 문제가 되지 않는다면, 갓난아이와 중증장애인도 고통 없이 기르고 죽여서 먹을 수 있지 않을까?

이 무슨 말도 안 되는 소리냐고 펄쩍 뛸 것이다. 그러나 지금 우리는 사실을 이야기하는 것이 아니라 사고실험을 해보자는 것이다. 그냥 펄쩍 뛸 것이 아니라 왜 그러면 안 되는지 진지하게 근거를 제시할 수 있어야 한다. 우리와 같은 사람이니까 안 된다는 근거는 곤란하다. 합리적인 이성도, 미래에 대한 기대감도, 언어도 없다는 점에서 그들은 인간보다 동물에 가까우니까. 물론 갓난아이와 중증장애인도 동물과는 결정적으로 다른 점이 있다. 그들에게는 보호자가 있다는 사실이다. 동물도 어미나 동료가 있으니 뭐가 다르냐고 반문할 수 있는데, 확실히 중요한 차이가 있다. 갓난아이와 중증장애인을 먹기 위해서 기르고 죽인다면 아무리 고통을 주지 않는다 해도 그들의 보호자들이 기겁을 할 것이고 슬퍼할 것이다. 그러나 동물의 경우는 그렇지 않다. 침팬지와 같은 고등동물은 새끼나 어미가 없어지면 인간과 비슷한 상실감을 느끼겠지만, 우리가 고기로 먹는 동물들은 그런 감정을 못 느낀다. 소, 돼지도 자기가 보는 데서 새끼나 어미를 끌고 가면 슬피 울겠지만, 쥐도 새도 모르게 데려가면 그런 슬픔을 느끼지 못한다. 물론 평상시에도 자기 새끼가 먹을거리로 길러진다는 의식이 없다.

그렇다면 보호자가 없는 고아 갓난아이와 중증장애인은 고통 없이 죽여도 되느냐고 물을 수 있다. 현실에서는 이런 질문을 할 사람도, 실천할 사람도 전혀 없겠지만, 이런 식의 생각은 철학자들이 즐겨 하는 사고실험이다. 보호자가 없는 갓난아이나 중증장애인은 슬퍼할 사람도 없으므로 고통 없이 키우고 죽여서 먹는다 해도 윤리적으로 아무 문제가 없을 거라고 생각해보는 사람은 아마도 철학자들뿐일 것이다.

그래도 여기에 대해 대답할 수 있다. 보호자가 없다 해도 주변 사람들이 놀라고 슬퍼할 것이다. 그리고 공포심도 느낄 것이다. 내가 중증장애인이 될 가능성은 언제든지 있는 법이며, 가족이 모두 사고를 당하는 바람에 엊그제 태어난 내 아이가 고아가 될 가능성도 언제든지 있다. 그럴 때 누군가 나 또는 내 아이를 먹어치운다고 생각하면 소름끼치지 않는가? 이런 공포와 충격 역시 고통의 하나이므로 갓난아이나 중증장애인을 고통 없이 죽여도 된다는 생각은 윤리적으로 옳지 못하다. 그러나 동물의 경우에는 그런 불안과 공포를 느낄 수 없다. 도살장에 끌려 들어가는 소나 돼지는 죽음을 예측하고 공포에 빠질 수 있지만, 템플 그랜딘이 설계한 도축장에서라면 그럴 일이 없다. 그러나 다시 말하지만 그런 도축장을 찾기는 어렵다. 있다고 하더라도 그런 도축장이 곳곳에 있을 리 없기 때문에 동물을 도축장까지 보내는 운송 과정에서의 고통도 무시할 수 없다. 결국 우리가 먹을 수 있는 고기는 그런 도축장 가까운 곳에서 행복하게 자라다가 행복하게 죽은 고기뿐이다. 그런 고기를 먹으려면 그 도축장 가까이 살거나, 아니면 고기를 멀리서 배달해 먹어야 한다. 당연히 비싼 고기 값을 치를 각오도 되어 있어야 한다.

천수를 누리지 못하는 동물들

고통 없이 기르고 죽인 고기는 실제로 찾기가 어렵다는 현실적인 문제가 있다. 또 그런 고기를 먹어도 된다면 이론적으로는 동물과 비슷한 갓난아이와 중증장애인도 고통 없이 죽여서 먹을 수 있다는 문제가 발생한다. 갓난아이와 중증장애인의 경우에는 보호자의 슬픔과 주변 사람들의 공포 때문에 그래서는 안 된다는 것으로 문제가 해결되었다. 그러나 또 다른 이론적인 문제가 있다. 동물을 고통 없이 기르고 죽일 수 있다 하더라도 기대 수명보다 훨씬 일찍 죽인다는 문제가 남는다.

장년층과 노년층 사이에서 유행하는 말로 '998812'라는 말이 있다. 아흔아홉(99) 살까지 팔팔(88)하게 살다가 하루 이틀(12) 앓고 죽는 것이 가장 행복하다는 뜻이다. 사람을 고기에 비유해서 미안하지만, 여기에는 '고통 없이 기르고 죽인 고기'의 이념이 들어 있다. 팔팔하게 사는 것은 고통 없이 사는 것이고, 하루 이틀 앓다가 죽는 것은 고통 없이 죽는 것이기 때문이다. 그러나 여기에는 고기에게 해당되지 않는 이념이 하나 있다. 99살까지 사는 것, 즉 천수를 누리며 사는 것이다.

동물을 보라. 아무리 고통 없이 자라고 죽었다 하더라도 천수를 누린 것인가? 그렇지 않다. 닭은 자연 상태에서는 15년에서 20년까지 산다고 한다. 그러나 공장식 사육에서 고기를 목적으로 한 육계는 두 달이면 생명이 끝난다. 특히 우리나라에서는 예로부터 닭을 부위별로 먹기보다는 통째로 먹는 문화가 있어서 다른 나라보다 육계를 일찍 잡는다. 삼계탕용으로 쓰기에 가장 좋은 몸무게가 1.5~1.8킬로그램이라는데, 이 몸무게에 도달하는 35일 만에 죽음을 당한다. 달걀을 목적으로 하는 산란계 암탉은 1년 반에서 길어야 3년까지 산다. 존 라빈스는 이 정도 사는 암탉도 두 달 사는 육계에 견주면 므두셀라만큼 오래 사는 것이라고 말한다(『육식, 건강을 망치고 세상을 망친다』). 므두셀라는 「창세기」에 나오는 이름으로 969살까지 살았다는 전설의 인물이다. 산란계 중 수평아리는 육질이 질겨서 고기로도 별로 쓸모가 없기 때문에 태어나자마자 쓰레기통행이다. 돼지는 자연 상태에서 10~15년을 산다. 그러나 요즘은 6개월이면 '출하'한다. 돼지가 완전히 자라는 데는 1년 반~2년이 걸리는데, 6개월 정도 자랐을 때가 고기 맛이 최고이기 때문이다. 소의 기대 수명은 닭과 비슷하게 15~20년이다. 공장식 사육에서는 닭보다 조금 더 오래 산다. 광우병 논란이 일어나면서 소의 월령이 자주 거론되는데, 30개월이 넘은 미국산 소고기는 광우병 위험 때문에 수입을 제한하고 있다. 그러나 원래 대부분의 소는 20개월 이전에 도축한다. 그 이상이 되면 더 이상 몸무게가 불지 않고, 오히려 근육만 늘어서 고기가 질겨지기 때문이다.

가축들은 인간으로 치면 10살도 안 되는 어린 나이에 죽는다. 그렇다면 그 가축들을 방목하여 고통 없이 기르면 자연 상태의 기대 수명을 채우게 될까? 공장식 사육 방식으로 기르는 품종들은 속성으로 성장하도록 개량되었기 때문에 방목을 하면 아마도 '거친' 자연 환경에 적응하지 못하고 일찍 죽고 말 것이다. 무거운 몸무게 때문에 방목을 해도 마음껏 돌아다니지 못할 것이고, 덥고 추운 날씨와 비바람에 대해서도 속수무책일 것이다. 따라서 방목을 한다면 예전 품종으로 길러야 하는데, 이 품종은 공장식 사육 방식의 품종보다는 조금 늦은 나이가 되어야 도살에 적절한 상태에 도달한다. 애완용으로 기르지 않는 이상 고기가 목적이라면 고기가 가장 맛있을 때 도살을 해야 한다. 그 시기가 지나면 고기 맛이 없어진다. 달걀을 더 이상 낳지 못하여 버려진 닭을 '폐계'라고 부른다. 황선미의 동화 『마당을 나온 암탉』에서도 암탉 '잎싹'이 폐계 흉내를 내서 뒷산 폐계 웅덩이에 버려짐으로써 마당을 나오는 데 성공하는 것으로 설정된다. 폐계는 질기고 맛이 없어 이렇게 버려진다. 쫄깃한 맛을 일부러 찾는 사람이 있어서 폐계를 파는 닭집이 있기는 하지만 일반적으로 좋아하는 맛은 아니다.

고통 없이 가축을 기르고 죽일 수만 있다면, 가축이 천수를 누리지 못한다 해도 윤리적으로는 문제가 없는 것 아닐까? 동물은 죽음에 대한 공포를 갖지 않으므로 일찍 죽는 것에 대한 공포도 갖지 않는다. 그렇다면 기대 수명을 다 채우게 하지 않는다 하더라도 윤리적으로 문제될 것은 없어 보인다. 정말 그럴까?

사람을 일찍 죽이는 것이 나쁜 철학적 이유

이 질문에 답하기 위해서 조금만 철학적인 이야기를 해 보자. 죽음의 문제란 철학의 전통적인 주제이므로 난해한 이야기가 아닐까 생각하겠지만, 차근차근 따져 보면 그리 어려울 것도 없다.

고통 없이 기른 동물을 고통 없이 일찍 죽이는 것이 나쁘냐는 질문에 답하기 위해 우선 근본적인 문제부터 생각해보자. 사람의 경우에는 고통이 없더라도 죽이는 것 자체가 나쁘다고 할 것이다. 이 점을 의심하는 사람은 아무도 없다. 그러나 왜 고통 없이 사람을 죽이는 일이 나쁘냐고 묻는다면 과연 어떻게 대답해야 할까? 고통 없이 사람을 일찍 죽이는 일이 나쁘다는 데 대해 근거를 댈 수 있다면, 동물을 고통 없이 일찍 죽이는 문제에 대해서도 판단을 해 볼 수 있기 때문이다.

"법에 위반되니까."라는 대답은 썰렁하다. 지금 우리는 윤리적 근거를 묻고 있는 것이다. "생명을 빼앗는 일이므로 나쁘다."라는 대답도 적절하지 않다. 왜 대머리가 되었느냐고 묻는데 머리카락이 다 빠졌기 때문이라고 대답하는 것과 똑같다. 왜 머리카락이 다 빠졌느냐고 다시 묻게 되기 때문이다. "죽을 때 아프기 때문에 나쁘다."라는 대답도 제쳐두자. '고통 없이 죽일 수 있다면' 이라는 전제를 무시한 대답이기 때문이다.

가장 그럴 듯한 대답은, 사람을 죽이는 것은 비록 고통이 수반되지 않더라도 현재 누리고 있는 행복을 빼앗는 일이므로 나쁜 행위라는 것이다. 나는 지금 행복하다. 일이 잘 안 풀리고 있고 고민도 많지만, 내 인생을 전체적으로 계산하면 행복하다고 말할 수 있다. 이처럼 살아있는 것 자체를 행복으로 여기는 사람은 많다. 그러나 죽은 후에는 그런 행복을 더 이상 누릴 수 없다. 그러므로 사람을 죽이는 것은 옳지 않다는 얘기다.

그러나 과연 그럴까? 내가 죽으면 행복을 더 이상 누릴 수 없다는 말은 옳다. 그런데 내가 죽었는데 누가 행복을 누릴 수 없다는 말인가? 내가? '나'는 더 이상 없는데? 아이스크림이 먹고 싶어 하나를 사왔는데 동생이 그만 그것을 먹어버렸다고 하자. 나는 아이스크림을 못 먹게 된 것이 못내 아쉬울 것이다. 이때는 내가 분명히 존재하고, 그 존재하는 '나'가 아쉬워한다. 그러나 '나'가 죽는다면 어떨까? 더 이상 행복을 누릴 수 없게 되었으니 아쉬울까? 누가? 아쉬워하는 사람은 누구일까? 나는 죽어서 없는데 누가 아쉬워한다는 말인가? 결국 고통이 없는데도 사람을 죽이는 일이 왜 나쁜지에 대해서는 설명할 길이 없다.

그러나 누구를 죽이는 것이 왜 나쁜 일인지를 간접적으로 설명할 방법은 있다. 내게 죽음이 일어날 가능성이 있다고 해보자. 나는 몹시 불안해할 것이다. 나는 미래에 대한 계획을 가지고 있다. 거창하게 대통령이 되겠다는 계획일 수도 있고, 소소하게 친구와 영화를 보겠다는 계획일 수도 있다. 그런데 죽는다는 것은 이 모든 계획을 헛되게 만들고, 얼마 안 가서 죽을 거라는 생각은 나의 삶을 덜 행복하게 만들 것이다. 그런 불안이 없다면 나의 삶은 훨씬 더 행복할 수 있으므로, 사람을 죽이는 일이 나쁘다는 것이 간접적으로 설명이 된다. 물론 아무런 낌새도 없이 사람을 쥐도 새도 모르게 죽일 수도 있다. 그러나 그것은 실종을 의미하므로 역시 실종될 사람에게 불안감을 준다.

더 확실한 대답도 있다. 우리 모두에게는 계속 살고 싶다는 선호, 즉 기대감이 있다. 자살을 원하는 사람을 제외하고는 누구나

다 계속 살고 싶다는 선호를 가지고 있다. "늙으면 일찍 죽어야지." 라는 말은 3대 거짓말 중 하나라고 하지 않나. 그리고 그 선호는 미래를 향한 것이다. 살인이 옳지 않은 이유를 행복의 박탈로만 설명한다면, 죽은 다음에 그 박탈을 불행해할 존재가 없어서 문제라고 했다. 그러나 '선호'를 가지고 설명하면, 죽음이란 아직 살아있는 존재의 미래에 대한 선호를 꺾는 일이 되므로 그런 문제가 생기지 않는다. 좀 더 쉽게 설명하면, 살아있는 우리에게는 미래가 있다는 얘기다. 우리는 그것을 미래를 '가지고' 있다고 표현한다. 죽음은 우리에게서 그 '소유물'을 빼앗는 행위이므로 옳지 않다.

정리해 보자. 우리는 고통이 없는데도 사람을 일찍 죽이는 것이 왜 나쁜지 물었다. 대답은 첫째, 죽음의 가능성이 사람들을 불안하게 만들기 때문이라는 것과, 둘째, 죽음은 사람들의 미래에 대한 선호를 앗아가기 때문이라는 것이다. 이 두 가지 이유를 동물에게 적용해 보자.

동물을 일찍 죽이는 것이 나쁜 철학적 이유

자, 그러면 고통이 없는데도 동물을 일찍 죽이는 일이 정녕 나쁜 것인지 물어보자. 동물들은 자신이 죽을 것이라는 예측을 하지 못한다고 했다. 도살장에 들어선 순간에는 공포를 느끼지만 템플 그랜딘이 만든 인도적인 도살장에서는 그런 공포도 느끼지 못한다. 그러므로 죽음이 일어날 가능성이 동물들을 불안하게 하기 때문이라는 이유는 더 이상 유효하지 않다.

그렇다면 미래에 대한 선호를 빼앗아 가기 때문에 나쁘다는 답변은 어떨까? 동물에게도 사람처럼 계속 살고 싶다는 선호가 있을까? 동물들도 죽을 때는 모두 죽지 않으려고 발버둥 친다. 낚싯바늘에 걸린 물고기가 버둥거리는 것을 보라. 당연히 동물들에게도 계속 살고 싶다는 선호가 있다고 봐야 하지 않을까? 그러나 그런 몸짓은 고통스러운 상태가 없어졌으면 좋겠다는 선호이므로 고통 없는 방법으로 동물을 죽인다면 문제가 되지 않는다.

사람들이 갖고 있는 선호란 더 먼 미래에 대한 선호이다. 며칠 후에 무슨 일을 하겠다거나 장차 어떤 사람이 되어야겠다는 계획이다. 사람을 죽이는 일은 그런 계획을 무의미하게 만든다. 사람은 미래를 가지는 존재일 뿐만 아니라 과거를 가진 존재이기도 하다. 훌륭한 인생을 살아왔건 평범한 삶을 살았건 어찌어찌한 인생사를 거쳐 온 하나의 존재이고, 자신의 그런 과거를 기억하고 있다. 자기 자신을 과거로부터 미래까지 일정한 시기에 걸쳐 존재하는 것으로 보고 있는 것이다. 반면 동물은 자신이 어떤 삶을 살아왔는지 기억하지 못할뿐더러 앞으로의 삶에 대해서도 계획을 세우지 않는다. 그냥 순간순간을 살아갈 뿐이다. 단지 몇 초 내지 몇 분 전후를 기억하고 의식할 뿐이다.

비유를 통해 다시 설명해보자. 요즘 대입 수험생들이나 입사 시험 준비생들이라면 누구나 관심 갖는 것 중에 스펙이라는 것이 있다. 스펙(spec, specification의 줄임말)이란 학력, 학점, 외국어 공인 성적, 자격증 따위를 아울러 이르는 말이다. 그런데 요새는 스펙보다 스토리가 더 중요하다는 말도 한다. 다들 비슷하게 쌓은 스펙보다는 남들과 차별화된 이야깃거리로 승부를 해야 합격할 수 있다는 뜻이다. 나는 사람과 동물의 차이점이 바로 이 스토리에 있다고 생각한다. 최근 농수산식품부가 시행하고 있는 제도 중에 '소고기 이력추적제'라는 것이 있다. 어느 농장에서 태어났고 어느 사육자에게서 자랐으며 어떤 병에 걸렸었는지, 그리고 어느 도축장에서 도축되어 어떤 등급을 받았는지를 바코드에 기록하여 누구나 확인해볼 수 있게 하는 제도이다. 한우인지 수입소인지, '평창한우'라면 평창에서 나고 자랐는지, 아니면 다른 곳에서 태어나 평창에서 자라거나 도축된 것인지 확인할 수 있다는 것이다. 이런 이력이 곧 스펙이다.

그러나 소의 이력이란 게 이 정도면 더 이상 쓸 말이 없다. 방금 말한 이력 말고 무슨 다양한 이력이 있겠는가? 그러나 사람들에게는 각자 다양한 이야깃거리가 있다. 똑같이 평창에서 태어나 자랐다 해도 각자 다른 삶, 다른 꿈을 가지고 있다. 단순히 주민등록번호만 다른 것이 아니라 삶의 스토리 자체가 다른 사람들로 취급한다. 소의 경우는 그렇지 않다. 똑같이 평창에서 태어나 자라고 평창에서 도축되어 같은 등급을 받은 소라면, 귀표(귀에 달아놓은 개체인식번호)가 달라도 동일한 소로 취급한다. 마이클 폴란은 『잡식 동물의 딜레마』에서 어떤 수송아지 한 마리의 일생을 추적하

소의 '아이덴티티'는 귀표로만 표시될 뿐이다.

는데, 그 송아지의 번호는 534번이다. 어미는 9534번이고 아비는 1680번이다. 이 수송아지는 자신의 생애를 관찰하는 폴란 덕분에 다른 소와는 구별되는 인격성 아니 '우격성'을 가지게 되었지만, 보통의 경우에는 똑같은 송아지일 뿐이다.

그러나 사람은 어디 그런가? 아무리 같은 성장 배경을 가진 사람들이라도 다른 스토리를 가진 사람들로 본다. 그뿐만이 아니다. 사람은 스스로도 자신이 남과 다른 사람이라는 것을 인식한다. 이것을 철학에서는 '자기동일성'을 가지고 있다고 말한다. 아이덴티티를 가지고 있다는 말이다. 평창에 사는 홍길동 씨는 5년 전이나 5년 후나 자신이 틀림없는 홍길동이라고 스스로를 인식한다. 그렇다면 3190이라는 번호를 단 소를 생각해보자. 5분 전의 3190과 현재의 3190이 동일한 자신이라고 소가 인식할까? 사람들은 귀표를 보고 같은 소라고 하겠지만, 3190 스스로 동일성을 인식하는 것은 아니다. 침팬지의 경우에는 자의식이 있다는 연구가 있지만, 우리가 흔히 가축으로 기르는 동물들은 자의식이 없다. 스스로를 일정 시간에 걸쳐 존재하는 것으로 생각하지 않는다. 그러므로 5분 전의 3190과 5분 후의 3190을 동일한 3190이라고 말할 수 없다. 그 소들은 동일성이 없는 것이고, 따라서 동일성의 기준으로만 본다면 아예 다른 존재들이다.

그렇다면 이제 그런 소를 천수를 다하기 전에 일찍 죽인다고 해보자. 동일성이 없는 소에게 천수를 다했는지 못 다했는지를 따질 필요도 없지 않은가? 천수를 다하고 죽는다 해도 자신이 얼마나 오래 살아왔는지조차 모를 테니까 말이다. 스토리니 동일성이니 하는 말을 동원한 이유도 이 때문이다. 그러나 자의식 없는 동물을 고통 없이 죽였다 하더라도 지구 전체로 봤을 때는 여전히 옳은 행동이라고 할 수 없다. 자의식이 없다 해도 그 소는 분명 감각을 가진 존재이고, 순간순간이나마 즐거움을 경험하며 살고 있기 때문이다. 그런 존재를 죽이는 것은 그 존재가 살아있다면 누리게 될 즐거움의 양을 지구 전체에서 줄이는 행위이기 때문에 옳지 않은 일이다. 조금 쉬운 비유를 들어보자. 책 100권을 가진 사람이 있다고 해보자. 읽을 책이 충분하기 때문에 그 사람은 더 이상 책을 살 생각이 없지만, 그 100권 중 한 권을 누군가 허락도 없이 찢어버린다면 싫어할 것이다.

그렇다면 소를 죽이기는 하지만 즐거움의 총량을 줄이지 않는다면 어떨까? 즉 소를 죽이는 즉시 또 다른 소를 세상에 태어나게 하여 같은 즐거움을 누리게 하는 것이다. 어차피 소들은 5분 전의 자기와 5분 후의 자기를 동일한 존재로 인식하지 못하기 때문에, 한 소가 다른 소로 대체되어도 세상에 있는 즐거움의 양은 변하지 않으니 상관없지 않을까? 다시 비유를 들어 말하면, 다른 사람이 가진 책 중 한 권을 찢어버려도 그것과 똑같은 책을 사다주면 상관없지 않느냐는 것이다. 물론 그 책에 또 다른 가치가 있다면 얘기가 달라진다. 저자에게 사인을 받은 초판본이라든지, 이성친구가 선물해준 것이라든지 하면 다른 책으로 대체할 수가 없다. 하지만 단순히 내용을 읽기 위한 용도로 갖고 있는 것이라면 아무 상관이 없다. 누군가 소를 반려동물로 키우고 있다면 그 소는 주인에게 특별한 의미를 가진 소이기에 다른 소로 대체할 수가 없다. 그러나 단지 사육을 위해 키우는 것이라면 품종이 같고 덩치도 비슷한 다른 소로 얼마든지 바꿔도 주인은 개의치 않을 것이다.

소와 책을 비교한다면, 책의 종이와 제본은 소의 몸뚱어리에 해당하고, 책의 내용은 즐거움과 고통을 느끼는 소의 감각에 해당할 것이다. 그러나 동물은 종이와 내용 사이의 연관관계가 강하지 못하다. 장시간에 걸쳐 지속되는 동일성이 없기 때문에 내용이 순간순간마다 다른 종이에 실리는 격이라고 볼 수 있다. 인쇄소에서 한날한시에 같은 내용으로 찍은 책이라면 우리는 그것을 똑같은 책으로 보고, 그 중 한 권이 찢어지면 다른 권으로 대체하면 된다고 생각한다. 즉 동물을 죽여도 새로운 동물을 태어나게 하면 문제될 것이 없다는 얘기다. 그러나 사람은 자의식과 동일성이 있기 때문에 내용과 종이의 관계가 아주 밀접하다. 감각이 있다는 게 중요한 것이 아니라 누구의 감각인가가 중요하다. 따라서 사람은 대체 가능하지 않다. 즉 어떤 사람을 죽여 놓고서 다른 사람을 태어나게 한다고 해서 해결될 문제가 아니라는 것이다.

이제 다시 애초의 질문으로 돌아가 보자. 동물을 고통 없이 죽인다 해도 수명보다 일찍 죽인다면 그것은 나쁜 일인가? 새로운 동물을 다시 태어나게 하면 나쁘지 않다. 자연 상태에서 사는 동물을 사냥하는 경우라면 고통이 없게 사냥을 한다고 해도 옳은 일이 아니다. 새로운 동물을 태어나게 하는 일이 아니기 때문이다. 그러나 가축의 경우에는 수요가 있는 한 끊임없이 새로운 가축을 태어나게 하므로, 즉 내가 한 마리를 소비해도 또 다른 한 마리가 태어나므로, 고통 없이 가축을 일찍 죽이는 일은 나쁘지 않다. 다시 말해서 고통 없이 기르고 고통 없이 죽인 고기는 먹어도 윤리적으로 그르지 않다는 것이다.

말이 나온 김에 이야기하자면, 인간이 기르는 가축들은 가축이 되었기 때문에 번성할 수 있었다는 연구가 많다. 늑대를 가축으로 길들인 것이 바로 개인데, 오늘날 북아메리카의 늑대는 1만 마리밖에 남지 않았지만 개는 5천만 마리나 된다고 한다. 동물은 가축이 됨으로써 포식자로부터 안전을 지킬 수 있게 되었고 손쉽게 먹이를 얻을 수 있게 되었다. 대신에 그런 혜택을 베푼 인간에게 살아있는 동안에는 우유와 달걀을, 삶을 끝낸 후에는 고기를 제공

한다. 언젠가 죽어서 고기를 바쳐야 한다는 것을 안다면, 수용소에서 죽음을 기다리는 사람처럼 농장에서 사는 것이 즐겁지 않을 것이다. 그러나 누누이 말했듯이 동물에게는 그런 예지 능력이 없다. 그러므로 농장에서 편히 살다가 잡아먹히는 게 손해가 아니다. 말하자면 누이 좋고 매부 좋은 윈윈게임일 것이다.

정말 그러할까? 동물에게는 계약 능력이 없다고 말했지만 혹시 가능하다고 해보자. 그렇다면 위의 거래에 동의할까? 아마 동의하지 않을 것이다. 왜냐하면 오늘날의 농장이란 곳이 포식자로부터 신변을 지키고 먹이를 제공받는 그런 안락한 곳이 아니기 때문이다. 사육되는 내내, 그리고 도살되는 순간까지 참혹한 고통을 받아야 하는 공장이기 때문이다.

방금 전에 나는 고통을 주지 않을 수만 있다면 가축을 일찍 죽이는 것이 나쁘지는 않다는 결론을 내렸다. 이 결론에는 대전제가 있다. '고통을 주지 않을 수만 있다면'이 그것이다. 공장식 농장에서 사육하지 않고 자연 상태에서 방목을 할 수 있다면, 그리고 일찍 죽이더라도 고통 없이 죽일 수만 있다면, 그런 조건에서는 윤리적으로 나쁘지 않다는 것이다. 그러나 그것이 가능할까?

실험실고기를 만들 수만 있다면

이 책 프롤로그에 쓴 이야기 중에 우리 학교 석좌교수님이 고향집으로 사람들을 초청했던 일화를 기억할 것이다. 교수님의 고향집은 전형적인 농가로 집 뒤 산비

탈에서 닭들을 키우고 있었다. 자유롭게 놓아기르는 것이 분명했는데, 산짐승들이 닭들을 다 잡아먹는 바람에 초청이 원래보다 한 해 늦어진 것만 봐도 그러했다. 교수님은 맛있는 토종닭 백숙을 대접해주었지만 나는 다른 음식만 먹고 닭고기에는 손대지 않았다. 다른 사람들이 눈치 채지 못하도록 하면서 말이다. 야산 기슭에서 자유롭게 쏘다니며 자란 닭들이니 자연 상태에서 고통 없이 자란 것은 분명했다. 죽일 때는 어떻게 죽였는지 잘 모르겠다. 아마 옛날 방식대로 모가지를 비틀었을 텐데, 그렇다면 짧긴 해도 고통을 느꼈을 것이다. 그러나 그날 내가 닭백숙을 먹지 않은 것은 닭이 잠깐이나마 고통을 당했을 거라는 이유에서가 아니었다. 평소에도 닭고기를 먹지 않는데, 아무리 고통 없이 자라고 죽은 닭이 확실하더라도 굳이 먹어야겠느냐는 생각 때문이었다. 닭고기를 안 먹은 지 오래다보니 꼭 먹어야 할 필요성이나 식욕을 느끼지 못하는 이유도 있었다.

윤리적 채식주의자라면 아무리 그런 고기라도 여럿이 모인 자리에서는 먹지 않을 필요가 있다. 위선적이라거나 일관성이 없다는 말을 들을까봐 걱정해서가 아니다. 고기를 먹지 않음으로써 왜 고기를 먹지 않는지 이야기를 나눌 기회를 만들 수 있기 때문이다. 석좌교수님의 초청에서는 교수님이 직접 닭백숙을 만들어 주시는데도 안 먹겠다고 할 수가 없어 말없이 눈치 못 차리게 다른 음식만 먹었지만, 그런 예의가 필요 없는 자리라면 고기를 먹지 않는다고 커밍아웃할 필요도 있다. 그렇다고 해서 밥상머리마다 토론을 벌이라는 얘기가 아니다. 윤리적인 이유로 고기를 먹지 않는 사람이 실제로 있다는 것을 보여주기만 해도 동물의 고통에 대해 생각해 볼 수 있는 기회가 되기 때문이다. 내 경험으로 말하자면, 대부분이 고개를 끄덕이고는 곧이어 콩고기라든지 육류 대체식품으로 화제가 옮아가는 것을 볼 수 있었다.

콩고기란 콩과 글루텐을 원료로 해서 고기 식감이 나도록 만든 식품이다. 글루텐은 밀이나 보리 같은 곡물에 존재하는 식물성 단백질인데, 밀가루가 차지게 반죽이 되고 길게 늘여도 끊어지지 않는 이유가 바로 이 글루텐 때문이다. 글루텐과 콩만 있으면 집에서도 콩고기를 만들 수 있다. 입맛에 따라 양파나 견과류나 버섯을 콩과 함께 믹서로 간 다음 글루텐을 넣어 반죽을 하면 된다. 오래 치대면 치댈수록 식감이 좋아진다. 이것을 적당한 크기로 떼어서 돈가스처럼 콩가스로 만들어 먹어도 좋고, 탕수육이나 동그랑땡을 해 먹어도 좋다. 콩을 '밭의 고기'라고 부르듯이 콩이 고기로 변신하는 것이다. 콩고기는 인터넷 쇼핑몰이나 채식식당 등에서 쉽게 살 수 있다. 나도 채식식당에서 먹어본 적이 있는데 씹는 느낌이나 맛이 고기와 큰 차이를 느낄 수 없었다.

나는 굳이 콩고기를 찾지 않는다. 단백질 때문이라면 바로 콩을 먹으면 되니까 굳이 콩고기 형태로 먹을 이유가 없다. 사람마다 다르겠지만 아마도 콩고기를 찾는 사람들은 고기 먹는 식감을 잊지 못해서일 것이다. 그러나 나는 오래도록 고기를 먹어왔고 좋아했음에도 그런 식감에 대한 향수가 없다. 표고버섯이나 양송이 같

콩고기로 편육, 닭가슴살의 식감까지 낼 수 있다고 한다(KBS 「생생 정보통」).

은 버섯 종류에서도 비슷한 식감을 충분히 즐길 수 있기 때문이다. 내가 굳이 콩고기를 찾지 않는 이유는 향수가 없어서이지만, 채식주의자들 중에는 이념적인 이유로 콩고기와 같은 가짜고기를 반대하는 사람도 많다. 가짜고기까지 먹는다는 것은 먹을거리에 고기가 빠지면 안 된다는 생각이 아직도 남아있기 때문이라는 것이다. 그러나 그렇게 까칠하게 생각할 것까지는 없을 것 같다. 어떤 유혹에도 흔들리지 않는 굳건한 채식주의자라면 가짜고기가 없어도 상관하지 않겠지만, 평범한 채식 지향자를 위해서는 방편적으로나마 필요하기 때문이다. 그런 대체식품으로 채식주의자를 한 명이라도 더 늘리는 게 좋지 않을까?

채식주의자들을 위해서 만든 음식으로는 '베지버거'란 것도 있다. 햄버거 대체음식인데, 과문한 탓인지 우리나라 패스트푸드점

채식용 패티를 넣어서 만든 베지 버거.

에서는 본 적이 없고 미국 버거킹에 갔을 때 사먹어 본 적이 있다. 햄버거의 지존인 맥도날드도 내가 가본 곳 중에는 파는 데가 없었다. 미국의 버거킹에서 파는 채식 버거에는 콩이 아닌 옥수수로 만든 패티가 들어 있었는데, 우리나라 인터넷쇼핑몰에서 파는 베지 버거나 햄은 콩으로 만든 것이 대부분이다.

실험실에서 인공적으로 고기를 만들 수 있다면 채식주의자들도 '진짜' 고기를 먹을 수 있을 것이다. 이 고기는 인공적으로 동물을 만들어서 그 동물로 고기를 만드는 게 아니라, 처음부터 배양기로 살코기만 만드는 것이다. 콩고기처럼 진짜 고기의 맛과 느낌을 흉내 내는 것이 아니라 아예 똑같이 만드는 방식이다. 아직 성공하지는 못했지만 연구자들은 이런 고기를 '실험실고기' 또는 '재배고기'나 '배양육'이라는 이름으로 부른다. 식물을 재배하듯 실험실에서 배양을 해서 기르기 때문이다. 실험실고기를 만드는 가장 중요한 이유는 고기의 맛과 느낌을 위해서가 아니라 동물에게 주는 고통과 환경 훼손을 막을 수 있기 때문이다. 살아있는 동물 개체로부터 고기를 얻는 것이 아니므로 당연하다. 나아가 고기의 원래 성분 중 건강에 나쁜 성분을 빼고 만들 수 있다면 더욱 금상첨화일 것이다.

김지훈 씨의 SF 소설 『더미』는 인공고기 개발을 소재로 한 작품이다. 레인보 아미노산을 이용해서 동물을 고통을 유발하지 않고도 세상에서 가장 맛있는 고기인 '더미'를 생산해 낸다. 그러나 배양기에서 살코기만 생산해내는 방식이 아니라 인공적으로 만든 동물 개체에서 고기를 얻는 방식이다. 아마 소설적 재미를 위해서 그렇게 설정했을 것이다. 그런데 가끔 배양과정의 실수로 인해 지능을 가진 동물이 태어나 문제가 생긴다는 이야기이다. 인공고기는 아직 과학자들의 연구 단계를 벗어나지 못했다. 더 많은 과학자들이 매달린다면 개발이 앞당겨질 수 있겠지만, 그 시기는 진짜 고기를 버리고 인공고기를 갈망하는 사람이 얼마나 많으냐에 달려 있을 것이다. 공장식 축산의 문제에 공감하고 철폐를 주장하는 사람이 많을수록 인공고기 개발에도 더 많은 인력과 자본이 투입될 것이다. 그런 사람이 많아야 인공고기가 진짜 고기보다 비싸더라도 소비가 될 것이기 때문이다.

진보적 채식주의자 되기

지금까지 우리는 고기를 먹을 수 있는 여러 가지 가능성을 살펴봤지만, 결국 현재 상황에서는 고기를 먹지 않는 것만이 윤리적으로 옳은 것임을 알 수 있었다. 그러나 그것을 아는 것과 그것을 실천하는 것은 별개의 문제이다. 고기를 먹는 것이 나쁘다는 것은 이미 알고 있지만, 오랜 습관과 생활환경 때문에 당장 채식을 할 수 없는 사람도 많을 것이다.

논리적으로만 말하면, 동물의 고통을 아는 즉시 모든 고기를 먹지 않는 것이 가장 올바른 태도일 것이다. 이런 진보적 채식주의자들의 주장이 논리적으로 틀린 것은 아니지만, 실천적으로는 좋은 전략이라고 하기 어렵다. (채식주의가 진보주의인가? 육식 위주의 기존질서에 도전하는 태도이니 진보주의라고 해두자.) 가장 큰 이유는 무엇보다 채식을 하지 않는 사람들의 반감을 불러일으킬 수 있기 때문이다. 나 역시 채식을 하기 전에는 먹을 것을 가리는 사람이 영 불편하게 느껴졌다. 가까운 분 중에 돼지고기를 안 먹는 사람이 있었는데, 회식 장소를 고를 때마다 돼지고기 메뉴를 피하다보니 선택의 여지가 줄어들어 늘 구시렁거렸던 기억이 난다. 이처럼 다른 사람에게 불편을 끼치다보면 운동의 목표를 달성하기보다는 반감을 사기가 더 쉽다. 회식 때 고깃집에서 함께 고기를 먹자는 말이 아니다. 즐거운 분위기 속에 함께 어울리면서 버섯을 구워서 먹으면 된다. 그러나 버섯에 고기 기름이 묻을까봐 걱정할 정도의 진보주의자라면 아예 회식자리에 어울려서도 안 된다. 채식이 옳다는 것을 설득하기는커녕 채식주의자는 다른 사람과 어울리지 못하고 분위기를 썰렁하게 만드는 사람이라는 인식만 남길 수가 있다.

진보주의자의 또 다른 문제는 진보주의자로 일관되게 살기가 참 힘들다는 것이다. 동물이 고통 받는 것이 싫어서 철저한 채식주의자가 되었다면, 그저 고기를 먹지 않는 데 그쳐서는 안 되고 동물의 고통을 유발하는 공장식 축산에 대해 지속적인 반대 운동을 해야 한다. 물론 그런 반대 운동을 벌이는 동물보호단체들이 많이 있다. 서양에서는 심지어 공장식 축산을 하는 시설에 몰래 들어가서 사육당하는 동물들을 풀어 주는 운동가들도 있다. (공장에서 살도록 개량된 가축들이 밖에서 제대로 살 수 있는지는 별개의 문제이지만 말이다.) 미국 캘리포니아 주법에는 다음과 같은 조항이 있다.

어떤 가축이든 언제고 (…) 열두 시간 이상 연속으로 필요한 음식이나 물 없이 가두어 두는 경우, 누구든 필요하다고 판단하면 그 동물이 갇혀 있는 우리에 들어가서, 그대로 가두어 두는 한 필요한 물과 음식을 주는 것은 법에 저촉되지 않는다. 이런 사람은 그곳에 들어간 데 대해 책임이 없다.

그래서 포어는 『동물을 먹는다는 것에 대하여』에서 다른 동물 운동가와 함께 공장식 농장에 몰래 들어가는 모험을 감행한다. 『암스테르담의 커피 상인』의 작가로 유명한 데이비드 리스David Liss의 『도덕적 암살자』에서는 고통 받는 동물의 현실을 개선하기 위해 사람을 죽여 놓고도 오히려 도덕적이라고 생각하는 사람이 등장한다. 공장식 농장에 들어가서 동물에게 먹을거리를 주건 동물을 풀어주건, 심지어 농장주에게 테러를 가하건, 그런 행동을 실천에 옮기는 운동가들이 분명히 있다. 그러나 모든 사람들이 그런 운동을 할 수 있는 것은 아니다. 더 극단적인 방법으로 운동을 하는 사람도 있고, 다소 타협적인 태도를 취하는 사람도 있다. 그러나 자신이 정한 기준에 미치지 못했다고 해서 다른 사람을 비난하는 것은 올바른 운동 전략이 아니다. 운동의 이념에 동조하고 근본정신을 잃지만 않는다면 타인의 실천 방법도 존중해주어야 한다.

진보적 채식주의자로 살기가 어려운 또 다른 이유는, 아무리 고기를 먹지 않으려 해도 동물성 식품이나 의약품을 피하기 어렵다는 점이다. 우리가 모르는 사이에 먹고 있는 대표적 동물성 식품으로는 약 캡슐이 있다. 캡슐은 젤라틴으로 만드는데, 이 젤라틴은 동물의 가죽 · 힘줄 · 연골 등에 들어 있는 천연 단백질인 콜라겐으로 만든다. 치즈를 만들 때 우유를 응고시킬 목적으로 넣는 것으로 레닛rennet이라는 효소가 있다. 이 레닛은 송아지의 제4위胃에서 나오는 단백질 분해효소로서 송아지를 도살할 때 부수적으로 얻는 동물성 식품이다. 그래서 우유를 먹는 채식주의자(락토-오보 채식주의자) 중에는 레닛을 넣지 않는 방식으로 치즈를 만들기도 한다. 딸기우유의 빨간색 색소도 동물성 염료인 코치닐로 만든다. 코치닐은 연지벌레를 건조한 다음 가루로 만든 것인데, 스타벅스가 딸기크림 프라푸치노의 빨간색을 이것으로 만든다고 해서 논란이 일었다. 벌레가 징그러워서, 또는 그 성분에 알레르기가 있어서 항의한 사람들도 있지만, 엄격한 채식주의자들은 그런 사실을 알리지 않았다는 사실에 분노를 표했다. 인도의 맥도날드도 감자튀김을 만들 때 소기름을 사용한다는 사실을 숨겼다가 인도 사람들의 항의 시위에 부딪힌 적이 있다. 소를 신성시하는 인도 사람들로서는 소기름으로 튀긴 감자튀김을 모르고 먹은 것이 참을 수 없는 일이었기 때문이다. 음식에 '쇠고기다시다'도 넣으면 안 된다. 그러나 이토록 엄격한 채식주의자라 해도 동물성 식품이나 약품을 완벽하게 피할 수는 없다. 레닛이나 코치닐이 들어간 음식은 그 사실을 아는 순간부터 안 먹으면 그만이지만 캡슐로 된 약을 안 먹을 수는 없지 않은가?

나는 극단적 진보주의자의 입장을 존중한다. 노예제 철폐를 주장한 사람들도 당시에는 극단적인 진보주의자들로 대중에게 불편한 마음을 안겨주었을 것이다. 그러나 그들의 노력이 있었기에 노예제가 없어졌고 사람들의 인권의식도 높아졌다. 그런 극단적 진보주의자가 아닌 평범한 사람도 동물의 고통을 줄이기 위해 할 수 있는 쉬운 방법이 있다. 바로 채식이다. 공장식 농장을 항의 방문하거나 농장주에게 테러를 가하고, 그런 농장에서 나온 고기를 쓰는 업체의 식품을 불매운동하는 것만이 동물의 고통에 공감하는 행위는 아니다. 가까운 사람이 채식주의자라는 것만 알게 되어도 동물의 고통에 대해 다시 생각해보는 계기를 가질 수 있다. 오히려 그들만의 운동이 아닌, 더 공감대를 넓힐 수 있는 방법이기도 하다. 차근차근 그렇게 하다 보면 채식인구는 차츰 늘어날 것이고, 그리하여 갈수록 고기를 찾는 사람이 줄어들다 보면 자연스럽게 공장식 축산도 없어질 것이다.

채식주의의 명인들

채식주의를 홍보하는 책자나 인터넷 사이트에 보면 누구누구도 채식주의자라는 정보가 많이 올라와 있다. 흔히 다빈치, 톨스토이, 아인슈타인, 간디, 슈바이처 등이 거론된다. 그러나 이렇게 위대한 인물들은 보통 사람들에게 따르기 어렵다는 인상만을 줄 뿐이고, 우리와 다른 문화권이니 가능하겠지 하는 선입견을 주기도 한다. 이런 의미에서 이효리 씨처럼 친근한 유명인이 채식 전파와 동물복지 운동에 앞장서는 것은 아주 반갑다. 이효리 씨 같은 사람이 채식을 하는 데는 무슨 이유가 있겠지 하는 호기심을 유발하기도 하고, 효리도 하는데 나라고 못하겠는가 하는 의지를 북돋아줄 수 있기 때문이다.

채식에 입문하려는 사람들의 가장 큰 고민거리는 고기 없이도 건강을 유지할 수 있겠느냐는 점이다. 그런 점에서 채식주의자 가운데 유명 운동선수가 많다는 점을 알리는 것도 효과적이다. 싱어는 『동물 해방』에서 그런 운동선수들을 여럿 소개하고 있다. 올림픽 장거리수영 우승자 머레이 로즈, 핀란드의 유명한 장거리 육상선수 파보 누르미, 농구 스타 빌 월튼, 철인3종 경기의 데이브 스코트, 올림픽 400미터 허들 우승자 에드윈 모지스 등이 그런 사람

◀ 유명 채식주의자들. 윗줄부터 왼쪽에서 오른쪽 방향으로 버마 민주화운동가 아웅산 수지, 알베르트 슈바이처, 레프 톨스토이, 레오나르도 다빈치, 달라이 라마, 영장류학자 제인 구달, 피아니스트 글렌 굴드(故), 애플 창업자 스티브 잡스(故), 가수(비틀스 멤버) 폴 매카트니, 존 바에즈, U2 멤버 보노, 영화배우 앤서니 홉킨스, 브래드 피트, 크리스천 베일, 내털리 포트먼, 리브 타일러, 기네스 팰트로, 영화감독 스티븐 스필버그, 홈런왕 행크 아론, 미국 프로농구스타 B. J. 암스트롱.

이다. 모두 1970년대 이전 운동선수들이라 지금은 이름이 많이 잊혀졌지만, 로즈는 수영 올림픽 3관왕이고, 스코트는 철인3종 경기 6관왕, 모지스는 허들 올림픽 2관왕이다. 최근의 유명한 채식주의 운동선수로는 윔블던 9회 우승에 빛나는 테니스 선수 나브라틸로바가 있다. 이 사람들은 이 책 2장에서 이미 소개한 바 있다.

그리고 가수 마돈나도 유명한 채식주의자인데 '세계에서 가장 섹시한 채식주의자'로 뽑히기도 했다. 이효리 씨가 바로 마돈나 급에 해당할 것이다. 섹시한 채식주의자라고 하니 PETA의 홍보 방식이 연상된다. PETA는 모피를 입느니 차라리 옷을 입지 않겠다고 누드 시위를 하거나, 채식을 권장하기 위해 채소로 주요 부위만 가린 채 퍼포먼스를 하는 등 선정적인 홍보를 자주 한다. 이런 점 때문에 여성을 상품화한다는 이유로 여성 단체로부터 비판을 받곤 하는데, 섹시한 채식주의자를 내세울 때는 이런 비판의 소지를 염두에 두어야 할 것이다. 그러나 채식주의자 운동선수나 섹시한 채식주의자를 앞세우는 이유는 채식을 한다고 해서 운동을 잘하게 되고 섹시해진다는 얘기를 하려는 것이 아니다. 채식을 해도 남들과 다르지 않게 잘 살 수 있다는 것을 말하기 위해서다.

한 가지 언급할 채식주의자가 있다. 히틀러가 채식주의자라는 설이 있다. 히틀러가 정말로 일관되게 채식을 실천했는지는 논란의 여지가 있다. 진실과는 상관없이 채식주의를 폄훼하는 사람들은 다음과 같은 삼단논법을 제시하기도 한다.

히틀러는 채식주의자다.
히틀러는 악인이다.
따라서 채식주의자는 악인이다.

그러나 교양 수준의 논리학만 배워도 이 삼단논법은 올바르지 않다는 것을 알 수 있다. 이런 삼단논법을 말하는 사람은 똑같은 형식의 아래 삼단논법도 받아들여야 하기 때문이다.

무솔리니는 육식주의자다.
무솔리니는 악인이다.
따라서 육식주의자는 악인이다.

채식주의자 히틀러와 육식주의자 무솔리니 중 과연 누가 더 악인일까?

9장

채식, 초보부터 프로까지

채식이 가장 손쉬운 동물복지 운동이라고 했지만 이것도 바로 실천하기는 어렵다. 오래된 습관을 끊고 결단을 하기도 어렵고, 실천을 한다 해도 방금 살펴본 것처럼 우리 주변에 동물성 식품과 약품이 널려 있기 때문이다. 그러므로 단번에 완벽한 채식주의자가 되려고 하기보다 단계별로 채식을 실천해가는 것도 좋은 방법일 것이다. 쉬운 방법부터 어려운 방법까지 채식의 실천 단계를 하나씩 살펴보자.

1. 윤리적으로 생산된 고기 먹기

공장식 사육 방식이 나오게 된 것은 고기를 찾는 소비자가 많아졌기 때문이다. 옛날 밥상을 떠올려 보자. 아주 옛날도 아니고 우리들 부모세대인 3,40년 전만 떠올려 봐도 된다. 그때만 해도 "사위가 오면 씨암탉을 잡아준다."는 말이 있을 정도로 닭고기는 흔히 먹을 수 있는 음식이 아니었다. 도시락에 달걀부침이 있으면 다들 부러워할 정도로 달걀도 많이 먹지 못했다. 소고기나 돼지고기는 명절이나 생일이라도 맞아야 먹을 수 있었는데, 그조차 구이로는 먹지 못했고 고깃국을 끓여서 먹었다. 지금은 많이 달라졌다. 3천 원이면 소고기 덩어리가 든 햄버거를 먹을 수 있고, 회식 때마다 삼겹살을 먹는다. 한 끼 밥값이면 치킨 한 마리를 먹을 수 있다. 이 모든 것이 공장식 사육 때문이다. 지금 당장 완전한 채식을 실천할 수는 없다 해도, 고기를 덜 찾는 것만으로도 공장식 사육을 줄여나갈 수 있다. "지상의 모든 것에 연민을 갖고, 최소한의 것에만 해가 가도록" 채식 식단을 차렸다는 『헬렌 니어링의 소박한 밥상』을 따르지는 못해도, 소박하게 먹겠다는 그 정신만 배우면 된다.

SBS 다큐멘터리 「옥수수의 습격」이 제안하는 것도 채식이 아니라 옛날 밥상으로 돌아가자는 것이다. 이 프로그램은 육식 자체가 건강에 나쁜 것이 아니라고 주장한다. 동물성 단백질 위주의 식사를 하는 유럽 사람을 봤을 때 그러하다는 것이다. 문제는 옥수수로 키운 동물의 고기만을 주로 먹는 데서 일어나는데, 옥수수를 과다 섭취한 동물은 오메가-3 지방이 결핍되고 오메가-6 지방이 과잉이 되어 그런 고기를 먹는 사람에게 비만과 각종 질병을 안겨줄 수 있다고 한다. 건강을 위해서라도 옥수수로 키운 동물은 먹지 않는 것이 좋으며, 그것은 곧 대량 사육을 포기해야 한다는 뜻이다. 「옥수수의 습격」은 결국 '풀 먹인 소'를 먹자는 주장을 하고 있는 셈이다. 이 다큐멘터리에 따르면 공장식 농장을 폐쇄하고 풀만으로 소를 기른다면 소고기 생산량이 현재의 3분의 1로 줄어들 것이라고 한다. 그렇게 되면 예전처럼 아주 가끔씩만 고기를 먹을 각오가 되어 있어야 한다. 프로그램에서는 주로 우리의 건강을 이유로 내세우는데, 육식이 채식보다 건강에 좋은가 하는 문제는 접어두더라도 최소한 그런 식단이 공장식 사육으로 차린 식단보다 확실히 좋다는 것은 인정할 만하다. 풀을 먹인 소를 먹는 것은 건강에만 좋은 것이 아니라, 공장식 사육으로 인한 동물의 고통을 없앨 수 있으므로 윤리적으로도 옳은 일이다.

우리나라는 회식 문화만 줄여도 확실히 고기를 덜 먹을 수 있다. 서양 문화가 다 좋은 것은 아니지만 회식 문화만 놓고 보면 노동자에 대한 배려가 높은 것을 확인할 수 있다. 회식도 노동시간의 일부라고 보아 퇴근 전에 회사 내에서 간단한 식사나 다과만 차려 놓고 회식을 한다. 우리나라는 마치 시혜라도 베푸는 양 직원을 빠짐없이 참석케 하여 공금으로 고기를 배터지게 먹는다. 우리나라 고기 수요의 상당 부분은 이런 회식 때문이라 생각된다. 회식의 단골 메뉴인 삼겹살을 외국에서까지 꾸준히 수입하는 것을 보면 추측이 어느 정도 맞을 것이다. 회식 자리의 고기만 줄여도 공장식 축산을 상당히 줄일 수 있을 것이다.

고통 없이 기르고 도살한 고기는 앞에서 말했듯이 거의 찾기 힘들다. 윤리적인 소비조합들에서 공급하는 고기들이 그나마 어느 정도 그런 기준을 지키려고 노력한다. 그런 고기 위주로 먹는다면 육식도 약간의 윤리성을 가질 수 있을 것이다. 그러나 그것도 집에서 먹을 때뿐이다. 외식할 때 먹는 고기는 확인할 길이 없다. 1장에서 나는 집에서는 생선을 먹지 않지만 밖에서는 어쩔 수 없이 먹는다고 말했다. 그러나 그 반대가 더 윤리적일지도 모른다. 집에서는 어느 정도 윤리적으로 사육된 고기를 찾을 수 있으니 먹도록 하고, 밖에서는 아예 먹지 않는 것이다.

가수 폴 매카트니는 도살장의 벽을 유리로 만들면 모든 사람이 채식주의자가 될 것이라고 말했다. 동물이 어떻게 사육되고 도축되는지 모르는 탓에 사람들이 아무런 거리낌 없이 고기를 먹는 점도 있기 때문이다. 확실히 고기는 슈퍼마켓의 진열대에 놓인 공산품일 뿐, 그 고기가 어떤 과정으로 우리에게 오게 되었는지는 갈수록 알기 어려워지고 있다. 페미니스트 입장에서 동물권리 운동을 펼치고 있는 캐럴 아담스Carol Adams는 『육식의 성정치』에서 슈퍼에서 파는 고기를 '지시 대상의 부재'라는 말로 부른다. 원래 살아있던 존재가 도살되어 포장된 사체임에도 고기가 그런 정체를 숨기고 있다는 뜻이다. 공장식 축산의 문제점이 바로 이것이다. 고기가 어떻게 우리에게 전달되었는지 전혀 알지 못한다. 과거 사회에서는 소, 돼지, 닭을 주변에서 쉽게 볼 수 있었고, 주인들은 가축들을 가족처럼 대했다. 특히 소는 일을 해야 했기에 고기를 먹겠다는 이유로 쉽게 도살하지 않았다. 영화 「식객」에서 주인공 성찬의 든든한 후원자인 호성은 주위 사람들이 성찬의 소를 잡자고 하자 "저건 소가 아니야. 성찬이 동생이야. 너 같으면 네 가족을 잡아먹고 싶겠니?"라고 타이른다. 그러나 성찬도 결국 "너의 희생을 헛되게 하지 않겠다."라며 도살을 하고 만다. 가축을 어쩔 수 없이 도살

'지시 대상의 부재'. 슈퍼마켓의 깔끔한 포장육은 살아있는 동물을 도살한 고기임을 교묘히 감추고 있다.

할 때도 결코 편한 마음으로 하지 않았던 것이다. 고기의 생산 과정이나 소비 과정을 모두 어렵게 만드는 것이 고기를 덜 먹는 지름길이다.

나는 공장식 축산이 우리들의 문화에 있어서도 심각한 악영향을 준다고 생각한다. 현재와 같은 공장식 사육 환경이 지속된다면 동물을 소재로 한 예술작품도 더 이상 안 나올 거라 우려된다. 가령 이 책에서 여러 번 인용한 『마당을 나온 암탉』이나 닭싸움을 묘사한 김유정의 『동백꽃』 같은 작품이 앞으로 어떻게 나오겠는가? 예수도 성경에서 "암탉이 제 병아리들을 날개 밑으로 모으듯, 내가 몇 번이나 너의 자녀들을 모으려고 하였던가?"(루가 13:34)라고 표현한다. 아무리 그리스도교 신자라 해도 닭이라면 프라이드치킨밖에 본 적이 없는 사람이 이 표현을 어떻게 실감하겠는가? 이런 상황에서는 예수의 고귀한 말도 신자들에게 전혀 전달될 수가 없다. 또 돼지의 사육 환경을 보면 더 이상 돼지를 풍요의 상징이라 부를 수 없으니 '복돼지'와 같은 표현도 사라질 것이다. 돼지꿈도 더 이상 재물을 가져다주는 꿈이 될 수 없다. 공장식 축산은 인류가 쌓아온 귀중한 문화의 전승에도 해를 끼치고 있는 것이다.

2. 플렉시테리언

1장에서 말한 '그때그때 달라요'주의자가 되는 것도 채식으로 가는 한 가지 방법이 될 수 있다. 기본적으로 고기를 먹지 않지만 상황에 따라 어쩔 수 없이 먹는 경우다. 하지만 그 '어쩔 수 없는 경우'가 매일이 되면 안 되니 특정 상황에서만 고기를 먹겠다고 스스로 정해놓고서 실천에 옮기는 것이 좋다. 가령 회식 때만 고기를 먹겠다거나 여행을 갔을 때만 고기를 먹겠다는 원칙이다. 집에서만 혹은 집 밖에서만 먹겠다거나, 초청이나 음식 대접을 피할 수 없을 때만 먹겠다는 원칙을 세울 수도 있다. 피터 싱어는 집에서는 우유, 달걀까지 안 먹는 엄격한 채식주의를 실천하지만, 밖에서는 우유나 달걀이 섞인 음식까지는 먹는다고 한다.

폴 매카트니의 제안으로 시작된 '고기 없는 월요일' 운동이 있다. 1주일에 단 하루라도 고기를 먹지 말자는 운동인데, 가톨릭에서 특정 기간의 금요일에 고기를 먹지 않는 것(2장)을 연상시킨다. 이 운동을 소개하는 홈페이지(www.meatfreemonday.co.kr)는 환경적인 측면에서 채식의 효과를 강조하는데, 가령 지구상의 모든 사람이 1주일에 하루만 고기를 먹지 않아도 자동차 500만 대의 운행을 정지시키는 효과가 있다고 한다.

바로 앞 절에서 제안한 대로 윤리적으로 생산된 고기만 먹는 것도 일종의 플렉시테리언이다. 고기를 먹되 고통을 주지 않고 생산된 고기만 먹기 때문이다. 이런 사람은 싱어와 메이슨이 『죽음의 식탁』에서 쓴 표현에 따르면 '양심적 잡식주의자'이다.

미국의 음식 칼럼니스트인 마크 비트먼은 '6시까지만 채식주의자'이다. 비만 때문에 의사가 채식을 권했는데 음식 칼럼니스트가 채식을 할 수 없어서 타협책으로 정한 것이, 오후 6시까지는 엄격한 채식을 하고 직업상 고기를 먹을 수밖에 없는 그 시간 이후에는 마음대로 먹는 것이다. 그는 건강 때문에 이런 방식의 채식을 시작했는데, 당뇨나 콜레스테롤 수치 등에서 효과를 봤다고 한다.

3. 개고기 끊기

'그때그때 달라요'가 아니라 특정 동물부터 아예 안 먹겠다는 각오가 섰다면 가장 먼저 실천해야 할 것이 개고기 안 먹기이다. 이제는 개고기를 안 먹는 사람이 꽤 많아졌으므로 이런 제안이 불필요할 수도 있지만, 개고기 논쟁은 우리 사회에서 아직도 식지 않은 싸움이므로 잠깐 살펴보도록 한다.

일단은 영양가 문제부터 생각해 보자. 개고기를 옹호하는 사람 중에는 개고기가 영양가가 많다고 주장하는 경우가 많다. 더운 여름을 잘 견디게 해 주는 보양식이라고 하여 여름의 복날에 즐겨 먹는다. 이런 생각을 보강해주는 미신도 있는데, 개가 땀 안 흘리는 것을 보고 개고기를 먹으면 땀을 안 흘릴 거라고 생각하는 것이다. 알다시피 개가 땀을 안 흘리는 것은 땀구멍이 없기 때문이다. 기가 허해졌거나 수술한 환자에게 개고기가 특히 좋다는 말도 한다. 동생이 군 복무를 하다 국군통합병원에 입원한 일이 있어서 몇 번 면회를 간 적이 있다. 그런데 병원 면회실 앞에 보신탕집이 줄줄이 늘어서 있는 게 아닌가. 나도 보신탕을 포장해서 동생에게 몇 번 먹였지만, 개고기가 정말로 영양가가 풍부한지는 지금도 잘 모르겠다. 우리 사회도 이제는 오히려 영양 과다를 걱정할 형편이지 영양 부족이 문제는 아니지 않은가? 별다른 단백질 섭취원이 없던 옛날이라면 모르지만, 지금 시대에 꼭 개고기로만 영양가를 섭취해야 하는 것은 아니다.

문화 상대주의는 개고기 비판론에 대한 가장 흔하고도 가장 강력한 반론으로 이용된다. 문화란 나라와 민족에 따라 다른 법인데, 문화의 차이를 가지고 타 문화를 비난해서는 안 된다는 것이 요지이다. 예를 들어 프랑스 사람들은 우리가 먹지 않는 달팽이 요리에다 거위를 학대해서 만드는 푸아그라(거위간)까지 먹는데, 자기들이 개고기를 먹지 않는다고 개고기 먹는 우리를 비난해서는 안 된다는 것이다. 그러나 문화 상대주의가 모든 문화 현상에 적용될 수 있는 것은 아니다. 문화 상대주의는 문화의 특성을 보여줄 뿐이지 그것이 도덕적으로 정당하다는 것까지 말해주지는 않기 때문이다. 남아선호 사상이나 노비제가 우리의 문화였다고 해서 그 문화가 옳다고 할 수 없는 것과 같다. 각 민족의 단순한 기호나 취향에 관련된 문화라면 문화 상대주의가 적용되겠지만, 보편적 권리에 해당하는 것은 상대주의를 적용해서는 안 된다. 그렇다면 개고기를 먹는 것이 단순한 기호의 문제인지, 아니면 보편적 권리의 문제인지 따져보는 것이 순서이다.

서양 사람들이 우리의 보신탕 문화를 비판하는 주된 논지는, 개처럼 인간과 친한 동물을 어떻게 잡아먹을 수 있느냐 하는 것이다. 그러나 어떤 존재가 우리와 친한가 친하지 않은가를 따지는 것은 그 존재를 죽여서는 안 된다는 정서적 이유가 될지는 모르지만 이성에 바탕을 둔 이유가 될 수는 없다. 설령 그 말이 맞는다 해도 개와 친하지 않은 민족이나 개인은 개를 먹어도 된다는 결론이 나오기 때문이다. 개를 식구처럼 생각하는 사람이 있다면 그 사람만 안 먹으면 그만이다. 개를 소, 돼지와 똑같은 동물로 생각하는 사람에게는 개가 인간의 친구이므로 먹어서는 안 된다고 강요할 수 없다. 물론 개고기를 먹는 사람도 개고기를 반대하는 사람에게 억지로 먹기를 강요해서는 안 된다. 개고기를 먹지 말아야 할 이유로 이렇게 친소 관계를 들면 개고기 문제는 단순한 기호 문제가 되고 만다. 그러므로 서양 사람들의 비판은 보신탕에 대한 정당한 비판이 아니다. 말하자면, 이토록 귀여운 개를 어떻게 잡아먹을 수 있느냐는 것인데, 귀엽기로 치자면 토끼나 밍크도 무척이나 귀엽다. 그러나 밍크나 친칠라 토끼는 털이 예쁘다는 죄로 가죽을 벗겨 죽인다. 잔인하기로 치자면 밍크 쪽이 개보다 훨씬 심하다.

개고기를 반대하는 이유가 단순한 기호 문제 때문이 아니라고 주장하는 쪽에서는 이것이 생명의 문제이므로 보편적 권리에 관한 것이라고 주장한다. 그러나 이 주장이 개의 생명만을 특별히 옹호하는 주장이라면 소, 돼지 역시 생명이므로 설득력을 얻기가 힘들다. 나는 앞에서 죽음의 문제에 관한 한 생명의 서열이 있다고 주장했다. 어떤 생명이건 고통을 주어서는 안 되지만, 고통이 없더라도 죽여서는 안 되는 생명이 있다고 했다. 사람의 생명이 거기에 해당하는데, 죽음의 가능성이 사람을 불안하게 하고 또 죽음이 미래에 대한 선호를 앗아가기 때문이라고 했다. 개에게도 이런 조건이 적용된다면 다른 동물의 생명보다 더 가치 있게 대우 받을 수 있을 것이다.

개가 주변 개들이 없어지는 것을 보고 자기도 죽을지 몰라 불안해할까? 개에게 미래에 대한 선호가 있을까? 잘 모르겠다. 개가 주인을 잘 알아보고 충성도가 매우 높은 동물인 것은 맞지만, 죽음에 있어 특권을 인정받을 수 있을 정도로 지능이 높은지는 잘 모르겠다. 만약 그러하다면 소나 돼지에 비해 특별대우를 받아도 좋을 것이다. 그렇게 된다면, 왜 개는 먹으면 안 되고 소, 돼지, 달팽이는 먹어도 되는지를 묻는 사람들에게도 충분히 대답할 수 있을 것이다. 개를 죽여서는 안 되는 특별한 이유가 있다고 말이다. 반대로 사람을 죽이지 말아야 하는 근거를 특별히 개에게만 적용할 이유가 없다고 해보자. 그렇다면 먹는 문제에 있어서도 개를 다른 동물에 비해 특별 대우할 이유가 없어진다. 아무 고기나 엄청나게 먹어대는 지금의 사회에서 개고기 먹는 것을 특별히 비난할 이유가 없다. 굳이 비판을 한다면, 동물의 고통이나 환경 훼손 때문에 소, 돼지도 덜 먹어야 할 판에 반대 여론이 많은 개를 굳이 먹어야 하느냐고 하는 정도일 것이다.

언론 매체에 종종 보도가 되지만 식용 개는 특히 비참한 환경에서 사육되고 잔인하게 도살된다. 얼마 전까지만 해도 개는 몽둥이로 패서 잡아야 맛있다고 했다. 지금이야 개를 그런 방식으로 도살하지는 않지만, 아직도 '개지옥'이라는 말이 나돌 정도로 열악한 환경에서 개들을 기르는 모습이 인터넷에 종종 공개된다. 개는 「축산물위생관리법」에서 가축으로 분류되지 않아서 합법적으로 도축할 수 없기 때문에, 사육과 도살 과정이 더 잔인하고 비위생적으로 이루어진다. 법의 테두리를 벗어나 있어서 그런지 사육과 도축 환경도 다른 동물에 비해 훨씬 덜 알려져 있다.

다른 동물을 이미 먹고 있는 사람이라면 개고기에 기호가 있을 경우 계속 먹어도 될 것이다. 그러나 소, 돼지도 고통 없이 기르고 도살한 경우에만 윤리적으로 먹을 수 있듯이, 개고기도 고통 없이 기르고 도살했다는 것을 알 때만 먹는 것이 정당화된다. 그러나 현재 유통되는 개고기는 전혀 그렇지 않다. 따라서 윤리적으로 보면 개고기를 먹어서는 안 된다.

고래 고기도 개고기와 비슷하게 접근할 수 있을 것이다. 우리나라에서는 울산과 포항 일원을 제외하면 그다지 많이 먹지 않지만 일본 사람들은 좋아하는 고기이다. 현재 고래는 국제법상 잡을 수 없게 되어 있지만, 다른 물고기를 잡으려다 그물에 우연히 걸린 고래는 유통을 허용하고 있다. 그러니까 포획은 안 되지만 혼획混獲은 허용된다. 포획을 금지해서인지 최근에는 고래의 개체수가 늘어서 혼획되는 경우가 증가한다고 하는데, 혼획된 고래는 고가에 거래되어 '바다의 로또'라고 불린다. 고래는 개보다 훨씬 지능이 높기 때문에 죽음에 대한 공포나 미래에 대한 선호가 있을 가능성이 높다. 그렇다면 고래가 잡힐 때 고통을 느끼건 느끼지 않건 고래를 잡아먹어서는 안 된다. 또 그물에 우연히 걸렸다 하더라도 죽을 때까지 기다리는 것은 윤리적으로 옳지 않다. 풀어주는 일이 만만치 않다 하더라도 가능한 한 풀어줘야 한다.

4. 비덩주의

고기가 섞인 음식은 먹지만 스테이크, 로스구이, 불고기처럼 덩어리로 된 고기를 먹지 않는 것을 '비덩주의'라고 한다. '덩'어리에 아닐 '비非' 자를 붙여서 비덩주의이다. 만국공용어는 아니고 우리나라 음식 문화에서 나온 특이한 용어라 할 수 있다. 서양 사람들은 스테이크나 찹(갈비토막)처럼 고기를 덩어리째 먹는 경우가 많다. 우리에게도 불고기나 갈비찜 등 그런 요리가 없는 것은 아니지만, 그보다는 고기를 잘게 썰어서 국이나 반찬에 넣는 경우가 많다. 지금처럼 덩어리로 고기를 자주 먹게 된 것은 최근의 일이라고 할 수 있다. 문화가 이렇다 보니 고기를 안 먹기로 결심을 해도 국에 든 고기나 만두에 든 고기를 안 먹기는 힘들다. 그러니 우선은 덩어리 고기만이라도 먹지 않도록 노력해보는 것이다. 국이나 반찬에 들어간 고기를 안 먹는 것보다는 덩어리 고기를 안 먹는 것이 훨씬 쉽기 때문이다.

5. 새와 물고기만 먹기

그 다음 순서로는 소고기, 돼지고기는 아예 먹지 말고 닭고기와 물고기만 먹는 것이다. 이것을 준채식주의semi-vegetarianism라고 부르기도 한다. 이른바 '빨간 고기'만 안 먹는 주의이다. 소나 돼지의 지능이 닭이나 물고기의 지능보다 더 높기에 고통도 더 많이 느낄 것이라고 생각하기 때문이다.

나도 채식을 처음 결심했을 때 이 단계부터 시작했다. 그러나 이 책을 쓰면서 새삼 깨달은 사실이 있다. 부분적 채식을 하기로 했다면 소, 돼지, 닭 중에서 닭고기부터 안 먹는 것이 오히려 더 윤리적이라는 점이다. 고통을 느끼는 정도로만 보면 소가 닭보다 심할 수 있지만, 닭은 워낙 많은 마릿수가 사육되다 보니 소와 비교가 안 될 정도로 열악한 환경에서 자라기 때문이다. 게다가 고통의 총량으로 따져도 닭의 고통이 소의 고통보다 훨씬 크다. 이것은 7장에서 말했듯이 "승용차가 소비하는 연료가 버스가 소비하는 연료보다 많다."는 논리학 명제를 연상케 한다. 개체로는 소(버스)의 고통이 더 크겠지만 총량으로는 닭(승용차)의 고통이 더 클 것이다. 한편, 돼지는 소나 닭보다 지능이 월등히 높고 사육 환경도 닭 못지않게 열악하다. 그러므로 세 가지 중 하나만 택해서 먹지 않겠다고 하면 돼지고기부터 먹지 말라고 추천하고 싶다.

6. 물고기만 먹기

고기 중에서 물고기만 먹는 사람들을 '페스코pesco'라고 하고 그런 입장은 페스코주의라고 한다. 지금 내가 집 밖에서 지키고 있는 원칙이다. 참고로 '페스코'는 물고기를 뜻하는 라틴어 '피스키스piscis'에서 온 말이다. 인간은 자신이 하는 행동을 합리화하는 경향이 있는데 특히 먹는 것에 있어서 그런 합리화가 강한 것 같다. 남보다 더 강한 의지의 소유자가 아닌 나도 그런 합리화 경향이 강하다. 그래서 물고기를 먹어도 되는 이유를 찾아보려고 오랫동안 고민하기도 했다. 한때는 이런 생각을 했다.

고통들에도 종류가 있으니 나쁜 정도에 따라 서열을 매길 수 있지 않을까? 주사 맞는 것을 생각해보자. 주사를 맞는 데는 당연히 아픔이 따르지만, 과거의 아픔을 기억하기 때문에 더 공포감을 느낀다. 주사 맞은 적이 전혀 없다고 해도 인간은 상황판단 능력이 있기 때문에 아픔을 예측한다. 바늘처럼 날카롭게 생긴 것이 내 살을 뚫으면 아프리라고 예측할 수 있다. 그런데 그런 기억력과 상황판단 능력이 없는 동물의 경우는 어떨까? 나는 물고기가 그런 동물이라고 생각했다.

과학적인 이야기는 아니지만 보통 금붕어의 기억력은 3초라고들 말한다. 금붕어에게 주사를 놓으면 3초 동안은 고통의 기억이 지속된다는 얘기다. 사실 3초라면 고통을 기억하는 시간으로는 결코 짧지 않은 시간이다. 그러나 금붕어의 기억력이 찰나에 불과하다고 해보자. 예컨대 고통의 기억이 0.000…1초만큼만 지속된다고 해보자. 고통 자체는 몇 초간 지속되겠지만, 기억력이 짧으므로 순간순간 고통이 생겼다 없어지는 현상만 반복될 것이다. 금붕어는 자의식이 없으므로 찰나 전의 자기와 현재의 자기가 동일한 존재라는 것도 의식 못할 것이고, 고통을 찰나적으로 느끼는 것 역시 자기가 느낀 건지 누가 느낀 건지 알 수 없을 것이다. 가령 인간이 그와 같다고 해보자. 우리에게 고통이 있긴 한데, 고통을 예측할 수도 기억할 수도 없으며, 다만 찰나적으로 생겼다가 사라질 뿐이라면 그토록 나쁜 거라고 할 수 있을까? 따라서 기억력이 몹시 짧은 동물이 있다면 그 동물에게 아무리 큰 고통을 줘도 그리 나쁜 일이라고 할 수 없을 것이다. 다시 말해서 종에 따라 고통의 윤리적 의미에 대해서도 서열을 부여할 수 있겠다는 생각이다.

그러나 지금 다시 생각해봐도 이것은 어디까지나 나의 말장난일 뿐이다. 아무리 머리가 나쁘고 기억력이 짧다고 해도 그 찰나의 순간에 고통을 느낀다면 그 고통은 나쁜 것이기 때문이다. 고통의 양은 어떨까? 물고기는 젖먹이동물만큼 신경체계가 발달해 있지 않으니, 물고기가 느끼는 고통의 정도란 게 우리가 주사바늘로 찔리는 정도에 불과하지 않을까? 그러니 나의 입맛을 위해 좀 희생해도 되지 않을까? 그러나 고통의 양이란 어차피 주관적으로 추정하는 것에 불과하다. 물고기의 고통이 작다고 하더라도, 인간이 느끼는 정도의 심한 고통을 한 번도 느껴보지 못한 물고기에게는 작은 고통조차 어마어마할 수가 있다. 이 모두가 결국 물고기를 먹으려고 하는 나의 부질없는 생각일 뿐이다.

7. 락토-오보 채식주의

이제부터는 본격적인 채식주의자이다. 이 단계부터는 채식주의자라고 말하는 게 전혀 부끄럽지 않다. 락토-오보lacto-ovo 채식주의자는 고기는 전혀 안 먹되 우유와 달걀은 먹는다. 용어가 어렵게 느껴질 텐데, 락토는 우유를 뜻하는 라틴어 '락티스lactis', 오보는 달걀을 뜻하는 라틴어 '오붐ovum'에서 온 말임을 기억해두면 좋을 것이다. 고등학교 생물 시간에 우유분해효소라고 배운 '락타아제'나 달걀로 만드는 '오믈렛'에도 이런 어원들이 들어 있다. 락토 채식주의자는 고기는 물론 달걀도 먹지 않고 우유까지만 먹는 사람들이다.

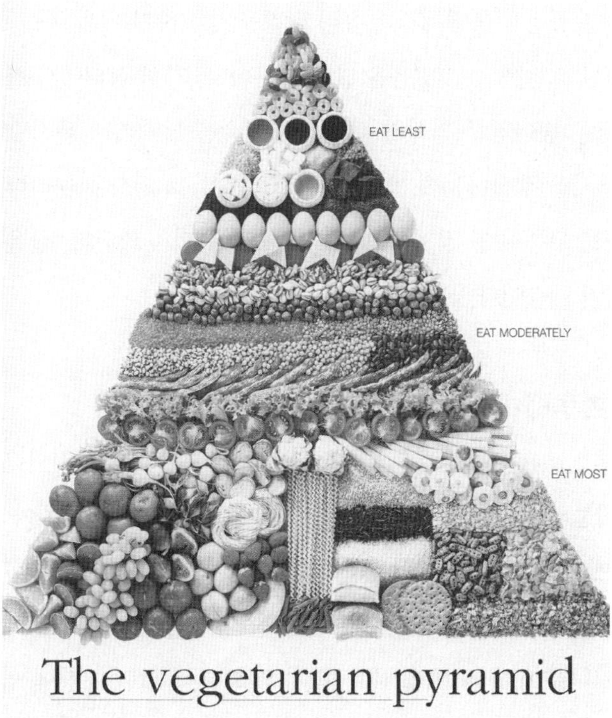

채식 피라미드. 채식주의자의 영양 편중을 걱정하여 적정 식품섭취량을 그림으로 보여주고 있다. 과일과 곡물류는 많이, 견과류는 적당히, 달걀과 유제품 및 사탕류는 적게 먹도록 권고한다.

8. 완전 채식주의

우유, 달걀 등 동물성 단백질을 전혀 섭취하지 않는 엄격한 입장이다. 이런 입장을 실천하는 사람들을 영어로는 '비건vegan'이라고 부른다. '비건'은 2장에서 말한 대로 채소를 뜻하는 영어 'vegetable'이나, 활기차다는 뜻의 라틴어 'vegetus'에서 나온 말이다. 비건들이 우유나 달걀조차 먹지 않는 까닭은 공장식 농장에서 우유나 달걀을 생산하기 위해 동물들에게 잔인한 고통을 주고 있음을 알기 때문이다. 자연 상태에서 사는 소나 닭은 송아지를 먹이기 위해서나 후손을 남기기 위해서만 우유나 달걀을 생산하는데, 인간이 인위적으로 그 생산을 늘리니 동물들에게 고통이 안 갈 수 없다. 이들은 꿀도 먹지 않는다. 꿀은 벌의 것이기 때문이다.

9. 프루테리언

비건보다 더 극단적인 입장으로 식물의 잎사귀만 먹고 뿌리나 열매는 먹지 않는 사람들이 있다. 2장에서 본 자이나 교도들이 그런 사람이다. 프루테리언fruitarian이라고 하면 과일만 먹는 사람처럼 들리지만, 사실은 과일이나 열매도 나무에 달려 있을 때는 먹지 않고 자연스럽게 땅에 떨어졌을 때만 먹는다. 프루테리언들 중에는 심지어 기름에 튀겨진 당근을 보고 불쌍하다고 생각하는 사람도 있다. 독일 소설가 카렌 두베Karen Duve는 르포에세이 『고기 없인 못 살아! 정말 못 살아?』에서 채식주의자가 되겠다고 작정하고 실천하는데, 채식주의자를 넘어서 프루테리언이 되겠다고 나선다. 주변에서 도움말을 얻으려고 그런 사람을 찾지만 당연히 찾기 어렵다. (겨우 만나기는 한다.) 하지만 자이나 교도나 프루테리언은 윤리적 채식주의자가 아니다! 윤리적인 근거에 의해서 열매나 뿌리를 안 먹는 것이 아니라 종교적이거나 정서적인 취향에 의해 먹지 않기 때문이다. 이런 까닭에 나는 이런 사람들을 채식주의자인 것처럼 소개하는『고기 없인 못 살아! 정말 못 살아?』를 읽으면서 마음이 영 불편했다. 채식주의자는 보통 사람들이 할 수 없는 괴팍한 짓이나 실천하는 사람이라는 인상을 줄 수 있기 때문이다.

번역가이며 채식주의자인 김우열 씨는 자신의 저서『채식의 유혹』에서 프루테리언을 '열매식을 하는 사람'이라 부르는데, 자신도 채식을 넘어 열매식을 지향한다고 말한다. 그는 식물에게 의식이 있다고 믿고 있는데, 식물의 열매를 먹는 것이 식물에게 해를 덜 끼치는 일로 생각된단다. 김우열 씨의 열매식은 땅에 떨어진 열매만 먹는 것이 아니라 따 먹는 것도 허용한다. 열매는 식물이 자신을 퍼뜨리기 위한 수단이므로 그래도 된다고 생각하기 때문이다.

농담 하나. 나와 딸은 과일을 아주 좋아한다. 그래서 밥 먹고 나서 과일을 먹으면서 우리는 '프루테리언'이라고 하다가 이제는 구별을 해서 '후식주의자'라고 한다. 영어로 하면 '디저트주의자' 정도 될까? 후식만 먹고 사는 것은 아니니까 후식주의자라는 것은 어디까지나 농담이다. 썰렁한 농담 하나 더. 딸과 나는 배 터지게 음식을 먹은 다음에는 이렇게 말한다. "우리는 '베지터리언'이 아니라 '배터지리언'이야."

그러나 비건 같은 엄격한 채식주의자들은 비덩주의나 준채식주의, 또는 내게 해당되는 페스코주의 같은 단계를 채식주의의 반열에 끼워주지도 않는다. 그것을 채식주의라고 부르면, 채식주의가 무슨 뜻인지 전혀 모르는 것이라고 여긴다. 일리가 있는 생각이다. 채식주의는 채소만 먹는 것이므로, 동물성 식품을 먹는 것은 어떤 경우에도 채식주의라고 말할 수 없다. 우유나 달걀과 같은 동물 부산물만 먹는 경우에는 논란의 여지가 있지만, 생선살을 먹으면서 채식을 한다고 말할 수는 없다. 따라서 페스코주의 단계를 실천하고 있는 사람이라면 "채식을 합니다."라고 말하기보다는 "채식을 지향합니다." 정도로 말해야 할 것이다.

그러나 그런 식으로 채식을 지향하는 것을 비난하기보다는 실천의 한 단계로 이해하는 마음이 필요하다. 실천하기 어려운 목표를 세워놓고 포기하는 것보다는 실천 가능한 것부터 한걸음씩 내딛는 것이 중요하다. 결국 동물의 고통을 고려하는 마음가짐이 중요하니까.

10장

채식, Q & A

"채식 = 윤리"

똑같이 고기를 먹지 않더라도 신념에 의해서 안 먹는 것이 아니라 취향에 의해 안 먹는 사람에게는 채식주의자라는 말을 붙일 수 없다. 2장에서 말한 것처럼 그것은 모든 사람에 대해 일반화할 수 있고 정당화할 수 있는 종류의 신념이 아니기 때문이다. 같은 이유로 고기를 먹는 사람들을 '육식주의자'라고 부를 수도 없다. 고기를 먹는 사람들은 대부분 무슨 신념 같은 것을 가지고 먹는 것이 아니라 별다른 숙고 없이 입맛에 따라 먹는 것이기 때문이다. 그러나 이 책을 읽고 윤리적 채식주의의 주장에 대해 반발하여 앞으로 육식을 적극 옹호하겠다는 사람이 생긴다면, 그런 사람은 육식주의자라고 불러도 될 것이다.

대부분의 사람들을 '육식주의자'로 부를 수 없는 또 하나의 이유가 있다. 엄격한 의미에서 채식주의자는 식물만 먹는 사람이지만, 여기서 말하는 육식주의자는 동물과 식물을 모두 먹는 사람이기 때문이다. 굶어죽더라도 고기밖에 먹을 수 없는 사자도 아니고, 식물성 음식을 구할 수 없는 이누이트도 아닌 바에야 고기만 먹고 사는 사람은 없다. 그러므로 채식주의자가 아닌 사람들을 부르는 정확한 용어는 '잡식주의자'일 것이다. 그래서 마이클 폴란의 책 제목은『잡식동물의 딜레마』이다.

그래도 육식을 옹호하는 사람들을 편의상 '육식주의자'라고 해보자. 육식을 옹호하는 사람들은 고기를 먹는 것에 대해 어떤 이유를 내세울까? 채식주의자들에게 어떤 반론을 할까? 이런 반론들을 질의-응답(Q&A) 형식으로 정리해보도록 하겠다. 가톨릭에서는 교리 교육을 할 때 전통적으로 교리 문답의 형식으로 가르쳤다. 물론 여기서 육식주의자들을 '가르치려' 드는 것은 아니다. 나 역시 채식을 한다고 말하면, 주변에서 거의 빠지지 않고 하는 질문들이 있었다. 이 질문들은 채식주의에 대한 궁금증에서 나오는 것이기도 하고, 채식을 반박하고 육식을 옹호하기 위해 던지는 것이기도 하다. 그러므로 이 질문들에 대답을 함으로써 채식주의에 대한 궁금증도 해소하고, 채식주의에 대한 반론을 재반박하는 기회로 삼을 수 있을 것이다.

Q. 왜 먹을 것 가지고 시시비비를 따지나요?

A. 이 질문에 대해서는 2장에서 길게 설명을 했습니다만, 여기서 다시 간단하게 대답합니다. 먹는 것은 선호의 문제일 때가 많습니다. 짜장면이 맛있느냐 우동이 맛있느냐는 각자의 기호일 뿐 거기에 무슨 윤리가 개입되지 않습니다. 내가 짜장면이나 우동을 먹음으로써 다른 사람이나 존재에게 끼치는 영향이 아무 것도 없기 때

문입니다. 그러나 먹을 것이 다른 사람이나 존재에게 피해를 준다면 그때는 윤리가 개입됩니다. 담배로 예를 들어 보면, 담배를 피우는 것은 기호의 문제이므로 윤리가 끼어들지 않습니다. 그러나 담배 연기가 다른 사람에게 피해를 끼친다면 그때부터는 윤리적인 문제가 됩니다.

고기를 먹는 것도 똑같습니다. 동물을 먹기 위해서는 동물을 사육하고 죽여야 하는데, 그 과정에서 동물의 고통을 유발하고 환경을 훼손하며 다른 사람의 먹을거리를 빼앗기 때문에 윤리적인 시빗거리가 생길 수밖에 없습니다.

Q. 지금 세상에 굶어죽는 사람이 얼마나 많은데 동물의 고통을 운운하나요?

A. 세상에는 중요한 일의 우선순위가 있는 것이 사실입니다. 사람의 고통이 동물의 고통보다 훨씬 소중합니다. 동물의 고통에도 똑같이 관심을 가져야 한다고 생각하는 윤리적 채식주의도 사람의 고통과 동물의 고통 중에 사람의 고통을 우선해서 고려해야 한다고 주장합니다. 사람의 고통의 양과 동물의 고통의 양이 똑같다고 할 때 당연히 사람의 고통을 우선시할 뿐만 아니라, 사람의 고통의 양보다 동물의 고통의 양이 훨씬 클 때도 사람의 고통 쪽에 손을 듭니다. 가령 조난당한 보트에서 사람 한 명과 개 백 마리 중에서 한 쪽만 구해야 한다면 사람 한 명을 구합니다. 다만 이 상황은 어느 한 쪽만을 선택해야 하는 경우이므로 동물보다는 사람 쪽을 구한

다고 대답합니다. 그러나 굶어죽는 사람들과 사육과 도살로 고통 받는 동물들은 어느 한 쪽을 선택해야 하는 경우가 아니므로, 둘 다 옳지 않고 둘 다 해결해야 할 문제가 됩니다.

사실 이런 질문을 하는 사람도 굶어죽는 사람에게 정말로 관심이 있어서라기보다는 동물의 고통 문제를 회피하기 위해서 이렇게 묻는 혐의가 짙습니다. 만약 어떤 사람의 뺨을 때리고 나서 그 사람이 왜 때리느냐고 항의를 하면, 지금 세상에서 굶어죽는 사람이 얼마나 많은데 이 문제를 따지느냐고 답할 수 있을까요? 게다가 육식과 기아 문제는 상관관계가 아주 깊습니다. 같은 넓이의 토지에서 가축을 먹이기 위한 사료용 곡물을 생산하지 말고 사람이 먹을 곡식을 생산하면 10배 이상의 사람이 먹을 수 있기 때문입니다. 다른 한편으로는, 굶어죽는 사람들에 대해서는 많이 알려져 있고 관심을 보이는 사람도 많습니다. 그에 비해 동물의 고통은 거의 관심을 끌지 못하고 있으므로 동물의 고통에 대해 이야기하는 것이 의미가 있습니다. 위에서 말한 것처럼 둘 다 중요한 문제이니까요.

물론 동물을 사랑하면서 인간에게는 냉정한 사람들도 있습니다. 가난한 사람들을 위한 기부에는 인색하면서 반려동물에게 많은 돈을 쓰는 사람들입니다. 그런 사람들 때문에 동물보호를 주장하는 사람들은 굶는 사람보다 동물에 더 관심이 많다는 선입견이 생길 수 있습니다. 그러나 2장에서 말했듯이 동물을 사랑한다고 해서 윤리적 채식주의자인 것은 아닙니다. 감정에 따라 동물을 사랑하는 사람과 이성에 근거를 두고 채식주의자가 되는 것은 전혀 별개라고 말했습니다. 그러므로 동물을 사랑하면서 인간에게는 무관심한 이들의 이기심 때문에 윤리적 채식주의자가 비난을 받는 것은 옳지 못합니다.

Q. 윤리는 기본적으로 계약론적인 성격이 있는데 동물과는 계약을 할 수 없습니다.

A. 이 질문에 대해서는 4장에서 대답했습니다. 계약론은 윤리에 관한 한 가지 견해인데, 여기에는 많은 문제점들이 있습니다. 계약론적 윤리관을 밀고 나가면 동물들에 대해서만 계약을 할 수 없는 것이 아닙니다. 갓난아이나 중증장애인과도 계약을 할 수 없습니다. 그렇다고 해서 갓난아이나 중증장애인을 윤리적으로 고려할 필요가 없다고 생각하는 사람은 아무도 없을 겁니다. 미래 세대와도 계약이 불가능하지만, 환경에 대한 관심 때문에 미래 세대에 대한 윤리적 의무는 갈수록 중요해지고 있습니다. 노예나 힘이 약한 나라 사람들에 대해서도 마찬가지입니다. 힘이 센 사람 입장에서는 계약을 안 해도 된다는 것입니다. 그러나 요즘 세상에서 노예제나 제국주의를 옹호하는 사람은 없을 겁니다. 계약론적 윤리는 동물을 비윤리적으로 대우하는 것에 그치지 않고, 우리가 이미 받아들이고 있는 윤리까지 송두리째 무시하는 결과를 가져옵니다.

Q. 동물들은 서로 잡아먹는데 사람은 왜 동물을 먹으면 안 되나요?

A. 이 질문에 대해서도 4장에서 대답을 했습니다. 우리는 윤리적

반성을 할 줄 알지만 동물은 할 줄 모릅니다. 우리는 지금 윤리적인 문제에 대해서 이야기하고 있는데, 윤리적인 반성 능력이 없는 동물의 행태를 보고 무엇인가를 배우라고 말하는 것은 어불성설입니다. 그리고 동물처럼 행동하는 사람에 대해서는 욕을 하면서, 왜 이런 문제에 있어서는 동물처럼 행동해야 한다고 말하나요?

Q. 사람이 동물을 고기로 먹는 것은 자연스러운 전통 아닌가요?

A. 이 질문에 대해서도 4장에서 대답을 했습니다. '자연스럽다'라는 말은 전통이라는 뜻으로도 쓰이고 자연의 이치에 맞는다는 뜻으로도 쓰이는데, 어느 쪽으로 해석해도 동물을 먹는 것이 윤리적으로 옳다는 결론은 나오지 않습니다.

Q. 동물보호론자들은 일관성이 없습니다. 반려동물 사료는 고기로 만들면서 왜 사람은 못 먹게 하나요?

A. 이 질문은 바로 위 질문들에서 이미 대답이 되었습니다. 동물은 고기를 먹고 안 먹고를 선택할 수 없지만 사람은 선택할 수 있으므로 동물이 고기를 먹는다고 해서 사람도 고기를 먹어야 한다는 결론은 나오지 않습니다. 물론 여전히 반려동물 사료는 동물이 선택하는 것이 아니라 인간이 선택한다고 반박할 수 있습니다. 개나 고양이가 동물성 사료를 먹지 않아도 아무런 문제가 안 생긴다면 윤리적 채식주의자인 주인은 채식 사료를 선택해야 합니다. 그러나 확실하지는 않지만 고양이와 개는 육식성으로 추측됩니다. 같은

고양이과인 호랑이나 개과인 늑대가 육식동물이니까요. 다만 사람이 키우다 보니 잡식성이 된 것입니다.

반려동물에 대해 한 가지만 덧붙이겠습니다. 윤리적 채식주의자라고 해서 반드시 반려동물을 사랑해야 하는 것은 아닙니다. 동물의 고통을 이유로 고기를 먹지 않는 사람 중에는 이효리 씨처럼 반려동물을 사랑하고 실제로 기르는 사람도 많지만, 반려동물로 사육되는 것이 과연 동물에게 행복한지 의문을 던지는 사람도 있습니다. 후자와 같은 사람들에게 반려동물 사료 이야기를 꺼내면서 일관성이 없다고 운운하는 것은 번지수가 틀린 이야기입니다. 반려동물을 사육하는 것 자체를 반대하는 사람들이기 때문입니다. 이 책은 동물을 둘러싼 윤리적 문제 중 채식에 한정하고 있으므로 반려동물의 문제는 다음 기회에 이야기하도록 하겠습니다.

Q. 식물도 고통을 느끼지 않나요?

A. 동물이 고통을 느낀다고 말하면 가장 많이 하는 질문이 이것이라고 했습니다. 이 질문에 대해서는 3장 맨 끝에서 대답을 했습니다. 식물에는 동물처럼 중앙집중식으로 조직화된 신경체계가 없기 때문에 고통을 느낄 수 없습니다. 그리고 식물이 고통을 느낀다고 말하는 것은 단지 비유적인 표현이거나 원시적인 사고일 뿐입니다.

Q. 어떤 동물이든 먹어서는 안 되는 겁니까? 번데기를 먹어도 안 됩니까?

A. 도덕적인 고려의 기준은 "고통을 느낄 수 있는가?"였습니다. 번데기가 고통을 느끼는지 느끼지 못하는지는 분명하지 않습니다. 그러나 고통이 없다고 확신하지 못한다면 3장에서 말한 '의심의 이득' 원칙에 따라 고통을 주지 않는 것이 옳습니다. 번데기는 아마 유해 수용만 있고 고통을 느끼지는 못할 수 있습니다.

이 질문을 "번데기는 먹으면서 왜 소, 돼지는 먹으면 안 되나요?"라는 의도로 하는 사람도 있습니다. 번데기가 고통을 느끼는지 못 느끼는지는 분명치 않습니다. 그러나 소, 돼지가 고통을 느끼는 것은 분명합니다. 고통을 느끼는 경계선을 어디에 그을지 모호하다고 해서 소, 돼지가 고통을 느낀다는 분명한 사실이 달라지게 되는 것은 아닙니다. 머리카락이 몇 올일 때부터 대머리인지 모호하다고 해서 율 브리너가 대머리가 아닌 것은 아니니까요.

Q. 채식주의자가 늘어 채소 소비량이 많아지면 '공장식' 원예도 생겨나지 않을까요?

A. 채식주의자가 많이 늘어 채소를 많이 찾게 되면 채소 수확량을 더 늘리기 위해 제초제, 살충제, 화학비료를 마음대로 사용할 것이라고 생각하는 사람들이 있습니다. 화학비료와 농약에 범벅이 되었다 하더라도 토마토나 상추를 먹는 것을 고집할 거라는 얘기죠. 그러나 이 책을 끝까지 읽은 독자라면 채식주의자가 유기농 채식을 찬성하리라는 것을 잘 알 것입니다. 제초제, 살충제, 화학비료로 범벅이 된 채소는 공장식 농장을 낳은 대규모 자본주의적 생산

방식의 소산이기 때문입니다. 채식주의는 처음에도 그랬고 지금도 '친환경적'입니다. 채식을 실천하는 가장 쉬운 방법은 옛날식 밥상으로 돌아가는 것이라고 했습니다. 고기는 가끔 먹고 주로 채소 위주의 식사를 하던 형태입니다. 예전에 우리가 그렇게 채소를 많이 먹었다고 해서 반환경적으로 채소를 재배해서 먹었을까요? 그렇게 하지 않아도 충분히 다양한 채소를 먹었습니다. 오늘날 우리가 농약과 화학비료가 뿌려진 채소를 먹고 있는 것은 겉으로 깨끗해 보이는 농산물, 제철에 나지 않는 농산물, 먼 곳에서 운송해 오는 농산물을 자꾸 찾기 때문입니다. 육식을 반대하는 그 정신을 일관되게 실천한다면 채소도 옛날 밥상에서처럼 제철에 그 지역에서 난 것을 먹을 것이고, 그런 우려도 씻을 수 있습니다.

Q. 그렇다면 사냥이나 낚시는 자연 상태의 동물을 잡는 것이므로 괜찮지 않은가요?

A. 사냥에 대해서 이렇게 옹호하는 사람들이 있습니다. "사냥을 하는 인간의 정신과 손이 진화하지 않았다면 우리는 인간으로 진화하지 못했을 것이다. 만약 우리 조상이 채식 동물로 머물렀다면 인간의 문화는 없었을 것이다. 우리는 고기를 사냥하고 먹음으로써 현재의 우리를 있게 한 과정에 참여하게 되었고, 그래서 인간의 본성을 받아들일 수 있었다." 우리의 조상은 사냥을 하는 육식 동물이었으며, 사냥과 육식이 인간을 '인간답게' 만들었다는 주장은 아마 사실일 것입니다. 그러나 자연스럽다는 것이 곧 윤리적이라는 뜻이

아니라고 말한 것처럼, 그런 역사적 '사실'이 있다고 해서 현재의 사냥이 옳다는 결론은 나오지 않습니다. 더구나 현대의 육식은 사냥에 의해서 이루어지지도 않습니다. 현대의 인간이 고기를 섭취하는 경로는 대부분 공장식 농장을 통해서인데, 이것은 인간의 조상들이 겪었던 진화 과정에서 한참 벗어난 것입니다. 그리고 오늘날 사냥을 하는 사람은 순전히 재미를 위해서 하는 것인데, 우리의 재미가 사냥 당하는 동물의 고통보다 절대 우선할 수 없습니다.

현대에서 원시적 사냥 형태가 남은 분야는 어업이 유일합니다. 그러나 물고기의 씨를 말리는 현대의 어업이 반환경적이라는 점을 생각해 볼 때 그런 '바다 사냥'은 옹호될 수 없습니다. 오락을 위한 낚시도 오락을 위한 사냥과 똑같이 취급받아야 합니다.

채식주의가 모든 형태의 사냥을 반대하는 것은 아닙니다. 일단은 이누이트처럼 사냥 이외에는 먹을 것과 입을 것을 구할 수 없는 환경이라면 사냥에 대해서 반대할 이유가 없습니다. 낚시도 그것만이 거의 유일한 먹을거리 공급원이라면 윤리적으로 문제가 안 되겠지요. 그러나 물류가 발달하여 사냥 이외의 방법으로 식량 확보가 가능해진 현대 이누이트 사회에서도 그런 목적의 사냥은 더 이상 옹호되기 힘듭니다. 한편 식량 확보나 오락을 목적으로 하는 사냥이 아니라 환경을 보호하기 위한 목적의 사냥도 반대하지 않습니다. 가령 멧돼지의 개체수가 증가하여 환경이 훼손될 때 멧돼지를 사냥하는 것은 옹호될 수 있습니다. 물론 면밀히 따져야 할 점이 많습니다. 예를 들어 멧돼지의 경우, 먼저 멧돼지로 인한 경제적 피해와 사냥을 통해 멧돼지에게 가하는 고통의 양을 비교해 보아야 할 것이고, 그 다음으로 서식지의 복원이나 불임을 통한 개체수 조절 등 사냥 이외의 방법이 가능한지 검토해야 할 것입니다.

Q. 현재의 가축들은 가축이 되지 않았다면 멸종하지 않았을까요?

A. 맞습니다. 8장에서 개와 늑대를 비교한 것처럼 가축으로 사육되는 것이 포식 동물에게 잡아먹히고 먹이를 안정적으로 찾을 수 없는 자연에서 자라는 것보다 더 좋은 환경일 수 있습니다. 그런데 이 질문의 의도는 동물을 길러서 잡아먹는 것이 문제가 없다고 말하려는 것인가요?

가축으로 사육되는 것이 자연에서 자라는 것보다 낫다는 것은 어디까지나 자연적인 환경에서 길러질 때만으로 한정됩니다. 도살뿐 아니라 사육 과정에서도 엄청난 고통을 받는 현재의 공장식 사육 환경은 거친 자연에서 자라는 것보다 좋을 게 전혀 없습니다. 그러므로 지금과 같은 상황에서는 자신의 종이 번성한다고 해서 가축에게 전혀 행복할 이유가 없습니다.

Q. 그러면 가축을 모두 풀어 주어야 하나요?

A. 윤리적 채식주의자는 모든 가축들을 자유롭게 풀어주자고 주장하는 사람들로 생각하는 경우가 많습니다. 마치 흑인 해방운동이 흑인에게 자유를 준 것처럼 말입니다. 하지만 가축은 인간에게 의존해서 살도록 길들여져 있기 때문에 '해방'이 되면 거친 '자연'에

적응하지 못하고 굶어죽거나 맹수들에게 잡혀 죽을 것이므로 그런 행동은 무책임합니다. 윤리적 채식주의자들의 일차적인 목표는 가축의 해방이 아니라 공장식 농장에 대한 반대입니다. 그리고 대부분의 채식주의자들은 가족농으로 기른 가축에 대한 도살도 반대하겠지만, 가축 해방이 점진적으로 가능하다는 것을 이해하고 있습니다. 현재 우리가 가축으로 키우는 동물들이 원래는 야생 동물에서 가축으로 길들여진 것처럼, 채식주의자들의 목표가 실현되는 그 기나긴 과정에서 가축은 원래의 야생성을 다시 회복할 것이라고 추측할 수 있습니다.

Q. 공장식 축산을 버리고 가족농으로 돌아간다면 고기 값이 비싸지지 않을까요?

A. 그럴 가능성이 큽니다. 지금은 싼 값으로 고기를 먹을 수 있지만 과거의 가족농으로 돌아가면 비싼 값을 치르고 고기나 달걀이나 우유를 먹어야 할 것입니다. 6장에서 말한 동물복지 축산농장 인증제를 하면 사육 비용은 1.8배, 달걀 가격은 2.5배로 증가한다는 연구 결과가 있습니다. 이것은 두 가지 점에서 생각해 볼 수 있습니다. 첫째는 우리가 지금 싸게 먹는 고기는 사실 싼 게 아니라는 점입니다. 그 싼 고기를 생산해 내기 위해 엄청난 외부 비용을 치르고 있다는 것을 모르고 있을 뿐입니다. 이 점이 궁금하면 엘렌 러펠 셸Ellen Ruppel Shell이 쓴 『완벽한 가격』이라는 책을 읽어보기 바랍니다. 싼 게 비지떡이란 말처럼 어떤 물건이든 싸게 파는 데는

뭔가 대가가 있기 때문입니다. 공장식 축산에서 나온 고기가 싼 이유는 환경을 오염하고 노동자들을 싸게 고용한 대가입니다. 이 대가는 내가 지금 바로 치르지는 않지만 언젠가는 사회 전체가 치러야 할 비용이기 때문에 사실은 고기가 싸다고 말할 수 없습니다. 싼 고기 값에는 특히나 동물의 고통이라는, 돈으로 환산할 수 없는 대가도 들어가 있습니다.

둘째는 고기 값이 비싸지는 것이 바람직한 현상일 수도 있다는 점입니다. 고기가 싸기 때문에 고기를 많이 찾게 되고, 그러다 보니 사람들의 건강은 더 악화되고 고기 수요를 대기 위해 동물의 고통은 더욱 늘어납니다. 그러나 고기 값이 비싸지면 고기를 덜 찾게 될 테니, 사람들의 건강도 좋아지고 동물이 덜 사육되어 고통받는 경우도 줄어들 것입니다. 어느 쪽이 더 바람직할까요?

Q. **채식이 늘어나면 축산업자나 푸주한은 모두 망하지 않을까요?**

A. 극단적인 동물보호론자들이 보기에 축산업자나 푸주한은 노예 매매상과 비슷합니다. 인종차별주의자나 종차별주의자와 같은 급으로 보니까요. 그들이 볼 때는 노예 매매상의 사업을 걱정해줄 필요가 없는 것처럼 축산업자나 푸주한의 사업도 걱정해줄 필요가 없을 것입니다.

그러나 그렇게 극단적으로 생각할 필요는 없습니다. 세상 사람들이 단숨에 모두 채식을 하게 되어 모든 축산업자나 푸주한이 갑자기 망하게 되는 일은 벌어지지 않을 테니까요. 그런 일이 일어나더라도 시나브로 일어나겠지요. 사실 현재 선진국에서는 고기의 과잉을 걱정하고 있습니다. 고기 때문에 사람들의 건강이 악화되고, 공장식 축산 때문에 환경도 악화되고 있으며, 동물들에게도 엄청난 고통을 주고 있기 때문입니다. 지금보다 고기가 줄어드는 것은 바람직한 방향입니다. 그렇게 해서 고기 소비가 준다 하더라도 피해를 보는 쪽은 공장식 축산을 하는 다국적 기업들입니다.

Q. 듣고 보니 종차별주의는 나쁜 것 같습니다. 그러나 인종차별주의나 성차별주의보다는 덜 나쁘지 않나요?

A. 인종차별주의와 성차별주의 중에서 어느 것이 더 나쁠까요? 무엇이 더 나쁜지 정도를 매길 수 없는 것처럼 종차별주의도 인종차별주의와 성차별주의보다 더 나쁜지 덜 나쁜지 잴 수 없습니다. 인종차별주의와 성차별주의는 특정 인종 또는 성에 동등한 이익이 있다는 것을 무시하는 공통점이 있습니다. 종차별주의도 인간 아닌 종 역시 고통을 느낀다는 것을 무시한다는 점에서 인종차별주의나 성차별주의와 같은 선상에 있습니다. 물론 인종차별주의나 성차별주의가 나와 인종이나 성이 다르다고 해서 죽이는 행위로 나타난다면 종차별주의보다 더 나쁠 수 있습니다. 인간을 죽이는 것은 인간이 아닌 존재를 죽이는 것보다 더 나쁘니까요. 그러나 오늘날 접하는 인종차별주의나 성차별주의에 그런 행태가 없는 것은 아니지만 예전처럼 흔하게 일어나는 일은 아닙니다. 반면에 종차별주의에서는 다른 종을 죽이는 행태가 아무런 문제의식 없이 일

상적으로 일어나고 있기에, 인종차별주의나 성차별주의 못지않게 긴급한 문제라고 강조하는 것입니다.

| 에필로그 |

자, 이제 이 글을 끝맺을 때가 되었다. 장황한 설명을 참고 여기까지 읽어온 분들에게 감사드린다. 윤리적 채식주의라는 주제가 그만큼 다루어야 할 사안이 많고, 비단 동물뿐 아니라 인간을 위해서도 꼭 짚어봐야 할 문제들이 많다는 데 공감했으면 한다. 그러나 윤리적 채식주의의 문제가 아무리 복잡하다 해도 동물에게 고통을 주는 것이 옳지 않다는 데 동의할 수만 있다면, 그로부터 모든 의문이 풀릴 수 있음이 분명하다. 즉 인간과 동물은 고통을 느낀다는 점에서 전혀 차이가 없으므로, 고기를 먹음으로써 동물에게 고통을 주는 것은 윤리적으로 옳지 않다는 것이 이 책의 결론이다.

그러나 논리적으로만 따지면 고기를 먹는 일 자체가 곧 동물에게 고통을 주는 일이라고 할 수는 없다. 이미 이 책에서 살펴보았듯이 아주 제한된 조건에서라면 고기를 먹는 것이 윤리적으로 허용될 수 있다고 했다. 즉 동물에게 전혀 고통을 주는 일 없이 자연 상태에서 사육을 하고, 또 도살할 때도 아무런 고통 없이 죽일 수만 있다면 그런 동물의 고기는 먹을 수 있다는 뜻이다. 하지만 오늘날 우리가 먹는 대부분의 고기는 동물에게 잔인한 고통을 주는 공장식 사육 환경에서 생산된 것이고, 간혹 자연 상태에서 사육되는 동물이 있기는 해도 고통 없이 도살하기란 불가능하다. 설령 고통 없이 키우고 도살한 고기가 있다고 해도 내가 먹는 고기가 그 고기인지 도저히 확인할 수가 없다. 요컨대 고기를 먹는 것과 관련해서 동물에게 고통을 면제시켜 주기란 불가능하다는 것이다.

사실, 윤리적 채식주의가 아니더라도 동물을 이유 없이 때리거나 죽이는 일이 옳지 않다는 생각은 대부분의 '선량한' 사람들이 이미 가진 생각이다. 감성에 의해서건 이성적 판단에 의해서건 그것은 분명하다. 그럼에도 왜 사람들은 계속해서 고기를 먹는 것일까? 마지막으로 다시 한 번 묻지 않을 수 없다.

가장 큰 이유는 사람들이 모르고 있기 때문이다. 무엇을 모른다는 말일까? 두 가지 점을 모른다. 첫째는 동물들이 비참한 환경에서 잔인하게 사육되고 도살당하고 있음을 잘 모르기 때문이다. 공장식 농장이나 사육장이 인구가 밀집한 도시 한 가운데 있는 것도 아니고, 아무나 그 안을 들여다볼 수 있는 것도 아니기 때문이다. 더구나 억압받는 노예들이나 피압박 민족들이라면 항의 또는 투쟁이라도 하겠지만, 동물들은 자신들이 고통 받고 있다는 사실을 스스로 알릴 수도 없다. 그러나 이런 무지의 상황도 많이 변하고 있다. 이 책에서도 여러 권 인용했듯이 공장식 사육의 잔인성을 고발하는 책들이 꾸준히 나오고 있다. 사람들이 매일같이 보고 믿는 TV에서도 공장식 사육을 고발하는 프로그램이 자주 방송된다. 2007년 KBS「환경 스페셜」의 '동물공장' 주제나 2011년 MBC「시사매거진 2580」의 "돼지에게 햇빛을" 편, 또한 같은 해 방송된 「MBC 스페셜」의 "고기 랩소디" 편이 그런 대표적인 프로그램이다. 구제역 사태가 벌어졌을 때는 생매장되는 돼지의 모습이 뉴스에서 하루가 멀다 하고 방송되었다. 동물보호단체의 활동도 꾸준하다. 자신의 고통에 대해 스스로 항의할 수 없는 동물들을 대신해 그들을 대변하는 사람들이다. 최근 우리나라에서 가장 영향력 있는 시민 단체가 동물보호단체라는 평가가 있을 정도로 동물의 권리는 언론에 자주 등장하는 단어가 되었다. 그러므로 동물이 고통받는 현실에 대해 무지하다는 것은 변명에 지나지 않는다.

사람들이 모르는 또 한 가지는 동물에게 고통을 주는 것이 윤리적으로 그르다는 사실이다. 잔인한 사육과 도살이 계속되고 있음에도 사람들이 여전히 고기를 먹는 주된 이유는 바로 이 무지 때문이다. 사람에게 고통을 주는 것이 옳지 않은 것처럼 동물에게 고통을 주는 것도 옳지 않음을 아는 데는 약간의 상식만으로 충분하다고 했다. 그럼에도 동물 고통의 윤리적 의미가 널리 알려지지 않은 것은 아무래도 사람들이 이성보다는 감정에 더 손쉽게 의존하기 때문이고, 윤리적 의미에 대해서 보고 들을 기회가 별로 없었기 때문이라 생각된다. 고통 받는 동물의 현실이 점점 더 많이 알려지고 있지만, 그 고통이 갖는 윤리적 의미를 알지 못한다면 동물이 불쌍하다는 일시적 감정에 그치고 만다. 실제로 방송이나 인터넷을 통해 고통 받는 동물의 모습을 아무리 자주 접한다 해도, 불쌍하다는 마음과 함께 "하지만 동물인 걸 어떡해?"라며 맘 편히 생각하고 마는 사람이 많다. 하지만 그것이 윤리적으로 얼마나 큰 문제인지를 깨달으려면 이성을 발휘해 하나하나 따져보아야만 한다. 즉 이성에 의한 추론만이 고기를 먹는 행위에 대해 올바른 윤리적 반성을 할 수 있게 한다는 얘기다. 이것이야말로 이 책의 목적이다.

그러나 고기를 먹는 것이 동물에게 고통을 주는 일이라는 것을 알면서도 사람들이 여전히 고기를 먹는 데는 또 한 가지 이유가 있다. 의지력이 부족한 것도 이유이겠지만, 사회에서 튀어 보이는 것을 싫어하기 때문이다. 주변 사람들을 의식하면서 사는 존재라는 점에서 확실히 사람은 사회적 동물이다. 우리나라 사람들은 주변 사람과 다르게 보이는 것을 특히 싫어한다. "모난 돌이 정 맞는다."라는 속담이 있을 정도로 옷도 대체로 비슷하게 입으려 하고, 특이한 행동을 삼간다. 사회 분위기가 이렇다 보니 고기를 먹는 것이 윤리적으로 옳지 않다고 생각하면서도 떳떳이 자기 생각을 밝히기를 꺼려한다. 단순히 입을 다무는 데 그치지 않고 회식 자리 같은 데서는 혼자 고기를 먹지 않으면 분위기를 깰까봐 자기 신념을 양보하기까지 한다. 이럴 때는 채식을 하는 사람이 한 사람만 더 있거나, 적어도 채식하는 사람들에 대해 알고 있는 사람만 있더라도 분위기를 깨지 않을 수 있다. 그러다 보면 술을 안 마시거나 담배 안 피우는 사람의 기호를 존중해주듯이 채식도 하나의 기호로 존중받을 수 있을 터이다.

최근 우리 사회에서도 동물보호 문제가 언론에 자주 오르내리는 것은 아주 다행한 일이다. 멧돼지가 마을에 내려와 밭을 망치거나 사람을 위협하는 것에 대해서도 꼭 총으로 쏴서 죽여야 하는지 의문이 제기된다. 2012년 3월 서울대공원의 돌고래 방사도 논란이 되었는데, 박원순 서울시장은 이렇게 답했다.

"돌고래 한 마리가 고향 바다로 돌아가야 하는지 정하는 문제가 과연 시장이 관여해야 하는 분야인지 의구심을 제기하는 분들이 계신 것 같다. 그러나 동물 한 마리의 문제가 아니라 동물과 사람, 자연과 인간의 관계를 재검토하고 새롭게 설정하자는 것이다."

시장까지 이렇게 나서고 있으니 앞으로는 동물보호단체들이 총선후보나 대선후보들에게 동물 복지 문제에 대해 의견을 밝히라고 요구해도 이제 후보들은 그런 요구를 무시할 수 없게 되었다. 이효리 씨와 같은 의식 있는 연예인도 더욱 늘어날 것이다. 이런 유명 인사들의 노력으로 이제 '동물 권리'라는 말은 낯설지 않은 용어가 되었다. 회식 자리에서 "저는 고기를 안 먹어요."라고 당당히 말해도 분위기를 해치지 않을 사회적 여건이 조성되고 있는 것이다. 그런 여건을 조성하는 데 이 책도 작은 보탬이 되었으면 한다.

누군가를 위해 적극적으로 어떤 일을 함으로써 그 존재를 행복하게 하는 것은 어렵다. 그러나 어떤 일을 삼감으로써 그 존재를 행복하게 하는 것은 상대적으로 쉽다. 고통 받는 동물을 구하기 위해서 동물보호단체 활동을 하거나 공장식 농장을 항의 방문하는 일은 상당한 용기와 실천력이 필요하다. 그러나 단지 고기를 먹지 않음으로써 그 동물들의 고통을 더는 것은 훨씬 쉬운 일이다. 성인聖人들만이 할 수 있는 일을 의무로 떠맡기란 어렵지만, 누구나 쉽게 실천할 수 있는 일이라면 우리의 의무로 삼을 수 있다.

나 한 명이 고기를 안 먹는다고 해서 과연 동물들의 고통이 사라질까 회의하는 사람도 있을 것이다. 그런 생각은 “나 한 사람 더 투표한다고 해서 세상이 바뀌겠는가?”라는 태도와 다를 바 없다. 분명히 나 한 명의 투표가 세상을 바꾼다. 육식을 하는 사람들이 1년에 얼마만큼의 고기를 먹을까? 쉽게 닭으로 계산해보면, 우리나라 사람들은 1년에 10.68킬로그램의 닭고기를 먹는다고 한다(한국육류수출입협회 통계). 치킨집에서 가장 많이 쓰는 11호 닭의 무게가 1.1킬로그램이므로 우리나라 사람들은 1년에 닭을 10마리 정도 먹는 셈이다. 즉 내가 고기를 안 먹는다면 1년에 닭 열 마리가 고통을 덜 받게 되는 것이다. 물론 축산업자가 즉시 그만큼의 생산량을 줄이지는 않겠지만, 나와 같은 생각을 하고 실천하는 사람이 늘면 늘수록 고통 받는 동물의 숫자도 줄어들 것이다.

나의 고통이든 남의 고통이든 그것을 없애는 것은 우리의 의무이고, 그 고통은 동물의 고통이라 해도 마찬가지이다. 고기를 먹지 않는 것은 동물의 고통을 줄이는 가장 쉽고 빠른 방법이다. 고기를 먹지 않는 것 또는 덜 먹는 것은 우리의 의무이다. 마지막으로 나는 희망한다. 부디 우리들 인간과 마찬가지로 동물들의 고통도 없앨 수 있기를!

| 참고 문헌 |

게일 A. 아이스니츠, 『도살장』, 시공사, 2008.

고미송, 『채식주의를 넘어서』, 푸른사상, 2011.

김기흥, 『광우병 논쟁』, 해나무, 2009.

김우열, 『채식의 유혹』, 퍼플카우, 2012.

김지훈, 『더미』, D&C미디어, 2010.

난 멜링거, 『고기: 욕망의 근원과 변화』, 해바라기, 2002.

니콜렛 한 니먼, 『돼지가 사는 공장』, 수이북스, 2012.

더글러스 애덤스, 『은하수를 여행하는 히치하이커를 위한 안내서 2: 우주 끝에 있는 레스토랑』, 책세상, 2004.

데이비드 로스, 『도덕적 암살자』, 대교베텔스만, 2008.

데즈먼드 모리스, 『털 없는 원숭이』, 문예춘추사, 2011.

리처드 W. 불리엣, 『사육과 육식: 사육동물과 인간의 불편한 동거』, 알마, 2008.

마거릿 웨스트보, 조지 웨스트보, 『채식하는 사자 리틀타이크』, 책공장더불어, 2007.

마이클 샌델, 『정의란 무엇인가』, 김영사, 2010.

마이클 폴란, 『잡식동물의 딜레마』, 다른세상, 2008(『잡식동물 분투기: 리얼 푸드를 찾아서』로 2010년 재출간).

마크 롤랜즈, 『동물의 역습: 학대받은 동물들의 반격이 시작되었다』, 달팽이, 2004.

마크 롤랜즈, 『SF 철학』, 필름2.0, 2005.

멜라니 조이, 『우리는 왜 개는 사랑하고 돼지는 먹고 소는 신을까: 육식주의를 해부한다』, 모멘토, 2011.
모비 외, 『고기, 먹을수록 죽는다』, 현암사, 2011.
박상표, 『가축이 행복해야 인간이 건강하다』, 개마고원, 2012.
반다나 시바, 『누가 세계를 약탈하는가』, 울력, 2000.
발터 크래머 외, 『상식의 오류 사전 747』, 경당, 2007.
법정, 『홀로 사는 즐거움』, 샘터사, 2004.
빌프리트 봄머트, 『식량은 왜! 사라지는가』, 알마, 2011.
신영복, 『감옥으로부터의 사색』, 돌베개, 1988.
아비가일 우즈, 『인간이 만든 질병 구제역』, 삶과지식, 2011.
에릭 슐로서, 『패스트푸드의 제국』, 에코리브르, 2001.
에모토 마사루, 『물은 답을 알고 있다』, 더난출판사, 2008.
엘렌 러펠 셸, 『완벽한 가격』, 랜덤하우스코리아, 2010.
오카다 데쓰, 『돈가스의 탄생』, 뿌리와이파리, 2006.
유진규, 『옥수수의 습격』, 황금물고기, 2011.
이효리, 『가까이』, 북하우스, 2012.
임종식, 『개고기를 먹든 말든?: 상대주의의 오류』, 로뎀나무, 2002.
장 지글러, 『세계의 절반은 왜 굶주리는가?』, 갈라파고스, 2007.
재레드 다이아몬드, 『총, 균, 쇠』, 문학사상사, 1998.
제레미 리프킨, 『육식의 종말』, 시공사, 2002.
조너선 사프란 포어, 『동물을 먹는다는 것에 대하여』, 민음사, 2011.
존 라빈스, 『육식, 건강을 망치고 세상을 망친다』 1, 2, 아름드리미디어, 2000.
존 라빈스, 『음식혁명: 육식과 채식에 대한 1000가지 오해』, 시공사, 2001.
주강현, 『개고기와 문화제국주의: 이른바 문명과 야만에 대하여 』, 중앙

M&B, 2002.
줄리언 바지니,『유쾌한 딜레마 여행』, 한겨레출판, 2007.
최훈,『데카르트와 버클리: 세상에 믿을 놈 하나 없다』, 김영사, 2006.
최훈,『벤담과 싱어: 매사에 공평하라』, 김영사, 2007.
카렌 두베,『고기 없인 못 살아! 정말 못 살아?』, 프로네시스, 2012.
캐럴 아담스,『육식의 성정치: 페미니즘과 채식주의 역사의 재구성』, 미토, 2006.
캐럴 아담스,『프랑켄슈타인은 고기를 먹지 않았다: 페미니즘 · 채식주의 비판이론과 육식의 성정치』, 미토, 2003.
코너 우드먼,『나는 세계일주로 경제를 배웠다』, 갤리온, 2011.
코너 우드먼,『나는 세계일주로 자본주의를 만났다』, 갤리온, 2011.
프레데릭 시문스,『이 고기는 먹지 마라?』, 돌베개, 2004.
피터 싱어 엮음,『동물과 인간이 공존해야 하는 합당한 이유들』, 시대의창, 2012.
피터 싱어,『동물 해방』, 연암서가, 2012.
피터 싱어,『실천 윤리학』, 철학과현실사, 1998.
피터 싱어, 짐 메이슨,『죽음의 밥상: 농장에서 식탁까지, 그 길고 잔인한 여정에 대한 논쟁적 탐험』, 산책자, 2008.
하워드 F. 리먼,『나는 왜 채식주의자가 되었는가?』, 문예출판사, 2004(2001년 처음 번역된 제목은『성난 카우보이』).
허영만,『식객』제3권, 김영사, 2007.
헬렌 니어링,『헬렌 니어링의 소박한 밥상』, 디자인하우스, 2001.
황성수,『곰탕이 건강을 말아먹는다』, 동도원, 2005.
A. J. 제이콥스,『미친 척하고 성경 말씀대로 살아본 1년』, 세종서적, 2008.

어린이용

루비 로스, 『우리를 먹지 마세요! 』, 천샘, 2011.

애니타 개너리, 『동물의 수난시대』, 주니어김영사, 2000.

황선미, 『마당을 나온 암탉』, 사계절, 2002.